Instrumentos e contextos
de avaliação psicológica (Vol. II)

Instrumentos e contextos de avaliação psicológica (Vol. II)
2014

L.S. Almeida, M.R. Simões, & M.M. Gonçalves (Eds.)

INSTRUMENTOS E CONTEXTOS DE AVALIAÇÃO PSICOLÓGICA
(VOL. II)
AUTOR
L.S. Almeida, M.R. Simões, & M.M. Gonçalves (Eds.)
EDITOR
EDIÇÕES ALMEDINA, S.A.
Rua Fernandes Tomás, nºs 76, 78 e 79
3000-167 Coimbra
Tel.: 239 851 904 · Fax: 239 851 901
www.almedina.net · editora@almedina.net
DESIGN DE CAPA
FBA.
PRÉ-IMPRESSÃO
EDIÇÕES ALMEDINA, S.A.
IMPRESSÃO | ACABAMENTO
PAPELMUNDE

Abril, 2014
DEPÓSITO LEGAL
325671/11

Toda a reprodução desta obra, por fotocópia ou outro qualquer processo, sem prévia autorização escrita do Editor, é ilícita e passível de procedimento judicial contra o infractor.

Biblioteca Nacional de Portugal – Catalogação na Publicação

INSTRUMENTOS E CONTEXTOS DE AVALIÇÃO PSICOLÓGICA

Instrumentos e contextos de avaliação psicológica / ed. L. S. Almeida, M. R. Simões, M. M. Gonçalves. – (Psicologia) 2º v.
ISBN 978-972-40-5297-7

I – ALMEIDA, Leandro S.
II – SIMÕES, Mário R.
III – GONÇALVES, M. M.
CDU   159.9

ÍNDICE

Escala de Competências Cognitivas para Crianças dos 4 aos 10 anos (ECCOs 4/10) 11
Bateria de Avaliação da Leitura em Português Europeu (ALEPE) 25
Prova de Reconhecimento de Palavras (PRP)... 41
Teste de Compreensão da Leitura (TCL)... 53
Teste de Atitudes Alimentares para Crianças (TAAc) 69
Escala de Perfecionismo de Crianças e Adolescentes (EPCA) 89
Escala de Preocupações Parentais (EPP) 105
Escala de Clima de Sala de Aula (ECSA) 121
Inventário de Metas Académicas (IMA) 135
Escala de Satisfação com a Formação Superior (ESFS) 153
Escala de Rastreio da Depressão Pós-Parto (ERDP-P) 169
Inventário de Depressão de Beck (BDI-II) 189
Questionário de Personalidade de Eysenck Forma Revista (EPQ-R) 213
Escalas de Avaliação do Domínio Material (EADM) 233
Montreal Cognitive Assessment (MoCA) 253

Editorial

A avaliação psicológica continua a ser um dos atos psicológicos mais valorizados e relevantes na prática psicológica. Em diversas situações da vida social, em particular nos domínios da educação, da saúde e do bem-estar, da justiça e das organizações; os psicólogos continuam a prestar serviços relevantes através da avaliação psicológica que realizam. Neste sentido, compreende-se a importância da formação atualizada dos psicólogos nesta área e, também, o esforço contínuo que realizam na construção, adaptação e validação de provas psicológicas.

Nos países com uma menor tradição de investigação em Psicologia, ou ainda com menos recursos, é frequente a adaptação de provas psicológicas usadas noutros países, em particular nos últimos anos oriundos dos países anglo-saxónicos. Esta prática é hoje justificada na base dos ganhos ou facilidades daí decorrentes. Teorias e provas consolidadas relativamente a constructos psicológicos transculturais como inteligência, personalidade e motivação, fazem aumentar o interesse pela adaptação de provas psicológicas internacionalmente (re)conhecidas. O contexto social e cultural, marcado hoje pela globalização, favorece a recetividade dos académicos, investigadores e profissionais a provas adaptadas do contexto anglo-saxónico dominante. Uma globalização progressiva nos campos educativo e de trabalho, por exemplo, acaba por requerer provas comuns em processos de recrutamento e seleção, requerendo a adaptação de provas já creditadas. A própria internacionalização da ciência em geral, associada à mobilidade de académicos e investigadores, ao movimento associativo internacional, às revistas e congressos de referência, são outro incentivo à adaptação das provas psicológicas. Esta opção tem, ainda, a vantagem de, ao nível da pesquisa, se poderem realizar estudos comparativos e transculturais comparando os resultados obtidos.

Nesta sequência de ideias, linhas orientadoras, procedimentos metodológicos e programas informáticos estão hoje amplamente difundidos apoiando a adaptação e validação das provas psicológicas (Hambleton, 2001; Hambleton, Merenda, & Spielberger, 2005). Considerando o contexto europeu, Elosua e Iliescu (2012) referem que os quatro testes mais usados na área da personalidade tiveram a sua origem nos Estados Unidos (MMPI, *Minnesota Multiphasic Personality Inventory*; MCMI, *Millon Clinical Multiaxial Inventory*; SCL-90, *Symptom Checklist*; e, BDI, *Beck Depression Inventory*). Também no campo da avaliação da inteligência, a situação é bastante similar com o uso generalizado, e frequentemente exclusivo, nos diferentes países, das escalas de Wechsler.

A adaptação de uma prova psicológica a um novo país e cultura é um processo moroso e exigente (AERA, NCMEA & APA, 1999; Van de Vijver & Tanzer, 1997), seguramente que também o é a construção de uma prova psicológica de raiz. No caso da adaptação importa ir além da tradução das instruções e dos itens. É decisivo assegurarmos a equivalência linguística, cultural, concetual e métrica. Tudo isso envolve bastantes recursos, desde logo contrariando a crença errónea frequente de que será suficiente dominar as duas línguas e fazer uma excelente tradução. De igual modo é erróneo assumir a equivalência métrica das duas versões de uma prova quando os coeficientes estatísticos de precisão e de validade são coincidentes, ou, ainda, as médias obtidas e os pontos de corte. Estamos sempre ao nível dos resultados atingidos pelos indivíduos, e a adaptação de uma prova psicológica é, sobretudo, um processo de salvaguarda de processos e de constructos, desde logo assumindo a sua validade ecológica e contextualização.

Podemos assumir a universalidade dos constructos, mas nunca na sua natureza e nos seus indicadores comportamentais. Assume-se que a sensibilidade de uma prova não está nas diferenças que capta por sua própria iniciativa ou influência, mas nas diferenças que capta quando as mesmas existem na realidade que se avalia. Tudo isso é relevante para afirmarmos a precisão e a validade dos resultados obtidos numa avaliação psicológica. Na generalidade das vezes, só uma equipa de especialistas (investigadores e profissionais na área) consegue, pela via das análises qualitativas, assegurar a necessária equivalência das duas provas disponíveis. Só após esta convicção se justifica partir para as análises quantitativas a nível dos itens e das dimensões. No momento em que aumentou em Portugal o domínio das ferramentas informáticas de análise quantitativa dos itens nas provas psicológicas, importa reforçar o movimento *"back to basics"*, ou seja, aprofundar o fundamento teórico e comportamental dos constructos avaliados! Este movimento é fundamental para que as provas originais já existentes consigam afirmar-se na prática e na investigação dos psicólogos.

Neste volume, descreve-se um conjunto de provas psicológicas validadas para a população portuguesa que agrupámos em duas grandes áreas da psicologia: provas mais típicas de uma utilização em contexto escolar e educativo e instrumentos mais frequentemente empregues em contextos clínicos e de saúde. Lógico que sobreposições existem pois nem a realidade é estanque, nem os problemas são suscetíveis de classificações lineares.

É importante sublinhar a natureza central dos constructos examinados pelos instrumentos aqui recenseados. Numa vertente mais escolar/educativa são de referir a "leitura" (examinada através de três instrumentos distintos: a *Prova de Reconhecimento de Palavras*, o *Teste de Compreensão da Leitura* e a *Bateria de Avaliação da Leitura*. O constructo "problemas de comportamento", avaliado através da *Escala de Preocupações Parentais*, faz bem a ligação entre a educação e a clínica. Numa dimensão mais clínica são de sublinhar outros constructos e instrumentos: "depressão" (*Escala de Rastreio da Depressão Pós-Parto*, *Inventário de Depressão de Beck - II*), "personalidade" (*Questionário de Personalidade de Eysenck - Forma Revista*) e, em registos mais delimitados, a *Escala de Atitudes Alimentares para Crianças* e a *Escala de Perfecionismo de Crianças e Adolescentes*. Também no âmbito do exame do funcionamento cognitivo, o presente volume inclui para populações distintas a *Escala de Competências Cognitivas para Crianças* (ECCOS 4/10) e o *Montreal Cognitive Assessment* (MoCA). Finalmente, e em registos de avaliação distintos e menos convencionais, são de assinalar a *Escala de Clima de Sala de Aula*, o *Inventário de Metas Académicas*, a *Escala de Satisfação com a Formação Superior* ou a *Escala de Avaliação do Domínio Material*.

Referências

American *Educational Research* Association, American Psychological Association, & National Council on Measurement in Education (1999). *Standards for educational and psychological testing.* Washington, DC: American Psychological Association.

Elosua, P., & Iliescu, D. (2012). Tests in Europe. Where we are and where we should to go. *International Journal of Testing, 12,* 157-175.

Hambleton, R. K. (2001). The next generation of the ITC test translation and adaptation guidelines. *European Journal of Psychological Assessment, 17,* 164-172.

Hambleton, R. K., Merenda, P., & Spielberger, C. (Eds.). (2005). *Adapting educational and psychological tests for cross-cultural assessment.* Hillsdale, NJ: Lawrence Erlbaum Publishers.

Van de Vijver, F. J. R., & Tanzer, N. K. (1997). Bias and equivalence in cross-cultural assessment: An overview. *European Review of Applied Psychology, 47,* 263-279.

Os editores

ESCALA DE COMPETÊNCIAS COGNITIVAS PARA CRIANÇAS DOS 4 AOS 10 ANOS (ECCOs 4/10)

Lurdes Brito[1] *& Leandro S. Almeida*[2]

1. Indicações

Dimensões avaliadas
A Escala de Competências Cognitivas para Crianças – ECCOs 4/10 (Brito & Almeida, 2009) é uma bateria de avaliação cognitiva destinada a crianças entre os 4 e os 10 anos. Construída originariamente para a população portuguesa, integra-se nas provas compósitas de avaliação da inteligência, ou seja, inclui uma diversidade de funções cognitivas que se combinam para o cálculo de índices globais de aptidão intelectual (Almeida, 1994). Na sequência da ECCOs 4/7 (Brito, 2000), a atual escala é composta por 11 provas, avaliando seis processos cognitivos (perceção, memória, compreensão, raciocínio, resolução de problemas e pensamento divergente), através de tarefas que recorrem a dois tipos de conteúdos (verbal ou linguístico e figurativo ou manipulativo). Estes processos cognitivos assumem-se numa complexidade crescente, no que respeita às exigências cognitivas para a realização de cada tarefa, mantendo estas a mesma tipologia ao longo das faixas etárias consideradas e, sempre que possível, em ambos os conteúdos. Assim, cada prova apresenta um número alargado de itens devidamente hierarquizados, apresentando-se critérios de início e de

---
[1] Grande Colégio Universal. Porto.
[2] Instituto de Educação e Psicologia. Universidade do Minho.

paragem da aplicação, para cada prova, de forma a melhor atender ao nível de desenvolvimento e habilidade cognitiva de cada criança (avaliação adaptativa).

As tarefas usadas na avaliação aproximam-se, sempre que possível, do quotidiano das crianças, recorrendo a material lúdico e colorido. Esta preocupação dos autores procura assegurar níveis adequados de atenção e motivação por parte da criança ao longo da sua realização. Como a própria designação antecipa, a ECCOS 4/10 destina-se a crianças com idades compreendidas entre os 4 e os 10 anos.

2. História

Os trabalhos da ECCOs tiveram início em outubro de 1997. Ao longo de três anos, a escala foi sendo construída surgindo, em 2000, a sua 1ª versão (Brito, 2000), destinada a crianças entre os 4 e os 7 anos de idade (ECCOs 4/7). Composta por dez provas, combinava a avaliação de cinco processos cognitivos (codificação, memória, compreensão, organização e raciocínio), com conteúdos verbais e não verbais (Brito & Almeida, 2002). Dadas as faixas etárias das crianças, pretendeu-se que cada tarefa fosse contextualizada e tivesse, para elas, significado, correspondendo a situações e atividades lúdicas do seu dia a dia. Já nesta primeira edição, a escala incluía critérios de início e de paragem da aplicação, em cada subteste, para evitar o confronto da criança com situações/itens demasiado fáceis ou complexos, e também para diminuir o tempo necessário à sua administração. Igualmente a cotação das respostas se encontrava devidamente documentada e exemplificada no Manual, tendo em vista diminuir a subjetividade do avaliador na apreciação das respostas obtidas.

Na 1ª versão da ECCOs, obtiveram-se índices de precisão dos resultados compreendidos entre 0,55 (Perceção visual) e 0,90 (Raciocínio quantitativo), sendo que, com exceção também da prova de Memória auditiva, todos os coeficientes obtidos eram superiores a 0,70. A estrutura fatorial da escala sugeria um fator geral explicando 47,1% da variância, com forte saturação nas provas de Analogias verbais e de Classificação (tradicionalmente mais associadas ao *fator g*). Todas as provas, com a exceção da Memória visual, saturavam nesse primeiro fator. Um segundo fator, explicando 10,5% da variância, emergiu associado às provas que exigiam maior concentração na tarefa (memória, compreensão e raciocínio).

A análise da diferenciação das médias e dos desvios-padrão obtidos nesta 1ª versão, por faixa etária, indicava que os 4 e os 5 anos se diferenciavam melhor dos restantes grupos etários; as diferenças eram menores quando se comparavam as crianças de 6 e 7 anos entre si (já se encontravam a frequentar o 1º ciclo do ensino básico). Vários estudos com amostras de crianças de origens socioculturais e geográficas diferenciadas foram igualmente realizados ao longo da construção da escala, procedendo-se a uma seleção de itens enviesados social e culturalmente (Brito & Almeida, 2003).

A fase seguinte de trabalhos com a ECCOs 4/7 constou do estabelecimento de normas para a população portuguesa, e decorreu entre janeiro de 2002 e dezembro de 2003. A amostra foi composta por 400 crianças, distribuídas pelos distritos do norte e centro de Portugal continental e equitativamente distribuídas quanto ao género e idade; consideraram-se também zonas rurais e urbanas, avaliando-se apenas crianças que frequentassem instituições escolares pertencentes à sua zona de residência (Brito, 2000). Neste estudo de aferição, as médias nas provas evoluíam ao longo das diferentes faixas etárias, embora não de forma linear. De novo a entrada no 1º ciclo do ensino básico (em torno da idade dos 6 anos das crianças) aparecia associada a uma maior subida nos desempenhos face ao grupo etário anterior. Por sua vez, os resultados nas provas centradas na avaliação da perceção, atenção e memória apresentaram-se menos diferenciadas tomando as crianças segundo as faixas etárias. Os coeficientes de precisão agora encontrados neste novo estudo situaram-se entre 0,63 (Memória auditiva) e 0,93 (Situações quantitativas). A estrutura fatorial sugeriu novamente um fator geral, explicando 57,8% da variância, apenas não saturando as provas de perceção e de memória. De referir, ainda, que esta estrutura fatorial não se apresentou consistente ao longo das idades, aparecendo, umas vezes, apenas um único fator e, noutras, um segundo fator associado a provas que envolviam mais claramente processos cognitivos de atenção.

As diferenças mais marcantes entre a ECCOs 4/7 e a ECCOs 4/10 surgem ao nível das faixas etárias consideradas (com o alargamento até aos 10 anos), dos processos cognitivos avaliados (introdução do pensamento divergente), e da tipologia de itens das provas (a maior parte das provas sofreu alterações no sentido de as adequar às faixas etárias agora consideradas e, também, de forma a manter a mesma tipologia das provas ao longo das várias idades).

3. Fundamentação teórica

A ECCOs 4/10 segue a linha orientadora de outras escalas de avaliação cognitiva para a infância, assentes num modelo compósito de inteligência, como acontece com as escalas de Wechsler e a Stanford-Binet. Neste sentido, assumem-se dois tipos de conteúdos de tarefas: verbal ou linguístico e não verbal ou manipulativo. Por outro lado, a escala considera uma diversidade de tarefas de forma a avaliar o "complexo" de funções cognitivas qualitativamente diferenciadas que caracterizam e definem a inteligência (Wechsler, 1939).

Estudos sobre a especialização hemisférica do cérebro (D'Esposito, Aguirre, Zarahn, Ballard, Shin & Lease, 1998; Kiss, Watter, Heisz, & Shedden, 2007) e outros tomando provas verbais e não verbais (Beauducel, Brocke, & Liepmann, 2001; Seabra-Santos, 1998) sugerem o impacto dos conteúdos das tarefas na realização cognitiva. Para alguns autores, os conteúdos das tarefas diferenciam mais os desempenhos individuais do que os processos cognitivos envolvidos (Brito, Almeida, Ferreira, & Guisande, 2011; Johnson & Bouchard Jr., 2005; Oliveira, Almeida, Ferrándiz, Ferrando, Sainz, & Prieto, 2009; Ribeiro, Maia, Prieto, & Almeida, 2000), havendo a possibilidade desta diferenciação cognitiva aumentar com a idade e com a escolarização (Almeida, 1988; Cattell, 1971; Kvist & Gustafsson, 2007).

No que respeita aos processos cognitivos presentes na ECCOs 4/10, refere-se a preocupação dos mesmos serem entendidos numa sequência temporal de execução, podendo ser mais ou menos exigentes de acordo com as caraterísticas das tarefas propostas à criança. Assim, o processo percetivo está presente na teoria de Cattell-Horn-Carroll (CHC) (McGrew & Flanagan, 1998), destacando-se, no segundo estrato, três aptidões com ele relacionadas: o processamento visual (Gv) como a capacidade para perceber, reter, analisar, manipular e transformar imagens visuais; o processamento auditivo (Ga) relacionado com a perceção, análise e síntese de padrões sonoros envolvendo, em particular, distorções ou estruturas musicais complexas; e a velocidade de processamento ou rapidez de decisão (Gt) ligada à velocidade em reagir ou tomar decisões (Primi & Almeida, 2002). Como noutras provas para a infância, a prova percetiva da ECCOs incide na capacidade de atenção, velocidade de processamento ou tomada de decisão.

Relativamente à memória, considerou-se o modelo de memória de Atkinson e Shiffrin (1968) e uma avaliação da retenção a curto e a médio prazo, introduzindo também aspetos presentes no modelo de memória de trabalho de Baddeley e Hitch (2004). As provas na ECCOs exigem a retenção de nomes contextualizados em frases e a retenção da localização de pormenores em imagens, que serão evocados logo após a sua apresentação.

Por sua vez, a compreensão, entendida como o processo que permite construir significações (Richard, 1995), é avaliada na ECCOs através de absurdos (verbais e figurativos). Parte-se de situações do quotidiano infantil, centradas na sua realidade social, na forma como a criança conceptualiza pessoas e como aborda pensamentos, emoções, intenções e o ponto de vista dos outros, aproximando-se assim do conceito de conhecimento social (Shantz,1975).

O raciocínio, desde cedo valorizado nos testes de inteligência (Almeida, 1988, 1994), é entendido, na ECCOs, como a capacidade de apreender e aplicar relações. As tarefas apresentam-se no formato de analogias, aplicadas a conteúdos verbais e figurativos, combinando-se, em cada item, diferentes tipos e número de transformações. Na sequência, a resolução de problemas é uma competência cognitiva complexa, que exige recolha de informação do meio e organização de estruturas de conhecimento sobre as situações ou objetos que permitirão perceber o meio circundante, dar-lhe sentido e descobrir uma solução para o problema. As questões problemáticas na ECCOs são de natureza quantitativa (na prova verbal), e de construção de padrões face a modelos (na prova não verbal).

Por último, o pensamento divergente é entendido, nesta Escala, como a competência de produzir ideias (fluência) flexíveis ou variadas (flexibilidade) e originais ou invulgares (originalidade). Em ambos os conteúdos são apresentadas, à criança, tarefas que a levarão a criar figuras partindo de 6 barras de madeira (não verbal) e a finalizar uma breve história que se interrompeu no seu ponto mais alto (verbal).

4. Estudos realizados em Portugal

Data e objetivos
Diversos estudos, de dimensão variável, foram realizados ao longo do processo de construção e de validação da ECCOs 4/10, em particular para

decidir do formato das provas e escolha dos respetivos itens. Neste texto, incluiremos apenas os estudos conducentes à aferição da ECCOs, a Portugal Continental.

Amostra e metodologia
Da população de crianças com idades compreendidas entre os 4 e os 10 anos de idade, foi constituída a amostra de aferição, composta por 539 crianças, residentes na zona Norte de Portugal Continental (NUTS III), distribuídas por oito unidades territoriais, diferenciadas em zonas litorais e em zonas interiores. Na estratificação da amostra considerou-se, ainda, a zona de residência (urbana ou rural) e a idade das crianças, para a qual foram estabelecidas faixas etárias com amplitude de seis meses, selecionando-se as crianças que, no momento da avaliação, apenas distassem um mês dos limites etários considerados.

A aplicação da ECCOs foi feita nos jardins de infância ou nas escolas do 1º ciclo, em instituições escolares aleatoriamente selecionadas e às quais foi previamente enviado um pedido para realização deste trabalho, com a especificação dos objetivos, natureza e condições de realização, bem como da duração de cada aplicação. Em cada instituição, as crianças foram selecionadas tendo em conta as caraterísticas definidas para a amostra, garantindo-se que residiam na mesma zona do centro educativo frequentado. De seguida, foi dirigido um pedido escrito aos encarregados de educação, solicitando autorização para a participação da criança no estudo, explicando os objetivos, a natureza e as exigências do mesmo, e assegurando o anonimato. A aplicação foi levada a cabo por uma equipa de seis psicólogos, treinados na aplicação e cotação da ECCOs, e feita individualmente. A duração da administração oscilou entre 60 e 90 minutos, tendo o mesmo tempo sido dividido em dois momentos com um intervalo nunca superior a 24 horas.

Análise dos itens
A análise dos itens tomou o índice de dificuldade e o poder discriminativo (validade interna), procedendo-se depois, relativamente aos itens retidos, à sua hierarquização de acordo com o nível crescente de dificuldade. Nas provas de memória, os itens já se encontravam ordenados pelo número crescente de palavras ou imagens a reter; as provas de pensamento diver-

gente não se adequam a este tipo de análise pelo que se procedeu à análise das respostas dadas pelas crianças em termos de frequência por categoria (flexibilidade).

Resultados no âmbito da precisão

A fidedignidade ou precisão dos resultados foi estudada a partir da análise de consistência interna dos itens e da estabilidade dos resultados. Para a consistência interna, recorreu-se ao método da bipartição, quando a pontuação dos itens é dicotómica (provas de Imagens incompletas e Comparação de figuras), e ao *alpha* de Cronbach quando os itens têm um leque maior de pontuações. Os valores obtidos nestes estudos situam-se entre 0,87 e 0,97, valores considerados muito satisfatórios, embora se tenha verificado uma diminuição da consistência dos resultados nas provas à medida que se vai avançando na idade das crianças. A estabilidade dos resultados, pelo método de teste-reteste, foi calculada nas provas de perceção, memória e pensamento divergente, considerando-se um mês de intervalo entre as duas aplicações. Na Tabela I descrevem-se os resultados nas 11 provas, incluindo os coeficientes de assimetria e curtose da distribuição dos resultados.

Tabela I – Análise descritiva dos resultados das provas.

	Média	DP	Assimet.	Curtose	Precisão
Elementos em árv.	25.1	13.58	0.01	-1.30	0.92
Desenhos absur.	29.4	7.03	-0.69	0.97	0.85
Imagens incompl.	19.1	10.03	.04	-0.74	0.95
Compos. de padrões	89.5	49.50	0.01	-1.18	0.85
Comparação de fig.	55.4	23.85	-0.25	-0.89	0.90
Construção de fig.	23.3	11.02	-0.59	-0.82	0.49
Elementos em fras.	40.6	15.74	-0.51	-0.83	0.93
Frases absur.	20.9	7.78	-0.40	-0.81	0.96
Frases incompl.	19.0	7.54	0.03	-0.39	0.93
Situações quantit.	12.0	5.36	0.56	0.56	0.94
Construção de histór.	6.7	4.26	1.45	4.49	0.51

Os índices de assimetria e de curtose são apropriados e sugerem uma distribuição gaussiana dos resultados nas provas. Por sua vez, os coeficientes de precisão oscilaram entre 0,90 e 0,49 (este valor apenas ocorreu na prova não verbal de pensamento divergente, muito embora também na prova de pensamento divergente, com conteúdo verbal, o valor continuasse a ser muito baixo, 0,51), sugerindo apenas problemas de falta de precisão nas provas de pensamento divergente (coeficiente estimado através do teste-reteste).

Resultados no âmbito da validade

Em termos de validade de constructo, observaram-se níveis elevados de correlação entre as classificações nas várias provas da ECCOs, havendo oscilações em função da idade e da natureza das provas em presença. Neste sentido, procedeu-se à análise fatorial, feita através do método de componentes principais (cf. Tabela 2), tomando a amostra na sua globalidade e a mesma organizada em três faixas etárias (4 a 5 anos; 6 a 7 anos; 8 a 10 anos). Tomando a globalidade da amostra, identificou-se um único fator a explicar 64,5% da variância, e que satura todas as provas com peso superior a 0,77 (exceto as de pensamento divergente); no estudo por faixas etárias, verificou-se a presença de dois fatores, um dos quais satura igualmente todas as provas (rondando os 50% de variância explicada), exceto as provas de pensamento divergente. Estas aparecem reunidas num segundo fator, que mantém valores de saturação muito próximos em todas as faixas etárias consideradas, oscilando entre 10,9% e 10,6% (Tabela II).

Tabela II – Resultados da análise fatorial na amostra global e em três subgrupos etários

Provas	4/10 FI	4/5 FI	4/5 FII	6/7 FI	6/7 FII	8/10 FI	8/10 FII
Elementos em árvores.	0.78	0.59	0.15	0.49	-0.12	0.52	0.02
Desenhos absurdos	0.85	0.61	0.40	0.60	0.37	0.70	0.10
Imagens incompletas	0.87	0.67	0.07	0.72	-0.17	0.72	-0.02
Compos. de padrões	0.84	0.62	0.09	0.64	0.05	0.65	0.01
Comparação de fig.	0.79	0.80	0.10	0.55	0.20	0.58	-0.11
Construção de fig.	0.43	0.56	0.83	0.04	0.74	-0.00	0.72
Elementos em frases	0.87	0.74	0.15	0.69	0.13	0.68	0.02
Frases absurdas	0.90	0.68	0.39	0.63	0.39	0.60	0.28
Frases incompletas	0.93	0.77	0.07	0.76	0.36	0.74	0.21
Situações quantitativas	0.93	0.70	0.43	0.76	0.11	0.73	0.28
Construção de histórias	0.44	0.16	0.73	0.04	0.64	0.10	0.78
Valor próprio	7.09	4.95	1.16	4.23	1.16	4.09	1.19
% variância explicada	64.5	45.1	10.6	38.5	10.6	37.2	10.9

De acrescentar que, em estudo recente (Brito, Almeida, Ferreira, & Guisande, 2011), querendo-se testar um modelo fatorial da ECCOs, assente em dois fatores de acordo com o conteúdo verbal e não verbal, os resultados obtidos numa análise fatorial confirmatória, para a amostra global, ajustaram-se a tal modelo teórico, comprovando-se ainda tal ajustamento dos resultados com a amostra dividida em três grupos etários (G1: 4 a 5 anos; G2: 6 a 8 anos; e G3: 9 a 10 anos),

A validade genética foi igualmente estudada, procurando-se analisar a sensibilidade da escala às modificações cognitivas proporcionadas pelo desenvolvimento psicológico, associado às idades das crianças. Manteve-se o recurso às três faixas etárias descritas, tendo-se procedido a uma análise de diferenças de médias (F-Manova). Os resultados obtidos mostram médias sempre crescentes conforme se avança na idade das crianças, sendo essas diferenças estatisticamente significativas; contudo, a prova de Comparação de figuras apresenta diferenças significativas apenas entre os grupos extremos da amostra (G1 e G3) e as provas de Composição de padrões e de Elementos em frases não apresentam diferenças estatisticamente significativas entre G2 e G3 e entre G1 e G2, respetivamente.

Para o estudo da validade de critério da ECCOs, recorreu-se à avaliação do desenvolvimento das crianças pelo educador ou aos desempenhos escolares avaliados pelo professor do 1º ciclo, através de fichas elaboradas para o efeito. Os resultados foram correlacionados com os totais obtidos na ECCOs e para a amostra global, controlando a idade das crianças. Os índices de correlação obtidos são elevados, situando-se em 0,77 para a escala global, e 0,76 e 0,73 para o total das provas verbais e das provas não verbais, respetivamente. De destacar, ainda que a análise das correlações obtidas, para cada prova ou processo cognitivo, aponta para coeficientes mais baixos nas provas de pensamento divergente, quer no educador de infância (0,17), quer no professor de 1º ciclo (0,19).

Procedimentos de aplicação e correção
A aplicação da ECCOs 4/10 é individual e demora entre 60 e 90 minutos, sugerindo-se a sua aplicação dividida em dois momentos, desde que próximos no tempo e sempre que tal se entenda necessário. A correção segue indicações referidas no Manual da escala (Brito & Almeida, 2009), no qual se encontram, para cada prova, exemplos clarificadores retirados de respostas das crianças. As provas podem ter cotações dicotómicas (de zero ou um ponto); cotações de zero a dois pontos; ou, ainda, respostas com cotações variáveis (como as de

pensamento divergente e a Construção de padrões) por nelas serem considerados diversos critérios, também indicados no Manual. Igualmente se considera a existência de um tempo limite de execução em algumas provas, ou ainda bonificações para desempenhos corretos particularmente rápidos. Em todas as provas estabeleceram-se critérios de início e de paragem da aplicação de forma a adequar a aplicação às faixas etárias das crianças.

5. Interpretação de resultados

Os resultados obtidos na ECCOs 4/10 podem ser interpretados com base nas diferentes pontuações obtidos pela criança, a saber: pontuação em cada prova, pontuação por processo cognitivo, e pontuação relacionada com os conteúdos verbal e não verbal das provas. A pontuação obtida em cada prova, concilia o desempenho da criança, num determinado processo cognitivo, aplicado a um conteúdo específico das tarefas, permitindo analisar se a realização cognitiva, nesse processo, varia em função do conteúdo. A pontuação obtida por processo cognitivo especifica o perfil de competências da criança, destacando os seus pontos fortes e as suas fragilidades. Ao considerar os resultados, por conteúdo das provas, define-se a forma como a criança processa a informação verbal e não verbal, identificando-se possíveis discrepâncias. À semelhança de provas de avaliação cognitiva congéneres, também na ECCOs se obtém uma pontuação global, traduzindo um desempenho cognitivo que combina processos cognitivos e conteúdos de tarefas.

Normas e parâmetros

As normas elaboradas aproximam-se das "notas de QI", com média em 100 e desvio-padrão em 15 pontos. Para a elaboração das normas de interpretação dos desempenhos, tomaram-se em consideração variáveis que, nos estudos de comparação de médias, se apresentaram como mais diferenciadoras do desempenho. Assim, as normas consideram a idade e o local de residência das crianças. No caso da idade, consideraram-se normas com intervalos de seis meses, constituindo-se 13 grupos normativos; para a zona de residência, considerou-se a distinção entre zona urbana e zona rural. As normas fazem parte integrante do Manual da ECCOs.

6. Avaliação crítica

Vantagens e potencialidades

Construída de base para as crianças portuguesas, a ECCOs reúne alguma aceitação por parte dos psicólogos quando apresentada na sua fundamentação teórica, estrutura de provas, tipologia de tarefas e estudos realizados. Antecipa-se que um perfil de desempenho da criança, por referência ao conteúdo das tarefas e aos processos cognitivos das provas, orienta uma intervenção psicoeducativa.

Os itens, bem como o material lúdico e colorido das provas, em particular das provas não verbais, recolhem o agrado das crianças, conseguindo-se um nível apropriado de investimento pessoal necessário à sua avaliação. A melhor sistematização da informação disponível em termos do respetivo Manual favorecerá a sua utilização na prática e na investigação psicológica. Assim, a utilização desta escala permite avaliar aspetos fundamentais e reforçados na literatura sobre o funcionamento cognitivo das crianças. Dado que abarca um período etário significativo, e tendo em conta que a tipologia das provas se mantém ao longo do mesmo, possibilita análises longitudinais essenciais para a compreensão da evolução do desenvolvimento cognitivo das crianças.

Limitações

Os estudos com a ECCOs 4/10 têm vindo a ser desenvolvidos no sentido de melhorar a qualidade métrica de alguns itens, em particular no que respeita à sua capacidade de diferenciação do desempenho nas idades mais avançadas a que se destina (8-10 anos). Apesar da opção por uma "avaliação adaptada" ao desenvolvimento cognitivo da criança, nalgumas provas faltam itens mais difíceis para evitar efeito de teto. No outro extremo da distribuição etária não parece haver dificuldade em diferenciar os desempenhos aos 4-7 anos. Por outro lado, parece haver falta de precisão na medida do pensamento divergente (verbal e não verbal) sugerindo particulares cuidados no uso destas provas.

Desenvolvimentos e estudos futuros

Os estudos desenvolvidos com a escala têm valorizado as questões de melhoramento de itens e da capacidade de diferenciação genética. A estrutura fatorial tem sugerido igualmente estudos complementares, no sentido de se aprofundar a diferenciação encontrada entre as provas mais convergentes e as provas mais divergentes, centrando particular atenção nestas últimas.

Construída na lógica da avaliação da inteligência como capacidade cognitiva global, importa referir a convergência de estudos psicométricos e cognitivos na atualidade, procurando diferenciar habilidades mais específicas, agrupando provas no seio destas escalas compósitas. No caso da ECCOs, é importante continuar a desenvolver estudos por forma a clarificar, no quadro da teoria CHC, tais fatores de grupo e o estatuto das provas de pensamento divergente. Não havendo expetativa de se construir e validar versões paralelas das provas no seio da ECCOs, esses estudos deverão considerar outras provas psicológicas para permitir uma maior clarificação dos fatores mais globais e mais específicos que se vierem a obter com tais análises.

Igualmente se pretende alargar os estudos de aferição da escala à população do centro e sul do País, bem como às regiões autónomas da Madeira e Açores. Dada a ausência de qualquer apoio, por entidade pública ou privada, ao longo do trabalho de construção e validação da ECCOs 4/10, apenas na fase de adequação da linguagem e compreensão dos itens, a mesma foi aplicada a algumas crianças de todo o País. Progressivamente importa alargar estudos normativos, a todo o território nacional.

Mais estudos, no entanto, são necessários, procurando clarificar as dimensões cognitivas mais gerais e mais específicas que a ECCOs permite avaliar, melhorando também a nossa informação sobre as vantagens e os limites da sua utilização na avaliação cognitiva das crianças. Tais estudos terão que passar, necessariamente, pela inclusão de outras provas psicológicas, já em uso pelos psicólogos portugueses e, também, pela inclusão nas amostras de grupos específicos de crianças procurando testar alguma contrastação nos seus desempenhos.

7. Bibliografia fundamental

Almeida, L. S. (1988). *O raciocínio diferencial dos jovens.* Lisboa: INIC.

Almeida, L. S. (1994). *Inteligência: Definição e medida.* Aveiro: Centro de Investigação, Difusão e Intervenção Educacional.

Atkinson, R. C., & Shiffrin, R. M. (1968). Human memory: A proposed system and its control processes. In K. W. Spence (Ed.), *The psychology of learning and motivation: Advances in research and theory* (vol.2; pp. 89-105). New York: Academic Press.

Baddeley, A. D., & Hitch, G. (2004). Development of working memory: Shoul the Pascual-Leone and Baddeley and Hitch models be merged?. *Journal of Experimental Child Psychology, 77,* 128-137.

Beauducel, A., Brocke, B., & Liepmann, D. (2001). Perspectives on fluid fluid and crystallized intelligence: Facets for verbal, numerical, and figural intelligence. *Personality and Individual Differences, 30,* 977-994.
Brito, L. (2000). *Escala de Competências Cognitivas para Crianças (ECCOs): Construção e validação.* Dissertação de Mestrado. Braga: Universidade do Minho.
Brito, L. (2009). *Desenvolvimento e realização cognitiva na infância: Construção e validação da ECCOs 4/10.* Tese de doutoramento. Braga: Universidade do Minho.
Brito, L., & Almeida, L.S. (2002). *Escala de Competências Cognitivas para Crianças (ECCOs 4/7): Manual.* Porto: Edição dos autores.
Brito, L., & Almeida, L.S, (2003). *Escala de Competências Cognitivas para Crianças (ECCOs 4/7): Aferição nacional.* Porto: Edição dos autores.
Brito, L., & Almeida, L. S. (2009). *Escala de Competências Cognitivas para Crianças (ECCOs 4/10): Manual.* Porto: Edição dos autores.
Brito, L., Almeida, L S., Ferreira, A., & Guisande, A. (2011). Contribución de los procesos y contenidos a la diferenciación cognitiva en la infancia: un estudio con escolares portugueses. *Infancia y Aprendizaje, 34,* 323-336.
Cattell, R. B. (1971). *Intelligence: Its structure, growth and action.* Boston: Hougton Mifflin.
D'Esposito, M., Aguirre, G. K., Zarahn, E., Ballard, D., Shin, R. K., & Lease, J. (1998). Functional MRI studies of spatial and nonspatial working memory. *Cognitive Brain Research, 7,* 1-13.
Johnson, W., & Bouchard Jr., T. J. (2005). The structure of human intelligence: It is verbal, perceptual, and image rotation (VPR), not fluid and crystallized. *Intelligence, 33,* 393-416.
Kiss, I., Watter, S., Heisz, J. J., & Shedden, J. M. (2007). Control processes in verbal working memory: An event-related potential study. *Brain Research, 1172,* 67-81.
Kvist, A. V., & Gustafsson, J. E. (2007). The relation between fluid intelligence and the general fator as a function of cultural background: A test of Cattell's investment theory. *Intelligence, 36,* 422-436.
McGrew, K. S., & Flanagan, D. P. (1998). *The intelligence test desk reference (ITDR): Gf-Gc cross-battery assessment.* Boston: Allyn & Bacon.
Oliveira, E., Almeida, L. S., Ferrándiz, C., Ferrando, M., Sainz, M., & Prieto, M. D. (2009). Tests de pensamiento creativo de Torrance (TTCT): Elementos para la validez de constructo en adolescentes Portugueses. *Psicothema, 21,* 562-567.
Primi, R., & Almeida, L. S. (2002). Inteligência geral ou fluida: Desenvolvimentos recentes na sua concepção. *Sobredotação, 3*(2), 127-144.
Ribeiro, I. S., Maia, J., Prieto, M. D., & Almeida, L. S. (2000). Validez estructural de las pruebas de evaluación de realización cognitiva. *Psicothema, 12,* 137-143.
Richard, J-F. (1995). *Les activités mentales: Comprendre, raisonner, trouver des solutions.* Paris: Armand Collin.
Seabra-Santos, M. J. (1998). *WPPSI-R: Estudos de adaptação e validação em crianças portuguesas.* Dissertação de doutoramento em psicologia. Coimbra: Universidade de Coimbra.
Shantz, C. U. (1975). The development of social cognition. In E. M. Hetherington (Ed.), *Rewiew of Child Development Research* (vol. 5). Chicago: The University of Chicago Press.
Sternberg, R. J., Prieto, M. D., & Castejón, J. L. (2000). Análisis fatorial confirmatorio del

Sternberg Triarchic Abilities Tests (nivel-H) en una muestra española: Resultados preliminares. *Psicothema, 12*, 642-647.

Vernon, P. E. (1950). *The struture of human abilities*. London: Methuen.

Wechsler, D. (1939). *The Measurement of adult intelligence*. Baltimore: Williams & Wilkins.

West, S. G., Finch, J. F., & Curran, P. J. (1995). Structural equation models with nonnormal variables: Problems and remedies. In R. H. Hoyle (Ed.), *Structural equational modeling: Concepts, issues and applications* (pp. 56-75). Newbury Park, CA: Sage.

8. Material

A ECCOs 4/10 é composta por três cadernos de provas (um verbal e dois não verbais), pelo Manual com indicações de aplicação, correção e cotação de cada prova, por material concreto das provas de Composição de padrões e de Construção de figuras (em caixa própria) e ainda pela folha de resposta.

9. Edição e distribuição

A edição e a distribuição são da responsabilidade dos autores da Escala.

10. Contacto dos autores

Lurdes Brito, Grande Colégio Universal, Rua da Boavista 168, 4050-102 Porto. Endereço eletrónico: lurdesbrito@gcolégio universal.com

Leandro S. Almeida, Instituto de Educação, Universidade do Minho, Campus de Gualtar, 4710-057 Braga. Endereço eletrónico: leandro@ie.uminho.pt

BATERIA DE AVALIAÇÃO DA LEITURA EM PORTUGUÊS EUROPEU (ALEPE)

Ana Sucena[1] *& São Luís Castro*[2]

1. Indicações

Dimensões avaliadas
Os objetivos da ALEPE são: (i) a avaliação do nível de leitura da criança tendo em conta o ano escolar esperado para a sua idade, e (ii) a análise detalhada dos processos envolvidos na aquisição da leitura, de modo a identificar os défices na base de uma hipotética dificuldade de aprendizagem.

A ALEPE foca duas dimensões relevantes para a leitura, o processamento da palavra escrita e o processamento fonológico (cf. Tabelas I e II). As provas de avaliação do processamento da palavra escrita incluem o conhecimento de letras, a leitura de palavras e a leitura de pseudopalavras. As provas de avaliação do processamento fonológico incluem o teste de nomeação rápida de cores e os testes de consciência fonológica epilinguística e metalinguística.

Nos testes de leitura de palavras e pseudopalavras os estímulos variam quanto à complexidade ortográfica: (i) simples, (ii) com baixo nível de complexidade, ou (iii) com elevado nível de complexidade. Os estímulos simples são aqueles em que as correspondências grafema/fonema são fixas e biunívocas (por exemplo, "fita"). Os estímulos com baixo nível de complexidade são aqueles que incluem grafemas complexos (e.g., "lh", "rr") e regularidades contextuais (e.g., "r" ou

---

[1] Escola Superior de Tecnologia e Saúde. Instituto Politécnico do Porto.
[2] Faculdade de Psicologia e de Ciências da Educação. Universidade do Porto.

"s" entre vogais). Os estímulos com elevado nível de complexidade são aqueles cuja leitura correta não pode ser derivada da aplicação de regras de conversão grafema/fonema, nem simples nem contextuais. A leitura correta destes exige o conhecimento da palavra ou da sua composição morfológica.

As provas de avaliação do processamento fonológico compreendem o teste de nomeação rápida de cores e os testes de consciência fonológica. A nomeação rápida permite avaliar a capacidade de recuperar a forma fonológica das palavras. Quanto à consciência fonológica, testámos o nível epilinguístico e o nível metalinguístico (Gombert, 1990), testados, respetivamente, através de uma tarefa de julgamento igual/diferente e de uma tarefa de identificação do segmento comum a duas palavras. Em cada uma destas tarefas, testámos a consciência de três unidades linguísticas diferentes: a sílaba, o fonema e a rima linguística.

População-alvo
A ALEPE foi desenvolvida com o objetivo de avaliar os principais processos envolvidos na leitura entre as crianças que frequentam o primeiro ciclo do ensino básico. Os valores de referência baseiam-se nos resultados de crianças a frequentar os quatro primeiros anos do ensino básico.

Tabela I. Estutura da ALEPE – testes de processamento da palavra escrita, por ano escolar.

PROCESSAMENTO DA PALAVRA ESCRITA							
Conhecimento de Letras			Leitura				
Leitura		Escrita	Palavras		Pseudopalavras	
Maiúsculas	Minúsculas	Minúsculas	Lista A	Listas B e C	Lista A	Listas B e C
Todos	Todos	Todos	1º	2º, 3º e 4º	1º	2º, 3º e 4º

Tabela II. Estutura da ALEPE – testes de processamento fonológico, por ano escolar.

	PROCESSAMENTO FONOLÓGICO						
Testes	Nomeação Rápida	Consciência Fonológica					
	Cores	Epilinguística			Metalinguística		
		Sílaba	Rima	Fonema	Sílaba	Rima	Fonema
Ano escolar	Todos	Todos	Todos	Todos	Todos	Todos	Todos

2. História

Para um diagnóstico rigoroso das dificuldades de aprendizagem da leitura e escrita, suscetível de fornecer coordenadas de intervenção, é essencial que (i) conheçamos e avaliemos os processos intervenientes na aprendizagem da leitura e (ii) possamos comparar o desempenho da criança "com dificuldades" com o desempenho esperado para a sua idade cronológica, QI e nível de escolaridade. A ALEPE preenche os dois requisitos enunciados: avalia em detalhe os processos cognitivos envolvidos na aprendizagem da leitura e fornece dados para comparação do desempenho de leitura, quer ao nível da exatidão, quer ao nível da velocidade.

O panorama do português europeu caracteriza-se, ao nível da avaliação das competências cognitivas de base à leitura e escrita, por uma acentuada carência de instrumentos consensualmente aceites pela comunidade científica. É nossa intenção que a ALEPE constitua um contributo no preenchimento dessa lacuna.

3. Fundamentação teórica

Para enquadrar os pressupostos de construção da presente prova de leitura, debrucemo-nos, brevemente, sobre o objetivo da alfabetização, por outras palavras, que ferramentas precisa a criança não-leitora de adquirir para passar do estatuto de não-leitora ao estatuto de leitora-hábil?

Num primeiro passo importa que a criança aprenda a descodificar cada letra no som correspondente, passo que se constitui como "alicerce" para outros patamares mais complexos. Durante a etapa alicerce, a criança consome um tal esforço cognitivo no próprio acto de leitura que não é depois capaz de compreender a mensagem veiculada. Ora, para considerarmos a criança uma leitora hábil, é necessário que adquira a mestria dos processos de descodificação de tal forma que o esforço a eles inerente se lhe torne praticamente nulo, assim permitindo a canalização de recursos cognitivos (e.g., memória e atenção) para a compreensão do texto.

Se por um lado, fatores externos à criança, como o nível cultural e económico da família, são importantes para o sucesso na aprendizagem da leitura e da escrita, por outro lado, os fatores cognitivos são igualmente importantes. É sobre os processos cognitivos subjacentes à aprendizagem da leitura que se centra a presente bateria de avaliação da leitura.

É frequente o diagnóstico de dificuldades de aprendizagem da leitura, bem como é frequente a procura de apoio para ultrapassar essas mesmas dificuldades. São ainda frequentes os diagnósticos e planos de reeducação desajustados do conhecimento científico sobre a aprendizagem da leitura, como fica patente da leitura do Relatório de Avaliação dos Intrumentos de Avaliação da Leitura (Sim-Sim & Viana, 2007), na passagem em que as autoras expressam a opção de excluir da avaliação aqueles materiais "que se limitavam a avaliações de caráter informal (...) em cadernos de "fichas" comerciais, sem qualquer tipo de justificação teórica para a sua seleção (ibidem, p.7)".

Efetivamente, se ao nível da investigação é desde há décadas consensual a adoção da medida dos tempos de reação na avaliação da dislexia (e.g., Ziegler, 2003), só recentemente surgem as primeiras provas de avaliação da leitura fornecendo tempos de reação de referência, como é o caso da EVALEC para o meio francófono (Sprenger-Charolles, Colé, Béchennec, & Kipferd-Pickard, 2005). Tal como a ALEPE, esta prova francesa dispõe de resultados de referência não só ao nível da percentagem de respostas corretas, como também dos tempos de reação. A administração das tarefas de processamento da palavra escrita da ALEPE é realizada com base num *software* especificamente desenvolvido para a ALEPE. Este *software* permite permite a gravação *on line* dos tempos de reação com precisão ao nível dos milisegundos, bem como possibilita a revisão mais detalhada, posteriormente ao momento de avaliação, dos erros de leitura.

A ALEPE, construída com base no conhecimento científico atual, pretende assim contribuir para avaliações de leitura e escrita detalhadas e rigorosas, assim facilitando a planificação de planos de reeducação, especificamente orientados para os processos cognitivos deficitários.

4. Estudos realizados em Portugal

Data e objetivos
Os estudos foram realizados com o objetivo de (i) proceder à seleção e criação dos itens, (ii) criação dos diversos testes, (iii) à administração de cada teste a crianças a frequentar o último trimestre lectivo em cada ano do primeiro ciclo do ensino básico, (iv) ao estabelecimento dos valores de referência a adoptar pelo utilizador da ALEPE, e (v) ao desenvolvimento do *software* de adminis-

tração e gravação de resultados. O desenvolvimento do *software* constitui-se como uma característica de importância capital da ALEPE, no sentido em que possibilita a medição exacta dos tempos de reação em todos os testes de nomeação, com precisão ao nível dos milissegundos. Ainda, o *software* armazena e calcula os resultados também ao nível da percentagem de respostas corretas, "devolvendo" esses mesmos resultados ao psicólogo numa folha de cotação, em que situa, para cada teste, o resultado (tempo de reação e percentagem de respostas corretas) no percentil correspondente.

A construção das provas da ALEPE teve lugar entre 2004 e 2006; a sua administração ocorreu em 2007; o tratamento de dados foi concluído em 2008 e o desenvolvimento do *software* foi concluído em 2011.

População, amostra e metodologia
As provas da ALEPE foram administradas a crianças portuguesas, falantes nativas do português europeu, sem problemas de aprendizagem nem história conhecida de dificuldades de linguagem, com a idade prevista para o ano escolar em que se encontravam, e com um nível intelectual normal, tomando o seu desempenho no teste Matrizes Progressivas Coloridas de Raven (de acordo com as normas de Simões, 2000).

A amostra da ALEPE é constituída por 272 crianças (148 do sexo feminino e 124 do sexo masculino) que frequentavam escolas públicas do 1º ao 4º ano do Ensino Básico, na região do Porto e arredores (concelho de Gondomar). A participação no estudo foi precedida de autorização por parte das autoridades escolares competentes e dos pais, que deram consentimento informado.

Além da ALEPE, as crianças realizaram também os seguintes testes: Matrizes Progressivas Coloridas de Raven (Séries A, Ab e B), os subtestes Vocabulário e Memória de Dígitos da WISC-III (Wechsler, 2003), e os testes P55 (Emparelhamento de Frase Falada - Imagem) e P14 (Julgamento de Rima com Imagens) da PALPA-P (Castro, Caló, Gomes, Kay, Lesser, & Coltheart, 2007). As crianças completaram ainda duas avaliações do nível da competência de leitura, uma recorrendo ao TIL (Sucena & Castro, 2008) e outra destinada a obter um índice de fluência, o número de palavras lidas corretamente num minuto, WCPM (*Words Correct Per Minute*).

Estudos de precisão

Para apreciar a consistência interna das provas de leitura da ALEPE, foram calculados os coeficientes alpha de Cronbach para os testes Leitura de Palavras e Leitura de Pseudopalavras. Este cálculo foi feito separadamente para o primeiro ano e para os restantes por a composição e extensão das listas de estímulos ser diversa nos dois casos. Nos 2º, 3º e 4º anos, o valor encontrado foi muito satisfatório, tanto para as palavras como para as pseudopalavras: .72 em ambos os casos. Já para o 1º ano o coeficiente alpha de Cronbach foi mais baixo, de .46. Isto pode explicar-se por, neste ano de escolaridade, o número de estímulos ser relativamente pequeno e assim limitar à partida o valor de alpha que se pode atingir.

Estudos de validade

Analisámos a validade da ALEPE através de estudos de correlação entre medidas da própria ALEPE: (i) com medidas de controlo, (ii) com medidas de leitura independentes e (iii) com medidas de linguagem oral.

Os resultados das correlações são descritos nas Tabelas III a VI, respetivamente para o 1º, 2º, 3º e 4º anos de escolaridade; enfatizamos dois resultados particularmente expressivos (para uma descrição detalhada cf. Manual da ALEPE, Sucena & Castro, 2012). O primeiro é que entre testes aparentados da ALEPE se verificaram correlações elevadas: entre a exatidão na leitura de palavras e de pseudopalavras, entre estas e a latência (aqui, correlações negativas), entre o teste de consciência epilinguística e o de consciência metalinguística, e - só a um nível de leitura mais avançado, no 4º ano - entre a nomeação rápida e a leitura. Portanto, a ALEPE mede de facto um conjunto de competências cognitivas inter-relacionadas tendo como ponto comum serem relevantes para a leitura.

O segundo resultado digno de nota é de tipo negativo: muito consistentemente, não foram observadas correlações entre as medidas de leitura da ALEPE e as medidas de rendimento intelectual genérico, não-verbal (Matrizes Progressivas Coloridas de Raven), e de compreensão oral (Prova 55 da PALPA-P, *Emparelhamento Frase Falada - Imagem*), assim se tornando claro que a ALEPE avalia especificamente os processos relacionados com a leitura e não processos mais abrangentes. De realçar que o indivíduo disléxico que revela dificuldade em compreender aquilo que lê, não revela problemas de compreensão oral; a sua dificuldade reside, em específico na tarefa de leitura; de forma análoga, o desempenho nos testes de leitura da ALEPE não está correlacionado com o desempenho em tarefas de compreensão oral. Apenas se observaram correlações pontuais entre os resultados no subteste Vocabulário da WISC-III e algumas medidas de leitura da ALEPE, o que confirma o papel facilitador de um léxico rico na leitura. No seu conjunto, estes resultados da análise correlacional mostram que a ALEPE é capaz de medir realmente os processos cognitivos envolvidos na leitura.

5. Aplicação e correção

As provas de leitura e de nomeação rápida são administradas através do *software* ALEPE enquanto as provas de consciência fonológica e de escrita de letras são administradas com recurso ao caderno ALEPE, em formato papel. Em todas as provas é avaliada a exatidão (percentagem de respostas corretas), e nas provas de leitura e de nomeação rápida é também avaliado o tempo de reação (calculado pelo *software* ALEPE, Sucena & Castro, 2012).

6. Interpretação dos resultados

Os resultados são apresentados separadamente para cada ano escolar, nas tabelas de conversão de resultados brutos em Percentis e identificação de valores críticos. Os resultados obtidos pela criança avaliada devem ser comparados com os resultados de crianças do mesmo ano escolar ou de idade equivalente (i.e., o grupo normativo). Indicamos os percentis, a média, a mediana, o desvio-padrão e um valor crítico para cada teste da ALEPE. Uma percentagem de respostas corretas abaixo do valor crítico, e/ou um tempo de reação acima do valor crítico, alertam para um desfasamento importante ao nível do desempenho da competência avaliada.

Definimos o valor crítico como a média menos 1.5 desvios-padrão (i.e, média-1.5DP) para a percentagem de respostas corretas, e a média mais 1.5 desvios-padrão (i.e., média+1.5DP) para os tempos de reação. Adoptamos a diferença de 1.5 desvios-padrão por duas razões. A primeira é que este critério permite um bom equilíbrio entre sensibilidade e falso alarme. É suficientemente lato (em comparação com o critério de apenas 1 desvio-padrão) para dar lugar à variabilidade interindividual e às flutuações de rendimento inerentes às condições de passagem do teste. Assim, por exemplo, se num dia uma criança estiver mais cansada e tiver piores resultados na ALEPE, tal não bastará para considerar um diagnóstico de dislexia. Por outro lado, ao não exigir uma diferença da média de 2 desvios-padrão não se "espera" uma discrepância acentuada para lançar um sinal de alarme, nem se atrasa, talvez demais, um potencial diagnóstico de dislexia para quando a baixa de rendimento já for grave. A segunda razão é o facto de este critério ser recomendado por autores em obras de referência (e.g., Lezak, Howieson, & Loring, 2004).

Finalmente, um breve comentário relativo ao procedimento de base na definição dos valores críticos da ALEPE. Optámos por adoptar um procedimento à semelhança daquele adotado em Baterias de Avaliação da Leitura consensualmente aceites pela comunidade científica em ortografias com raiz latina, como o castelhano e o francês. Especificamente, no caso do castelhano a prova mais adotada é o PROLEC (Cuetos, Rodriguez, & Ruano, 1996), que define as crianças entre os 6 e os 9 anos de idade como população-alvo, e cujos dados normativos se baseiam numa amostra de 403 crianças espanholas falantes do castelhano (respetivamente, 102, 100, 98 e 103 para os 1º, 2º, 3º e 4 anos de escolaridade); mais recentemente, foi publicada uma versão revista do PROLEC – PROLEC-R (Cuetos, Rodríguez, Ruano, & Arribas, 2007) – que alarga até ao 6º ano a população-alvo, e baseia os dados normativos numa amostra mais extensa, com 920 crianças espanholas falantes do castelhano. No caso do francês existem duas provas de referência: a EVALEC (Sprenger-Charolles, Colé, Béchennec, & Kipferd-Pickard, 2005), mais recente, cujos dados normativos se baseiam numa amostra de 398 crianças francesas falantes do francês (respetivamente, 100, 120, 105 e 73 crianças nos 1º, 2º, 3º e 4º ano de escolaridade), e a BELEC (Mousty, Leybaert, Alegria, Content & Morais, 1994), mais antiga, que estabelece como população-alvo crianças entre os 7 e os 12 anos de idade, e cujos dados normativos se baseiam numa amostra de 217 crianças belgas falantes do francês (90 a frequentar o 2º ano e 127 a frequentar o 4º ano). No caso da ALEPE, como nas baterias atrás referidas, optámos por apresentar um valor crítico com base numa amostra alargada de crianças criteriosamente selecionadas entre diversas escolas, assim permitindo situar as crianças avaliadas em termos de percentil de desempenho, contribuindo para a identificação das competências específicas a necessitar de intervenção.

7. Avaliação crítica

No DSM IV-TR (2000), bem como na literatura dedicada à dislexia, a medida estandardizada da competência de leitura é condição *sine qua non* para se poder efectuar o diagnóstico. A ideia fundamental é que, para determinar se uma criança tem ou não atraso de leitura, é imprescindível comparar o seu nível de leitura com valores controlo. Em Portugal, deparámo-nos, há uns anos, com a ausência de um teste de avaliação psicológica que permitisse esta medida do desempenho de leitura. O panorama nacional é paradoxal: a dislexia é reconhecida e quando possível tratada; contudo, não existe um teste de leitura aceite como meio de diagnóstico credível (cf. Sim-Sim & Viana, 2007). A ALEPE visa preencher essa lacuna. A administração da ALEPE permite comparar os resultados de uma determinada criança daquela faixa etária com os de leitores normais de idade e/ou ano escolar equivalente, e deste modo dispor de uma base fidedigna para estabelecer um eventual diagnóstico de dislexia.

O presente capítulo constitui uma adaptação resumida do Manual da ALEPE; para uma descrição completa da ALEPE, recomenda-se a consulta do Manual (Sucena & Castro, 2011).

8. Bibliografia fundamental

American Psychiatric Association (2000). *Diagnostic and statistical manual of mental disorders* (4th ed.). Washington, DC: Author.

Castles, A., & Coltheart, M. (1993). Subtypes of developmental dyslexia. *Cognition, 47*, 149-180.

Castro, S. L. Caló, S., Gomes, I., Kay, J., Lesser, R., & Coltheart, M. (2007). *PALPA-P, Provas de Avaliação da Linguagem e da Afasia em Português*. Lisboa: CEGOC.

Gombert, E. (1990). *Le développement métalinguistique*. Paris: PUF.

Cuetos, F., Rodríguez, B., & Ruano, E. (1996). *Evaluación de los procesos lectores - PROLEC*. Madrid: TEA-Ediciones.

Cuetos, F., Rodríguez, B., Ruano, E., & Arribas, D. (2007). *PROLEC – R. Batería de Evaluación de los procesos Lectores, Revisada*. Madrid: TEA Ediciones.

Gombert, E. (1990). *Le développement métalinguistique*. Paris: PUF.

Lezak, M. D., Howieson, D. B., & Loring, D. W. (2004). *Neuropsychological Assessment* (4th ed.). New York: Oxford University Press.

Lyytinen, H., Erskine, J., Tolvanen, A., Torppa, M., Poikkeus A., & Lyytinen, P. (2006). Trajectories of reading development: A follow-up from birth to school age of children with and without risk for dyslexia. *Merrill-Palmer Quarterly, 52*, 514-546.

Mousty, P. Leybaert, J., Alegria, J., Content, A., & Morais, J. (1994). BELEC. Batterie d'évaluation du langage écrit et de ces troubles. In J. Grégoire et B. Piérart (Eds.), *Evaluer les troubles de la lecture. *Les nouveaux modèles théoriques et leurs implications diagnostiques* (pp. 127-145). Bruxelles: De Boeck

Ramus, F. (2001). Outstanding questions about phonological processing in dyslexia. *Dyslexia, 7*, 197-216.

Ramus, F. (2003). Theories of developmental dyslexia: insights from a multiple case study of dyslexic adults. *Brain, 126*, 841-865.

Ramus, F. (2004). Neurobiology of dyslexia: A reinterpretation of the data. *Trends in Neurosciences, 27*, 720- 726.

Raven, J. C., Court, J. H., & Raven, J. (1990). *Raven Manual: Coloured Progressive Matrices.* Oxford: Psychologists Press.

Shaywitz, S. E. (1996). Dyslexia. *Scientific American, 275*, 98-104.

Shaywitz, B. A., Shaywitz, S. E., Pugh, K. R., Fulbright, R. K., Mencla, W. E, Constable, R., Skudlarski, P., Fletcher, J. M., Lyon, G. R. , & Gore, J. C. (2001). The neurobiology of dyslexia. *Clinical Neuroscience Research, 1*, 291-299.

Simões, M. R. (2000). *Investigações no âmbito da aferição nacional do teste das Matrizes Progressivas Coloridas de Raven (M.P.C.R).* Lisboa: Fundação Calouste Gulbenkian/Fundação para a Ciência e a Tecnologia.

Sim-Sim, I., & Viana, F. L. (2007). Para a avaliação do desempenho de leitura. Retirado de http://www.planonacionaldeleitura.gov.pt/ListaConteudos.aspx?conteudo=1087 (outubro de 2007).

Snowling, M. (2000). *Dyslexia* (2nd ed.). London: Blackwell Publishers.

Sprenger-Charolles, L., Colé, P., Béchennec, D., & Kipffer-Piquard, A. (2005). French normative data on reading and related skills from EVALEC, a new computerized battery of tests (Grade 1, Grade 2, Grade 3, and Grade 4). *European Review of Applied Psychology*, 55(3), 157-186.

Sim-Sim, I. e Viana, L. (2007). Para a Avaliação do Desempenho de Leitura. Lisboa: Gabinete de Estatística e Planeamento da Educação.

Sprenger-Charolles, L., Colé, P., Béchennec, D., & Kipffer-Piquard, A. (2005). French normative data on reading and related skills from EVALEC, a new computarized battery of tests. *European Review of Applied Psychology, 55*, 157-186.

Sucena, A. & Castro, S.L. (2011). *ALEPE-Bateria de Avaliação da Leitura em Português Europeu.* Lisboa: CEGOC-TEA.

Sucena, A. & Castro, S.L. (2011). *ALEPE-Bateria de Avaliação da Leitura em Português Europeu – Manual* Técnico. Lisboa: CEGOC-TEA.

Sucena, A. & Castro, S.L. (2011). *ALEPE-Bateria de Avaliação da Leitura em Português Europeu – Software.* Lisboa: CEGOC-TEA.

Sucena, A. & Castro, S. L. (2008). *Aprender a ler e avaliar a leitura. O TIL, Teste de Idade de Leitura.* Coimbra: Almedina.

Sucena, A., Castro, S. L., & Seymour, P. (2009). Developmental dyslexia in an orthography of intermediate depth: the case of European Portuguese. *Reading and Writing, 22*, 791-810.

Wechsler, D. (2003). *Escala de inteligência de Wechsler para Crianças – 3ª edição (WISC-III).* Lisboa: CEGOC- TEA.

Wimmer, H. (1993). Characteristics of developmental dyslexia in a regular writing system. *Applied Psycholinguistics, 14*, 1-33.

Ziegler, J., Perry, C., Ma-Wyatt, A., Ladner, D., & Schulte-Korne, G. (2003). Developmental dyslexia in different languages: Language-specific or universal? *Journal of Experimental Child Language, 86*, 169-193.

9. Material

A ALEPE é constituída por (i) Manual Técnico, (ii) Caderno de Registo e (iii) *Software* ALEPE. O *software* destina-se à administração dos testes de leitura, permitindo a gravação e o registo das respostas a nível da exatidão (correto, incorreto, ou não respondeu) e da latência (tempos de reação medidos em milissegundos).

10. Edição e distribuição

Sucena, A. & Castro, S.L. (2011). *ALEPE: Bateria de Avaliação da Leitura em Português Europeu*. Lisboa: Cegoc-Tea.

11. Contacto dos autores

Ana Sucena. Escola Superior de Tecnologia da Saúde. Instituto Politécnico do Porto. Rua Valente Perfeito, 4400-330, Vila Nova de Gaia, Portugal. Endereço eletrónico: asucena@estsp.ipp.pt

São Luís Castro. Faculdade de Psicologia e de Ciências da Educação da Universidade do Porto Rua Alfredo Allen 4200-135 Porto, Portugal. Endereço eletrónico: slcastro@fpce.up.pt

Tabela III. Correlações entre os subtestes da ALEPE e outros testes de leitura, rendimento intelectual e linguagem oral, para o 1º ano de escolaridade

	WCPM	RC Pal	RC Ppl	TR Pal	TR Ppl	NRC	CF E	CFM	Raven	WiscV	WiscD	P 55	P 14
Validade Externa													
1. TIL	.52*	.06	.07	-.14	-.22	.25	.20	.22	.05	.06	.29	.22	.27
2. WCPM		.48**	.61**	-.38*	-.36	.25	.20	.23	-.01	.00	.10	.19	.23
ALEPE													
3. RC Leitura Palavras			.66**	-.22	-.11	.19	.21	.39*	.03	.18	.07	.03	.30
4. RC Leitura Pseudop.				-.28	-.26	.14	.18	.22	.02	.06	-.13	.06	.27
5. Latência Leitura Pal.					.73**	-.30	-.08	-.09	-.06	.08	-.07	-.22	-.03
6. Latência Leit. Pseudo.						-.21	.09	.06	.03	.23	.02	-.02	-.08
7. Nomeação Rápida							.13	.04	.16	.19	.21	.06	.14
8. Consc. Epiling.								.35	.06	.16	.26	.25	.12
9. Consc. Metaling.									.17	.20	.19	.49	.18
Variáveis Controlo													
10. Raven										.43**	.22	.51	.14
11. WISC III - Voc											.29	.48	.12
12. WISC III - Digit												.20	.23
Linguagem Oral													
13. Palpa-P 55													.03
14. Palpa-P 14													

Tabela IV. Correlações entre os subtestes da ALEPE e outros testes de leitura, rendimento intelectual e linguagem oral, para o 2º ano de escolaridade

	WCPM	RC Pal	RC Ppl	TR Pal	TR Ppl	NRC	CFE	CF M	Raven	WiscV	WiscD	P 55	P 14
Validade Externa													
1. TIL	.60**	.49*	.27	-.54**	-.41	.37	.24	.30	.15	.42	.44	.36	.17
2. WCPM		.51**	.39	-.57**	-.49**	.43*	.21	.27	.00	.27	.25	.32	.21
ALEPE													
3. RC Leitura Palavras			.61**	-.13	-.05	.27	.38	.34	.09	.44*	.36	.22	.41
4. RC Leitura Pseudop.				-.21	-.15	.29	.44*	.43*	.11	.42	.16	.23	.37
5. Latência Leitura Pal.					.91**	-.38	-.03	-.17	-.04	-.22	-.18	-.19	-.14
6. Latência Leit. Pseudo.						-.34	.00	-.06	.04	-.10	-.15	-.20	-.08
7. Nomeação Rápida							.28	.10	.14	.20	.05	.25	.14
8. Consc. Epiling.								.54**	.04	.35	.23	.23	.26
9. Consc. Metaling.									.07	.26	.21	.06	.18
Variáveis Controlo													
10. Raven										.18	.00	.50**	.26
11. WISC III - Voc											.30	.30	.28
12. WISC III - Digit												.18	.06
Linguagem Oral													
13. Palpa-P 55													.18
14. Palpa-P 14													

Tabela V. Correlações entre os subtestes da ALEPE e outros testes de leitura, rendimento intelectual e linguagem oral, para o 3º ano de escolaridade

	WCPM	RC Pal	RC Ppl	TR Pal	TR Ppl	NRC	CFE	CFM	Raven	WiscV	WiscD	P 55	P 14
Validade Externa													
1. TIL	.76**	.39	.40	-.64**	-.52	.13	.25	.02	.11	.21	.00	.10	.29
2. WCPM		.48**	.49**	-.73**	-.50**	.29	.18	.06	.11	.31	.20	.06	.33
ALEPE													
3. RC Leitura Palavras			.68**	-.48**	-.25	.01	.09	.09	.31	.38*	.16	.09	.41**
4. RC Leitura Pseudop.				-.50**	-.32	.09	-.03	-.10	.18	.25	.02	-.14	.30
5. Latência Leitura Pal.					.79**	-.31	-.21	-.10	-.08	-.28	-.21	-.05	-.37*
6. Latência Leit. Pseudo.						-.33	.01	.01	.08	-.24	-.09	-.05	-.16
7. Nomeação Rápida							.05	.15	-.01	.12	.12	.14	.03
8. Consc. Epiling.								.54**	.27	.13	.11	.22	.37*
9. Consc. Metaling.									.16	.13	.06	.02	.30
Variáveis Controlo													
10. Raven										.33	.23	.20	.36
11. WISC III - Voc											.07	.37	.26
12. WISC III - Digit												.15	.30
Linguagem Oral													
13. Palpa-P 55													.11
14. Palpa-P 14													

Tabela VI. Correlações entre os subtestes da ALEPE e outros testes de leitura, rendimento intelectual e linguagem oral, para o 4º ano de escolaridade

	WCPM	RC Pal	RC Ppl	TR Pal	TR Ppl	NRC	CFE	CFM	Raven	WiscV	WiscD	P 55	P 14
Validade Externa													
1. TIL	.62**	.39	.40	-.70**	-.50**	.28	.31	.38	.19	.40	.43	.11	.16
2. WCPM		.55**	.51**	-.63**	-.47**	.48**	.09	.30	.23	.32	.42**	.31	.19
ALEPE													
3. RC Leitura Palavras			.68**	-.27	-.07	.33	.10	.24	.29	.27	.24	.31	.15
4. RC Leitura Pseudop.				-.38*	-.23	.40**	-.12	-.28	.25	.20	.16	.16	.17
5. Latência Leitura Pal.					.82**	-.43**	-.34	-.40**	-.19	-.30	-.31	-.18	-.33
6. Latência Leit. Pseudo.						-.35	-.33	-.31	-.11	-.27	-.26	-.15	-.17
7. Nomeação Rápida							.18	.21	.20	.20	.26	.19	.19
8. Consc. Epiling.								.53**	.29	.26	-.05	.15	.08
9. Consc. Metaling.									.31	.23	.16	.01	.19
Variáveis Controlo													
10. Raven										.52**	.35	.46**	.26
11. WISC III - Voc											.27	.24	.49**
12. WISC III - Digit												.25	.25
Linguagem Oral													
13. Palpa-P 55													.11
14. Palpa-P 14													

PROVA DE RECONHECIMENTO DE PALAVRAS (PRP)

Fernanda Leopoldina Viana[1] *& Iolanda S. Ribeiro*[2]

1. Indicações

Dimensões avaliadas
Num estudo realizado no âmbito do Plano Nacional de Leitura (Sim-Sim & Viana, 2007) ficou patente a necessidade de serem criados instrumentos válidos para a avaliação do desempenho em leitura a vários níveis, nomeadamente ao nível do reconhecimento de palavras isoladas e da compreensão. Naquele estudo constatou-se também que a grande maioria das provas existentes foi construída ou adaptada no âmbito de trabalhos académicos de mestrado ou doutoramento, tendo como finalidade a análise do desempenho em leitura em função de competências pré-literácitas prévias. No que concerne ao reconhecimento de palavras verificou-se a existência de diversas provas, mas todas com procedimentos lacunares em termos de explicitação do racional teórico subjacente e em termos de validação. O estudo atrás referido colocou a criação de instrumentos na agenda das preocupações de alguns grupos de investigação. Com a construção da PRP – Prova de Reconhecimento de Palavras procurou-se contribuir para colmatar as limitações identificadas.

A PRP é uma prova de reconhecimento de palavras regulares, destinada a avaliar a velocidade e a precisão de leitura. Concebida como uma prova de

---
[1] Centro de Investigação em Estudos da Criança. Instituto de Educação. Universidade do Minho.
[2] Centro de Investigação em Psicologia. Escola de Psicologia. Universidade do Minho.

screening, os resultados obtidos devem ser analisados de forma integrada com outras informações sobre o desempenho dos alunos em leitura e sobre outras variáveis explicativas das dificuldades neste âmbito.

População alvo
Alunos do 1.º ao 4.º ano do 1.º Ciclo do Ensino Básico. A prova pode também ser aplicada a crianças com dificuldades, de outros anos de escolaridade apenas como instrumento de apreciação qualitativa.

2. História

A presente versão da PRP foi construída partindo de um primeiro conjunto de 77 itens selecionados por Barros (1998), Viana e Leal (2002) e Micaelo (2003). Para cada uma das palavras-alvo foi avaliada a iconicidade das imagens, tendo por base os resultados de um estudo efetuado com 272 crianças do 1º ciclo do ensino básico, distribuídos pelos 4 anos de escolaridade. Após este estudo retiveram-se apenas os itens cujas imagens foram nomeadas por mais de 80% dos sujeitos com recurso à palavra-alvo, ou seja, 65 itens. Uma versão constituída por estes 65 itens foi aplicada, sem tempo limite, a 50 crianças selecionadas com base em desempenhos extremos em leitura. Os resultados do índice de dificuldade e do poder discriminativo, os dados da consistência interna e da validade conduziram a uma primeira versão constituída por 40 itens (Viana & Ribeiro, 2006), que foi, posteriormente, refinada. A versão composta por 40 itens foi objeto de estudos sistemáticos, com diferentes amostras, visando a determinação da fidelidade (teste-reteste e consistência interna), da validade (concorrente e de constructo) e o estabelecimento de percentis, de modo a permitir a comparação do desempenho individual com o respetivo grupo normativo.

3. Fundamentação teórica

A investigação tem identificado um conjunto de variáveis associadas aos estímulos e que podem influenciar o acesso lexical e o consequente reconhecimento de uma palavra (Solso, MacLin, & MacLin, 2005), no qual se destacam: (i) a frequência – quanto mais frequente é uma palavra, mais rápido é o seu reconhecimento (Álvarez & Vega, 2000; Álvarez, Carreiras, & Taft, 2001; Borowsky & Besner, 2006); a frequência diz respeito ao número de vezes que a palavra é lida, e não à frequência com que é utilizada na linguagem oral; (ii) a extensão – quanto mais longas forem as palavras, mais difíceis são de reconhecer; (iii) a legitimidade – supõe-se que se aceitam mais facilmente palavras cuja sequência de letras seja legítima ou parecida com a legítima; (iv) a regularidade – verifica-se que as palavras regulares são identificadas mais rapidamente que as palavras irregulares; (v) a lexicalidade – prevê-se uma superioridade no reconhecimento das palavras comparativamente ao reconhecimento das pseudopalavras ou "não palavras"; (vi) a homofonia – verifica-se que as palavras homófonas podem retardar e tornar menos precisa a identificação lexical (Besner & Swan, 1982; Garman, 1995; Harley, 2001); (vii) a vizinhança ortográfica – por vizinha ortográfica entende-se qualquer palavra que é criada a partir de uma "palavra-alvo", modificando-se apenas uma das suas letras, por exemplo, a palavra "vaca" é uma vizinha ortográfica da palavra-alvo "faca", dado que a diferença reside apenas entre o "v" e o "f" (Justi & Pinheiro, 2006; Perea, 2008; Snodgrass & Mintzer, 1993).

A PRP foi criada de acordo com a conceptualização teórica de léxico mental interativo e a hipótese da ativação de múltiplos candidatos lexicais ao processo de ativação. De acordo com esta hipótese, o reconhecimento de uma palavra supõe distingui-la de todas as outras do léxico e, em particular, daquelas que partilham com ela propriedades formais ortográficas ou fonológicas (Coltheart, Rastle, Perry, Langdon, & Ziegler, 2001). Estas últimas constituem as vizinhas ortográficas (ou fonológicas) da palavra estímulo. Segundo a definição de Coltheart, Davelaar, Jonasson e Besner (1977), consideram-se incluídas na classe de vizinhas ortográficas todas as outras palavras da língua, com o mesmo comprimento, que partilham com ela todas as letras, à exceção de uma, nas suas posições sequenciais respetivas. Os exemplos "bata-bala" e "bota-bola" ilustram esta definição.

Na PRP adotou-se a hipótese da ativação de múltiplos candidatos lexicais ao processo de seleção, que integra os modelos interativos de leitura, e na qual há a considerar o papel da extensão da classe de vizinhas ortográficas. Esta primeira etapa de ativação ou de delimitação de um conjunto de candidatos lexicais é mais ou menos postulada explicitamente pela maior parte de modelos atuais de reconhecimento. Esta hipótese chama a atenção para o facto de que o reconhecimento de uma palavra supõe distingui-la de todas as outras do léxico e, em particular, daquelas que partilham com ela propriedades formais ortográficas ou fonológicas - as vizinhas ortográficas ou fonológicas da palavra estímulo.

4. Estudos realizados em Portugal

Data e objetivos
A PRP é uma prova de reconhecimento de palavras regulares, destinada a avaliar a velocidade e a precisão de leitura. Trata-se de uma prova de aplicação simples e rápida, em versão papel (Viana & Ribeiro, 2006), facilmente utilizável em contextos escolares. É constituída por 40 itens (mais 3 de treino). Em cada item é apresentada uma imagem, seguida de 4 palavras, de entre as quais os sujeitos têm de selecionar a que nomeia a respetiva imagem (nos exemplos que se apresentam a palavra-alvo está em itálico). Quanto à extensão, 20 palavras são de 2 sílabas e 20 são de 3 sílabas. Quanto ao número de vizinhas ortográficas, em 5 itens são apresentadas 3 vizinhas da palavra-alvo (ex: badana, baiana, bacana, *banana*; a itálico a palavra alvo); em 16 itens são apresentadas 2 vizinhas das palavras-alvo (ex: capelo, *camelo*, cabelo, caneco), em 13 itens é apenas apresentada uma vizinha (ex: morando, molengo, nadando, *morango*) e em 6 itens apenas são apresentadas palavras com proximidade ortográfica (ex: censura, cegonha, tesoura, *cenoura*).

Amostra e metodologia
A construção da PRP implicou a realização de vários estudos com amostras distintas. Para cada um dos estudos efetuados indicam-se os procedimentos adotados, as caraterísticas dos participantes e os resultados obtidos. A aplicação das provas foi coletiva e efetuada por psicólogos.

Análise quantitativa e qualitativa dos itens
Em 2006 foi realizado um estudo, usando a versão constituída pelos 40 itens retidos após a análise da iconicidade das imagens usadas, procedendo-se a uma aplicação, sem tempo limite, a uma amostra constituída por 202 sujeitos (1º ano: n=55; 2º ano: n=45, 3º ano: n=51; 4º ano: n = 51) (Viana & Ribeiro, 2006). Nos 4 anos de escolaridade em estudo o coeficiente *alpha de Cronbach* situou-se em .95, .95, .93 e .84. A média dos resultados aumenta ao longo dos

anos de escolaridade, como seria esperado, apresentando-se a diferença estatisticamente significativa (F(3,198)= 79,68; p<0.001). Os resultados do teste *post hoc* mostram que as diferenças são significativas entre todos os anos com exceção do 3.º com o 4.º ano. Neste estudo, a fim de avaliar a validade externa da prova, foi utilizada a versão portuguesa do sub-teste de reconhecimento de palavras do estudo IEA (1991) cujos itens são constituídos por uma palavra seguida por 4 desenhos, tendo os sujeitos de identificar a imagem correspondente à palavra – tendo-se verificado uma correlação de .75. Para a avaliação de leitura realizada pelos professores recorreu-se a uma escala *likert* de 5 pontos (1 – nível inferior; 5 – nível superior). A correlação entre esta avaliação e os resultados na PRP situou-se em .70.

Na análise dos itens foram calculadas as correlações corrigidas item-total, a proporção de respostas corretas e o contributo de cada item para o coeficiente de consistência interna. O índice de dificuldade (ID) variou entre .46 e .95. Uma percentagem elevada de itens (45%) apresentava um ID superior a .74 (cf. Tabela I).

Tabela I. Análise dos itens

Item	ID	r	Item	ID	r	Item	ID	r	Item	ID	r
Quatro (1)	.82	.46	Botão (2)	.91	.56	Casaco (1)	.92	.42	Galinha (2)	.57	.86
Quadro (1)	.91	.56	Cobra (2)	.59	.87	Morango (1)	.82	.40	Estrela (2)	.54	.82
Sapo (1)	.92	.47	Lupa (2)	.55	.81	Martelo (1)	.74	.76	Banana (3)	.90	.41
Cinto (1)	.67	.84	Ponte (3)	.79	.42	Bandeira (1)	.58	.87	Escova (3)	.92	.46
Baleia (2)	.78	.47	Jarra (3)	.74	.76	Regador (1)	.49	.77	Panela (3)	.66	.84
Laço (2)	.78	.45	Bota (3)	.95	.44	Camelo (2)	.90	.51	Cavalo (3)	.63	.83
Prato (2)	.66	.52	Pente (3)	.72	.78	Barraca (2)	.76	.70	Garrafa (PO)	.88	.57
Queijo (2)	.79	.40	Chave (3)	.59	.78	Escada (2)	.75	.55	Palhaço (PO)	.90	.61
Braço (2)	.68	.88	Faca (3)	.46	.72	Cigarro (2)	.72	.84	Cadeira (PO)	.71	.79
Prego(2)	.58	.86	Barco(3)	.54	.83	Aranha (2)	.58	.82	Cenoura (PO)	.70	.84

Nota: Os números entre parênteses referem-se ao número de palavras vizinhas; PO – proximidade ortográfica; r- correlação corrigida item-total).

O número de sílabas e de p a l a v r a s vizinhas não constituiu um fator que aumentasse a dificuldade. Nenhum item se excluído contribuía para um aumento significativo do coeficiente de consistência interna.

Resultados relativos à precisão
Foram calculados os coeficientes de consistência interna para a amostra global e para cada grupo de alunos organizados por ano de escolaridade. Este cálculo foi efetuado sob duas condições. Na fase de desenvolvimento da prova, procedeu-se a uma aplicação sem tempo limite. Nesta fase, a estimação da consistência interna foi efetuada a partir do cálculo do coeficiente *alpha de Cronbach* (*vide* em "análise dos itens os valores obtidos"). Numa segunda fase, correspondente à recolha de dados conducente à validação, a aplicação da prova foi efetuada com limite de tempo. Assim sendo, os itens finais não foram respondidos por muitos participantes. A fim de lidar com a ausência de informação, recorreu-se à estimação da consistência interna, com base do método da bipartição.

Na aplicação com limite de tempo, o coeficiente de bipartição para cada ano de escolaridade foi de: .96, .98, .97 e .98. Foi efetuado o estudo da estabilidade dos resultados. Os alunos do 1.º (N=121), 2.º (N=145) e 3.º (N=142) ano foram avaliados um ano após o primeiro momento. O valor do coeficiente de correlação foi de: .76, .88 e .83, respetivamente. Não foi possível efetuar uma segunda avaliação aos alunos do 4º ano de escolaridade dada a sua dispersão por várias turmas na transição do 1º para o 2º Ciclo do Ensino Básico.

Resultados relativos à validade
A validade de constructo da PRP foi analisada recorrendo à análise fatorial confirmatória. A prova foi aplicada sem limite de tempo a 328 alunos (1º ano: n=55; 2º ano: n=45; 3º ano: n=51; 4º ano: n=177). Para testar a hipótese da unidimensionalidade da prova, recorreu-se ao programa estatístico Mplus. Os dados da análise fatorial confirmatória, sugerem que os itens estão saturados por um único fator. O valor de qui quadrado é estatisticamente significativo (χ^2=335.248; gl=51; p<0.001), o que pode ser explicado pelo número elevado de casos da amostra. Os restantes índices de ajustamento global são elevados (CFI = .979; TLI = .989) situando-se acima dos valores de referência sugeridos na literatura (Hu & Bentler, 1999).

Foram efetuados estudos de validade convergente a partir do cálculo da correlação com a Prova de Leitura de Palavras – IEA e com a avaliação de leitura efetuada pelos professores. Foram igualmente analisadas as diferenças de desempenho na PRP em função do sexo e do ano de escolaridade.

A análise das diferenças no desempenho na PRP, em função do sexo, indica que as mesmas não são estatisticamente significativas em qualquer um dos anos escolaridade considerados. A diferença de resultados do 1.º para o 2.º ano (U = 20671.0; p < . 001) e do 3.º para o 4.º (U=68893,0; p < .001) ano são estatisticamente significativas, com desempenhos mais elevados no 2.º e no 4.º anos. Uma vez que os tempos de aplicação são diferentes, a partir do 3º ano de escolaridade não é possível comparar os desempenhos do 1.º e do 2.º anos com os dos outros dois anos de escolaridade.

A correlação entre avaliação da leitura efetuada pelos professores e o resultado na PRP situou-se em .62 (p < 0.001); .80 (p < 0.001); .64 (p < 0.001) e .70 (p < 0.001), nos quatro anos de escolaridade. A correlação da PRP com o Teste de Idade de Leitura - TIL (Sucena & Castro, 2008) varia entre em função do ano (2.º: r = .62, p < 0.001; 3.º: r = .36, p < 0.001; 4.º: r = .39, p < 0.001). No primeiro ano esta correlação não foi calculada, uma vez que o TIL só pode ser aplicado a partir do 2º ano de escolaridade. Nos três anos em análise, o modelo de regressão é estatisticamente significativo ($F(1, 479) = 305.47$, $p < 0.001$; $F(1,459) = 68,90$, $p < 0.001$; $F(1, 426) = 76.49$, $p < 0.001$) e explica, em cada ano, 40%, 13% e 15% da variância observada nos resultados do TIL. Os valores Beta estimados ($B = .62$, $t = 17.48$, $p < 0.001$; $B = .36$, $t = 8.30$, $p < 0.001$; $B = .39$ $t = 8.75$, $p < 0.001$) indicam que o desempenho no Teste de Idade de Leitura é predito pela PRP. Nas tabelas II e III apresentam-se os resultados da análise de regressão simples, tomando como variável predita o desempenho em leitura avaliado pelo professor e como variável preditora o desempenho na PRP.

Tabela II. Análise de regressão simples

Ano	r	r^2	gl	F	p
1º	.62	.39	1,400	250.62	0.001
2º	.80	.64	1,924	1620.94	0.001
3º	.64	.41	1,939	941.29	0.001
4º	.70	.49	1,852	821.96	0.001

Tabela III. Estimativa do coeficiente Beta

Ano	Beta	t	p
1º	.62	15.80	0.001
2º	.80	40.26	0.001
3º	.64	25.32	0.001
4º	.70	28.67	0.001

A PRP foi também aplicada a 86 alunos encaminhados, pelos respetivos professores, para avaliação psicológica por apresentarem dificuldades específicas na aprendizagem da leitura. As crianças distribuíam-se por vários anos de escolaridade (1.º ano: n=15; 2.º ano: n=25; 3.º ano: n=27; 4.º ano: n=19). Nas Matrizes Progressivas Coloridas de Raven (Simões, 2000) todos os alunos obtiveram pontuações superiores ao percentil 50. Os desempenhos destes alunos na PRP, em todos os anos de escolaridade, situaram-se abaixo do ponto de corte proposto na prova. Este resultado sugere que a PRP consegue efetuar a discriminação dos alunos com dificuldades específicas na leitura nos quatro anos de escolaridade.

5. Procedimentos de aplicação e correção

A PRP é uma prova com tempo limite de resposta. Para o 1.º e 2.º anos de escolaridade este tempo é de 4 minutos. Para o 3.º e 4.º anos de escolaridade é de 2 minutos. Estes tempos foram estabelecidos a partir dos desempenhos dos alunos de cada um dos anos de escolaridade. A amostra usada incluiu 513 alunos. É concedido um ponto por cada resposta correta, pelo que a pontuação final pode variar entre 0 e 40 pontos. A aplicação pode ser individual ou coletiva.

6. Interpretação dos resultados

Participaram neste estudo 3131 alunos do 1.º (n=402), 2.º (n=938), 3.º (n=934) e 4.º (n=845) anos de escolaridade. Na sua seleção foi tida em conta a distribuição geográfica, tendo sido avaliados alunos de contextos rurais e urbanos das zonas Norte (n=1312), Centro (n=996) e Sul (n=823) de Portugal. Procurou assegurar-se uma distribuição equitativa de alunos em ambos os sexos (alunos: n=1606; alunas: n=1526). A aplicação e recolha dos protocolos decorreu no terceiro período escolar, pelo que na análise do desempenho do aluno se deverá ter este facto em consideração.

Tratando-se de um teste referenciado a critério um dos aspetos mais relevantes é o do estabelecimento do ponto de corte, o qual define o nível a partir do qual se considera que o aluno alcançou o ponto de mestria considerado suficiente. Para uma prova com as caraterísticas da PRP implicaria tomar como referência o que seria esperado que os alunos portugueses fossem capazes de ler em cada ano de escolaridade, isto é, o ponto de corte poderia basear-se em critérios definidos pelo Ministério da Educação. Embora em vários países existam dados disponíveis sobre o número e o tipo de palavras que as crianças devem ler, por minuto, nos diferentes anos de escolaridade, em Portugal esses critérios estavam por definir. A publicação, em 2010, das Metas de Aprendizagem não veio colmatar esta lacuna. Na ausência desta informação, adotou-se a seguinte abordagem para a definição do ponto de corte: (i) a classificação do desempenho em leitura, efetuada pelos professores, a qual foi tomado como critério externo; (ii) a definição dos pontos de mestria na prova, considerando o desempenho dos alunos em 3 condições: percentis 50, 75 e 90; (iii) a construção de uma tabela de expetativas e análise da percentagem de *hits* (sujeitos que obtêm a mesma classificação nos dois critérios), de falsos positivos (alunos que obtêm um desempenho acima do ponto de corte no teste e uma classificação insuficiente no critério externo) e de falsos negativos (alunos que obtêm um desempenho abaixo do ponto de corte no teste e uma classificação positiva no critério externo); (iv) a análise das consequências que possam advir da classificação dos sujeitos como falsos positivos ou falsos negativos resultantes da opção pelo ponto de corte no teste.

O manual do teste apresenta uma tabela de conversão dos resultados brutos em percentis, bem como gráficos que podem ser usados para o registo do desempenho individual, permitindo também, no caso de alunos sujeitos a programas de intervenção, traçar a sua evolução no tempo. Os valores percentílicos indicam o grau de afastamento do aluno em relação ao que é esperado para o respetivo ano de escolaridade. A sumarização dos desempenhos de todos os alunos numa única tabela permite uma avaliação do padrão global de uma turma (ou grupo) e o grau de afastamento de cada aluno em relação ao critério de mestria definido.

7. Avaliação crítica

A publicação da prova em 2010, pela CEGOC, foi precedida de um conjunto de estudos realizados ao longo de vários anos. Os resultados destes estudos permitem concluir que se trata de uma prova cujos indicadores de fidelidade, quer em termos de estabilidade quer de consistência, se situam acima dos valores de referência apontados na literatura. Além do estudo da estrutura fatorial da escala que confirmou a natureza unidimensional da prova, foram realizados vários estudos que indicam que os resultados se correlacionam com indicadores externos de leitura. A análise com populações específicas sugere que se trata de uma prova que permite a identificação de alunos com desempenhos não adequados ao nível do reconhecimento de palavras nos quatro anos de escolaridade a que a prova se destina. Como era esperado, a distribuição dos resultados não é normal. Tratando-se de uma competência na qual se espera que atinja a automatização nos últimos anos de escolaridade do 1.º ciclo do ensino básico, a distribuição dos resultados traduz este processo de aprendizagem. Este facto tem implicações na possibilidade de diferenciação dos alunos. A diferenciação é conseguida para os alunos com piores desempenhos mas não para os alunos com desempenhos superiores. Este facto não representa necessariamente uma limitação da prova, uma vez que a mesma será principalmente utilizada na avaliação dos alunos com problemas na aprendizagem da leitura.

8. Bibliografia fundamental

Álvarez, C., & Vega, M. (2000). Syllabe-frequency effect in visual word recognition: Evidence of sequential-type processing. *Psicologica, 21*, 341-374.

Álvarez, C. J., Carreiras, M., & Taft, M. (2001). Syllables and morphemes: Contrasting frequency effects in Spanish. *Journal of Experimental Psychology: Learning, Memory & Cognition, 27*, 545-555.

Barros, M. A. (1998). *A avaliação da leitura como chave para a intervenção pedagógica*. Dissertação de C.E.S.E. Lisboa: Escola Superior de Educação.

Besner, D., & Swan, M. (1982). Models of lexical access in visual word recognition. *Quarterly Journal of Experimental Psychology, 34A*, 313-325.

Borowsky, R., & Besner, D. (2006). Parallel distributed processing and lexical-semantic effects in visual word recognition: Are a few stages necessary? *Psychological Review, 113*, 181-193.

Coltheart, M., Rastle, K., Perry, C., Langdon, R., & Ziegler, J. (2001). DRC: A dual route cascaded model of visual word recognition and reading aloud. *Psychological Review, 108*, 204-256.

Coltheart, M., Davelaar, C., Jonasson, J., & Besner, D. (1977). Access to the internal lexicon. *In* S. Dornic (Ed.), *Attention and Performance*, VI (pp. 535-555). Hillsdale, NJ: Lawrence Erlbaum.

Garman, M. (1995). *Psicolinguística*. Madrid: Visor Libros.

Harley, T. (2001). *The psychology of language* (2nd ed.). New York: Psychology Press.

Hu, L., & Bentler, P. M. (1999). Cutoff criteria for fit indexes in covariance structure analysis: Conventional criteria versus new alternatives. *Structural Equation Modeling: A Multidisciplinary Journal*, 6(1), 1-55.

Justi, F., & Pinheiro, A. (2006). O efeito da vizinhança ortográfica no português do Brasil: acesso lexical ou processamento estratégico. *Revista Interamericana de Psicologia*, 40(3), 275-288.

Micaelo, M. M. P. (2003). *Compreensão de leitura por alunos com baixa visão: um contributo para a identificação de diferenças individuais*. Dissertação de mestrado não publicada. Universidade Católica, Instituto de Educação, Lisboa.

Perea, J. (2008). The effect of neighbourhood frequency in reading: Evidence with transposed-letter neighbours. *Cognition*, 108(1), 290-300.

Sim-Sim, I., & Viana, F. (2007). *Para a avaliação do desempenho de leitura*. Lisboa: Ministério da Educação - Gabinete de Estatística e Planeamento da Educação.

Simões, M. R. (2000). *Investigações no âmbito da aferição nacional do Teste das Matrizes Progressivas Coloridas de Raven (M.P.C.R.)*. Lisboa: Fundação Calouste Gulbenkian.

Snodgrass, J. G., & Mintzer, M. (1993). Neighbourhood effects in visual word recognition: Facilitatory or inhibitory? *Memory & Cognition*, 21, 247-266.

Solso, R. L., MacLin, M. K., & MacLin, O. H. (2005). *Cognitive psychology* (7th ed.). Boston: Allyn & Bacon.

Sucena, A. &, Castro, S. L. (2008). *Aprender a ler a avaliar leitura. O TIL – Teste de Idade de Leitura*. Coimbra: Almedina.

Viana, F. L., & Leal, M. J. (2002). Avaliação da leitura no 1º. Ciclo do Ensino Básico: contributos para a validação de um instrumento de avaliação. *In* F. L. Viana, M. Martins & E. Coquet (Coords.), *Leitura, Literatura Infantil e Ilustração. Investigação e prática docente* (Vol III, pp. 91-104). Braga: Centro de Estudos da Criança da Universidade do Minho.

Viana, F. L., & Ribeiro, I. S. (2006). Avaliar leitura. Apresentação de uma prova de leitura de palavras. Comunicação apresentada no *VI Encontro Internacional de Investigação em Leitura, Literatura Infantil e Ilustração*. Braga: Universidade do Minho, 13-14 de Outubro.

9. Material

A PRP é uma prova em versão papel e lápis, apresentada em formato caderno. A folha de rosto inclui 3 itens de treino, seguida de 5 páginas com 8 itens cada. Em cada item é apresentada uma imagem, seguida de 4 palavras, de entre as quais o aluno deve selecionar a que corresponde à imagem. O teste é constituído por: manual; caderno de teste; tabela de percentis por ano de escolaridade para grupos de 25 alunos; gráfico para conversão dos desempenhos individuais em percentis; grelha de cotação. Para além deste material é ainda necessário um cronómetro e 1 lápis ou esferográfica.

10. Edição e distribuição
A PRP recebeu o Prémio CEGOC 2009 e foi publicada por esta editora em 2010.

11. Contacto dos autores
Fernanda Leopoldina Parente Viana, Centro de Investigação em Estudos da Criança, Instituto de Educação, Campus de Gualtar, 4710-057, Braga, Portugal. Endereço eletrónico: fviana@ie.uminho.pt.

Maria Iolanda Ferreira da Silva Ribeiro, Centro de Investigação em Psicologia, Escola de Psicologia, Campus de Gualtar, 4710-057, Braga, Portugal. Endereço eletrónico: iolanda@psi.uminho.pt.

TESTE DE COMPREENSÃO DA LEITURA (TCL)

Irene Cadime[1], Iolanda Ribeiro[1] & Fernanda Leopoldina Viana[2]

1. Indicações

Dimensões avaliadas
A avaliação da compreensão em leitura é crucial para identificar e clarificar os problemas de aprendizagem dos alunos, apoiar o delineamento de programas de intervenção/ensino adequados e monitorizar as mudanças ocorridas ao longo do tempo. Para tal, são necessários instrumentos fiáveis, sendo que Portugal era altamente deficitário nesta área (Sim-Sim & Viana, 2007). Tendo em conta esta lacuna, iniciou-se no ano de 2007 a construção de um instrumento original de avaliação da compreensão da leitura o Teste de Compreensão da Leitura -TCL (Cadime, Ribeiro, & Viana, 2012).

O TCL é um teste que avalia a compreensão da leitura em quatro níveis: compreensão literal (CL), compreensão inferencial (CI), reorganização (R) e compreensão crítica (CC). Dado que a tipologia textual é uma variável determinante para a compreensão, optou-se por um texto original cujo formato integra sequências de diferentes tipos (narrativo, informativo, poético e prescritivo). A partir de um mesmo texto foram elaboradas três versões do teste (TCL-2, TCL-3 e TCL-4), destinadas a diferentes anos de escolaridade. A aplicação de cada versão do TCL permite obter uma nota global e compa-

[1] Centro de Investigação em Psicologia. Escola de Psicologia. Universidade do Minho.
[2] Centro de Investigação em Estudos da Criança. Instituto de Educação. Universidade do Minho.

rar a evolução no desempenho ao longo do 2.º, 3.º e 4.º anos de escolaridade. Fornece, ainda, a possibilidade de se calcular uma percentagem de acerto em cada um dos níveis avaliados.

Os resultados obtidos com o TCL devem ser interpretados em conjunto com informações resultantes da aplicação de outros instrumentos de avaliação das variáveis que influenciam a compreensão da leitura, tais como o reconhecimento de palavras ou o vocabulário. A avaliação complementar destes domínios poderá fornecer indicações acerca da etiologia de resultados inferiores ao esperado, obtidos por um aluno no TCL.

População alvo
O TCL tem por população alvo, alunos do 2.º ao 4.º ano de escolaridade, do 1.º Ciclo do Ensino Básico.

2. História

Na elaboração de testes que visam a avaliação da compreensão da leitura é necessário não só definir os objetivos, a população alvo e as competências e dimensões a avaliar, mas também especificar as caraterísticas do texto e dos itens a usar. Na questão dos textos a utilizar, a originalidade dos mesmos é um requisito central. O recurso a textos já publicados não permite garantir que estes são desconhecidos para todos os sujeitos, comprometendo a objetividade da avaliação. Por este motivo, optou-se por um texto inédito, produzido por uma escritora de literatura infanto-juvenil. Dada a sua extensão, o texto foi segmentado e apresentado em sequências de tamanho variável (entre 41 e 372 palavras). Para cada sequência do texto formulou-se um número variável de itens. A apresentação dos itens é feita no final de cada sequência. Todos os itens são de resposta de escolha múltipla, com quatro alternativas de resposta, das quais apenas uma está correta.

Um primeiro estudo foi realizado com o objetivo de avaliar a adequação do material de teste, a clareza das instruções e o funcionamento dos itens. Os resultados deste estudo conduziram à reformulação de alternativas em 19 itens e à inclusão de um item-exemplo nas instruções do teste.

O estudo 2 foi dividido em duas partes, de acordo com os objetivos subjacentes: (i) análise dos itens, e (ii) construção e equalização de versões por ano de escolaridade. Todas as análises do estudo 2 foram realizadas, por ano de escolaridade, no quadro do modelo Rasch para itens dicotómicos. Na primeira parte analisou-se o nível de dificuldade e o ajustamento dos itens, bem como a qualidade das alternativas de resposta. Na segunda, tomando em conta os parâmetros calculados de dificuldade dos itens, selecionaram-se itens de ancoragem e itens únicos a integrar cada uma das versões. A cada versão foram atribuídos 30 itens (CL: 12; CI: 9; R: 6 e CC: 3), com 30% dos itens de cada versão a repetirem-se entre versões adjacentes (itens de ancoragem). As versões foram, de seguida, sujeitas a um processo de equalização vertical, recorrendo-se ao método de calibração com parâmetros de itens fixos. Foi ainda estudada a fiabilidade dos resultados obtidos em cada versão.

Nos estudos 3 e 4, o objetivo foi testar, respetivamente, a validade de critério e a validade de constructo de cada uma das versões construídas. O propósito do último estudo foi elaborar normas para as três versões.

3. Fundamentação teórica

A compreensão da leitura é o processo de simultaneamente extrair e construir significado através da interação e envolvimento com a linguagem escrita (RAND - *Reading Study Group*, 2002). Tem sido igualmente conceptualizada na base da elaboração de taxonomias. Estas tanto representam categorizações de subcompetências envolvidas na compreensão (Swaby, 1989), como sistemas classificatórios que sistematizam diferentes níveis de processamento cognitivo (Herber, 1978; Pearson & Johnson, 1978; Smith & Barrett, 1979). A conceptualização da compreensão por níveis deriva também de categorizações do tipo de informação que os leitores devem fornecer em resposta às questões apresentadas nos instrumentos de avaliação (Alonzo, Basaraba, Tindal, & Carriveau, 2009; Leu & Kinzer, 1999). A taxonomia eleita para a fundamentação teórica do TCL foi a enunciada por Català, Català, Molina e Monclús (2001), quer porque integra contributos de sistemas classificatórios anteriores, quer porque apresenta exemplos de operacionalização da intervenção, visando a promoção da compreensão da leitura. Assim, contempla os níveis de compreensão literal, reorganização, compreensão inferencial e compreensão crítica.

4. Estudos realizados em Portugal

Data e objetivos
O TCL é um teste de avaliação da compreensão da leitura destinado a avaliar a compreensão literal e inferencial, a reorganização de informação e a compreensão crítica. Em 2007 iniciou-se o processo de construção e a versão final foi publicada em 2012, tendo-se realizado cinco estudos.

Amostras e metodologia
A validação do TCL implicou o recurso a amostras diferentes. A amostra do estudo 1 incluiu 370 alunos do 4.º ano do Ensino Básico, dos quais 184 do sexo masculino e 186 do sexo feminino, provenientes de escolas do ensino público e privado dos concelhos de Braga, Porto e Famalicão. Esta amostra foi dividida em 5 subgrupos, usando-se um procedimento de *matrix sampling* (Popham, 1993). Os 75 itens foram divididos em 5 partes e cada uma foi atribuída aleatoriamente a um dos subgrupos de sujeitos. No estudo 2 recorreu-se a uma amostra de 843 alunos, dos quais 247 do 2.º ano, 300 do 3.º ano e 296 do 4.º ano de escolaridade. No estudo 3 a amostra foi constituída por 135 alunos do 2.º ano de escolaridade, 105 do 3.º ano e 162 do 4.º ano, num total de 402 alunos. Por sua vez, no estudo 4, recorreu-se a uma amostra de 1229 alunos, sendo 371 do 2.º ano, 403 do 3.º ano e 455 do 4.º ano de escolaridade. Na constituição desta amostra incluíram-se alunos de contextos rurais e urbanos e do ensino público e privado, sendo os resultados utilizados na construção das normas das três versões. A recolha de dados foi autorizada pela Direção Geral de Inovação e Desenvolvimento Curricular (DGIDC), pelos Diretores dos Agrupamentos de Escolas, pelos professores titulares de turma e pelos encarregados de educação.

Análise quantitativa e qualitativa dos itens
A análise dos itens foi realizada no âmbito do estudo 1 e do estudo 2. No estudo 1 os dados recolhidos foram analisados com recurso às análises da Teoria Clássica dos Testes. Da análise dos resultados concluiu-se que nenhum dos itens possuía um índice de dificuldade demasiado baixo, pelo que nenhum foi eliminado por essa razão. Cinco itens apresentaram valores de poder discriminativo inferiores a .20. A análise da distribuição das respostas pelas alternativas das perguntas levou à reformulação de alternativas

em 19 itens. Entre os 19 itens que viram as alternativas de resposta reformuladas, incluem-se os cinco que apresentaram valores baixos de poder discriminativo. Um dos itens iniciais com um índice de dificuldade elevado foi transformado em item de exemplo.

No estudo 2 foram usadas análises estatísticas do modelo Rasch, um modelo unidimensional para itens dicotómicos da Teoria de Resposta ao Item (Bond & Fox, 2007). Nos modelos da TRI cada sujeito tem uma posição θ (*theta*) numa escala que representa o valor de traço/aptidão que possui. Da mesma forma que se podem situar sujeitos num contínuo em função do nível de aptidão que estes possuem, também os itens podem ser colocados na mesma escala em função da quantidade de aptidão que convocam para ser respondidos corretamente. Este parâmetro do item denomina-se dificuldade do item e é representado pela letra grega β (*beta*). O modelo Rasch possui indicadores de ajuste baseados em análises de resíduos, isto é, os indicadores de *Infit* e *Outfit*. Estes dois índices fornecem informação relativa às discrepâncias nas respostas, consoante o seu afastamento dos parâmetros estimados. O *Infit* é uma estatística ponderada baseada nos resíduos quadráticos estandardizados resultantes da diferença entre o que é observado e o que seria esperado com base no modelo. Por sua vez, o *Outfit* é baseado na soma convencional dos resíduos quadráticos estandardizados, sem qualquer ponderação (Bond & Fox, 2007). Ambos os índices são reportados como médias quadráticas na forma de estatísticas de qui-quadrado divididas pelos seus graus de liberdade, de forma a situar o índice numa escala que pode variar entre 0 e +∞, com um valor esperado de 1 (Bond & Fox, 2007).

Para cada ano de escolaridade foram analisados o nível de dificuldade dos itens, a convergência dos valores *logit* dos itens e dos sujeitos, e o ajustamento dos parâmetros dos itens e dos sujeitos. Observando-se as amplitudes das estimativas para itens e sujeitos foi possível constatar um desfasamento dos valores. Tal deveu-se ao facto de se verificarem itens demasiado fáceis para todos os anos de escolaridade e itens demasiado difíceis, em particular, para o 2.º ano de escolaridade. Não se observaram valores de *Infit* e *Outfit* superiores aos valores recomendados pela literatura, segundo a qual os mesmos não devem ultrapassar 1.5/2.0 (Linacre, 2002). A partir dos parâmetros obtidos nesta primeira parte do estudo 2, procedeu-se à seleção de itens a fim de construir uma versão do teste específica para cada um dos anos de escolaridade.

Construção de versões por ano de escolaridade
Diferentes versões de um mesmo teste, por si só, não permitem comparar a evolução de resultados dos sujeitos. Tal só pode ser feito se estas forem sujeitas a um procedimento de equalização. Uma das formas mais adequadas para realizar a equalização é recorrendo a itens de ancoragem. Os itens de ancoragem são itens que se repetem, ou seja, que são comuns a diferentes versões (Kolen & Brennan, 2010). Assim, a construção de versões do TCL foi feita em dois passos sequenciais: (i) seleção dos itens de ancoragem, e (ii) alocação dos itens únicos a cada versão. Seguindo as recomendações da literatura (Huynh & Meyer, 2010; Kolen & Brennan, 2010), a seleção dos itens de ancoragem foi feita tendo em conta três critérios: (i) estabilidade do nível de dificuldade do item entre anos de escolaridade adjacentes, (ii) nível de compreensão avaliado, e (iii) dificuldade do item. Tendo em conta estes critérios selecionaram-se itens de ancoragem para efetuar a ligação entre as versões do 2.º e do 3.º ano de escolaridade. Foram selecionados quatro itens de CL, dois de CI, dois de R e um de CC. Estes itens foram integrados nas versões destes dois anos de escolaridade. De seguida, procedeu-se à seleção dos itens de ancoragem para efetuar a ligação entre as versões do 3.º e do 4.º ano de escolaridade. Selecionaram-se quatro itens de CL, um de CI, três de R, e um de CC como itens de ancoragem para estas duas versões. Cada um dos itens restantes foi atribuído a uma das versões, selecionando-se para cada versão apenas itens com nível de dificuldade adequado à aptidão de cada grupo. Cada uma das versões ficou, assim, composta por 12 itens de CL, 9 de CI, 6 de R e 3 de CC. Os itens de ancoragem representam 30% do número total de perguntas, enquadrando-se nos valores recomendados pela literatura que sugerem um mínimo de 20% de itens de ancoragem (Kolen & Brennan, 2010).

Propriedades psicométricas
Concluída a construção das versões, estudaram-se novamente as suas caraterísticas psicométricas, de forma a obter os parâmetros de dificuldade dos itens em cada uma. Concomitantemente, procedeu-se à equalização vertical do TCL-2, TCL-3 e TCL-4 com recurso ao método de calibração com parâmetros de itens fixos. Em termos de caraterísticas psicométricas das versões foram analisados: (i) o nível de dificuldade dos itens, (ii) as estimativas dos

sujeitos, (iii) os índices de ajustamento (*Infit* e *Outfit*), e (iv) o funcionamento diferencial dos itens (DIF) em função do sexo.

Tomando os resultados relativos ao TCL-2, verificou-se que a média dos sujeitos e da dificuldade dos itens confluíam, apresentando valores próximos. Relativamente aos índices de ajustamento dos itens, foram obtidos valores de *Infit* e *Outfit* inferiores a 1.50 (Tabela I). No que respeita às análises DIF, não se registaram diferenças estatisticamente significativas entre sexos.

Tabela I. Caraterísticas psicométricas dos itens do TCL-2

Item	Dificuldade	SE	*Infit*	*Outfit*
1	1.38	0.17	1.04	1.18
2	0.45	0.14	0.99	0.99
3	-0.37	0.14	0.98	0.98
4	-1.87	0.17	0.95	0.87
5	1.01	0.15	1.11	1.19
6	-0.88	0.14	0.89	0.84
7	0.07	0.14	0.99	0.99
8	-0.37	0.14	0.99	1.02
9	-0.35	0.14	1.12	1.14
10	-0.65	0.14	0.88	0.84
11	0.68	0.14	1.04	1.09
12	0.31	0.14	0.97	0.92
13	-0.83	0.14	0.96	0.96
14	-0.75	0.14	1.04	1.04
15	-0.61	0.14	0.91	0.88
16	0.97	0.15	1.19	1.31
17	-1.24	0.15	0.95	0.99
18	0.39	0.14	0.94	0.94
19	-0.75	0.14	0.91	0.88
20	1.62	0.18	1.04	1.44
21	0.47	0.14	0.95	0.92
22	-0.39	0.14	1.07	1.09
23	-1.54	0.16	0.89	0.78
24	1.75	0.18	0.96	1.00
25	-0.23	0.14	0.89	0.87
26	1.49	0.17	1.08	1.31
27	-0.43	0.14	0.94	0.94
28	1.32	0.17	1.17	1.39
29	0.32	0.14	1.05	1.05
30	-0.96	0.15	0.98	0.98

Legenda: SE – *Standard error*

Efetuou-se a calibragem dos itens que constituem a versão do 3.º ano de escolaridade, fixando os parâmetros dos itens de ancoragem nos valores obtidos nos mesmos itens na calibragem do TCL-2 (cf. tabela II). Este procedimento, ao colocar o TCL-2 na métrica do TCL-3, possibilita ao utilizador do TCL comparar os resultados obtidos por um sujeito no TCL-2 com os resultados que este mesmo sujeito alcança numa avaliação posterior realizada com o TCL-3. Na versão TCL-3 observou-se um valor médio da dificuldade dos itens ligeiramente inferior à aptidão média dos sujeitos. Obtiveram-se, mais uma vez, coeficientes de ajustamento dos itens dentro dos parâmetros recomendados (Tabela II). As análises do funcionamento diferencial dos itens que constituem a versão do 3.º ano de escolaridade indicaram que, também nesta versão, os valores paramétricos dos alunos do sexo masculino e feminino não diferiam significativamente.

Tabela II. Caraterísticas psicométricas dos itens do TCL-3

Item	Dificuldade	SE	*Infit*	*Outfit*
1	0.45*	0.13	0.93	0.88
2	-1.10	0.15	0.94	0.81
3	1.03	0.13	1.13	1.21
4	-1.87*	0.19	0.74	0.52
5	-0.63	0.14	0.89	0.77
6	-1.87	0.19	0.96	0.93
7	0.68*	0.13	0.91	0.88
8	0.89	0.13	1.02	1.01
9	-0.61*	0.14	0.87	0.79
10	-0.40	0.13	1.02	0.96
11	-0.31	0.13	1.01	1.02
12	-0.53	0.14	0.99	0.92
13	1.38	0.14	0.99	1.12
14	-1.37	0.16	0.86	0.72
15	-0.98	0.15	0.82	0.68
16	0.11	0.13	1.03	1.05
17	3.16	0.21	0.99	1.57
18	0.47*	0.13	1.04	1.08
19	1.75*	0.14	1.06	1.05
20	1.06	0.13	1.12	1.17
21	0.62	0.13	1.00	0.97
22	2.45	0.17	1.07	1.31
23	1.49*	0.14	1.09	1.22
24	-0.06	0.13	0.94	1.00
25	0.03	0.13	0.90	0.85
26	1.32*	0.13	1.13	1.39
27	0.32*	0.13	1.14	1.21
28	-0.32	0.13	1.02	0.95
29	-0.87	0.15	0.89	0.77
30	0.85	0.13	1.08	1.15

Legenda: SE – *Standard error* * Valor ancorado na medida *logit* do mesmo item na versão do 2.º ano de escolaridade

A calibragem dos itens da versão do 4.º ano foi efetuada fixando-se os parâmetros dos itens comuns entre esta e a versão do ano de escolaridade anterior. Os valores *logit* atribuídos a estes itens de ancoragem foram assim os resultantes da calibragem do TCL-3. Uma vez que a escala do TCL-3 se encontrava já ligada à do TCL-2, a ligação da escala do TCL-4 à do TCL-3 conclui o processo de equalização vertical.

Quanto aos resultados gerais dos itens do TCL-4, verificou-se que os valores de *Infit* e *Outfit* dos itens não ultrapassavam os valores de 1.30 e 2.00, respetivamente, pelo que se verificou o ajustamento dos itens (Tabela III). Verificou-se um ligeiro desfasamento entre a média da dificuldade dos itens e a média da estimativa de aptidão dos sujeitos, com a primeira a situar-se num valor inferior ao da segunda, o que aponta para um desempenho médio superior dos sujeitos face à dificuldade das tarefas. As análises efetuadas evidenciaram também a ausência de funcionamento diferencial dos itens em função da variável sexo.

Tabela III. Caraterísticas psicométricas dos itens do TCL-4

Item	Dificuldade	SE	*Infit*	*Outfit*
1	-1.13	0.17	1.00	0.88
2	0.45*	0.13	1.05	1.04
3	-0.38	0.14	1.07	1.01
4	-0.59	0.15	0.90	0.84
5	1.85	0.14	1.24	1.46
6	1.53	0.13	1.07	1.13
7	1.07	0.13	1.11	1.14
8	-0.61*	0.15	0.79	0.65
9	0.62	0.13	0.88	0.85
10	-0.87	0.16	0.84	0.66
11	-1.35	0.18	1.03	1.01
12	0.71	0.13	0.87	0.82
13	-1.00	0.16	0.88	0.68
14	0.87	0.13	0.98	0.99
15	3.16*	0.19	0.94	1.16
16	0.32	0.13	0.93	0.90
17	0.71	0.13	1.05	1.06
18	0.74	0.13	1.15	1.19
19	1.75*	0.14	1.01	0.96
20	-1.05	0.17	0.82	0.66
21	-0.22	0.14	0.98	1.01
22	2.45*	0.16	1.13	1.30
23	1.49*	0.13	0.99	1.00
24	-0.09	0.14	1.00	0.90
25	-0.06*	0.14	0.99	0.93
26	0.03*	0.13	0.89	0.80
27	0.99	0.13	1.14	1.26
28	1.32*	0.13	1.04	1.05
29	2.62	0.16	1.16	1.78
30	-0.22	0.14	1.03	0.97

Legenda: SE – *Standard error* * Valor ancorado na medida *logit* do mesmo item na versão do 3.º ano de escolaridade

Resultados relativos à precisão
Estudou-se a fidelidade das três versões, calculando-se para cada uma o coeficiente de consistência interna de Kuder-Richardson (KR-20) e os coeficientes de fidelidade do modelo Rasch: *Person Separation Reliability* (PSR) e *Item Separation Reliability* (ISR). O primeiro indica quão eficientemente o grupo de itens consegue discriminar os sujeitos no constructo medido e o segundo é um indicador da probabilidade de reprodução do nível de dificuldade dos itens ao longo de diversas aplicações. Os valores destes coeficientes variam entre 0 e 1 e, quanto mais elevado o valor, melhor a separação entre os itens ou sujeitos e mais precisa é a medida (Wright & Stone, 1999). Na versão TCL-2 registaram-se valores de 0.71, 0.70 e 0.97 para o KR-20, PSR e ISR, respetivamente. Na versão TCL-3 os valores obtidos foram 0.79, 0.78 e 0.98, respetivamente. No TCL-4 obtiveram-se valores de 0.80, 0.79 e 0.98 respetivamente para cada um dos índices referidos.

Resultados relativos à validade
A validade de constructo do TCL foi analisada com recurso à análise fatorial confirmatória (AFC). Para testar a hipótese da unidimensionalidade de cada uma das versões do teste utilizou-se o programa estatístico *Mplus*. Os dados da AFC sugeriram que os itens em cada uma das versões saturam num único fator. O valor de qui-quadrado foi estatisticamente significativo nos três modelos ($\chi^2_{(405)}$=471.69, p<0.05; $\chi^2_{(405)}$=484.11, p<0.05; $\chi^2_{(405)}$=473.05, p<0.05) o que poderá ser explicado pela dimensão da amostra (Byrne, 2011). Em cada uma das três versões, os índices absolutos apresentam valores inferiores a 0.05 no caso do RMSEA (RMSEA$_{TCL-2}$=0.021; RMSEA$_{TCL-3}$=0.02; RMSEA$_{TCL-4}$=0.02) e inferiores a 1.0 no caso do WRMR (WRMR$_{TCL-2}$=0.96; WRMR$_{TCL-3}$=0.95; WRMR$_{TCL-4}$=0.93). Os índices incrementais são elevados nos três modelos superando o valor mínimo de 0.90, tanto no caso do CFI, como do TLI.

No estudo da validade convergente calcularam-se correlações entre os resultados nas versões do TCL e os resultados de outros instrumentos de avaliação de leitura: a Prova de Reconhecimento de Palavras – PRP (Viana & Ribeiro, 2010), o Teste de Idade de Leitura – TIL (Sucena & Castro, 2009) e as provas Avaliação da Compreensão da Leitura – ACL (Català et al., 2001; adaptação de Mendonça, 2008). Estudou-se, ainda, a validade preditiva das três versões, através da realização de correlações e análises de regressão ordinal, nas quais foram utilizadas as notas de duas Provas de Aferição de Língua Portuguesa do 1.º Ciclo do Ensino Básico (2010 e 2011) e a avaliação de leitura efetuada pelos professores como variáveis dependentes.

As correlações entre os resultados nas versões do TCL e os desempenhos na PRP situaram-se em 0.39 para o TCL-2, 0.36 para o TCL-3 e 0.41 para o TCL-4, sendo todas estatisticamente significativas (p<0.01). Com o TIL, observaram-se também correlações estatisticamente significativas (p<0.01), mas com magnitudes ligeiramente mais elevadas, obtendo-se, para cada uma das versões TCL-2, TCL-3 e TCL-4, os valores de 0.54, 0.50 e 0.60, respetivamente. As correlações entre as versões do TCL e da ACL apresentaram valores mais díspares em função do ano de escolaridade, com r=0.23 (p<0.01) para o 2.º ano; r=0.66 (p<0.01) para o 3.º ano e r=0.73 (p<0.01) para o 4.º ano.

A correlação entre o TCL-3 e os resultados obtidos na Prova de Aferição de Língua Portuguesa de 2011 foi de 0.60 (p<0.01). O modelo de regressão mostrou-se estatisticamente significativo ($\chi^2(1)$=41.96, p<0.001), indicando que os resultados nesta prova podem ser preditos pelo desempenho no TCL-3. Obteve-se uma correlação de 0.56 (p<0.01) entre os resultados no TCL-4 e os da Prova de Aferição de Língua Portuguesa de 2010. O modelo de regressão mostrou-se estatisticamente significativo ($\chi^2(1)$=61.30, p<0.001), indicando que o desempenho no TCL-4 é preditor dos resultados nesta prova.

As correlações entre os resultados nas versões do TCL e a avaliação de leitura efetuada pelos professores foram de 0.55 (p<0.01), 0.65 (p<0.01) e 0.68 (p<0.01). Nos três anos em análise, o modelo de regressão foi estatisticamente significativo ($\chi^2(1)$=43.27, p<0.001; $\chi^2(1)$=48.61, p<0.001; $\chi^2(1)$=86.71, p<0.001), sugerindo que a avaliação efetuada pelos professores pode ser predita a partir dos resultados do TCL.

5. Aplicação e correção

O TCL é um teste sem limite de tempo e que pode ser aplicado individualmente ou em grupo. Cada versão deve ser aplicada ao correspondente ano de escolaridade. No entanto, quando se pretender avaliar alunos que se encontrem numa fase inicial do ano letivo, é aconselhável aplicar a versão correspondente ao ano de escolaridade imediatamente anterior. No manual do teste são fornecidas instruções detalhadas de aplicação.

É concedido um ponto por cada resposta correta, pelo que a pontuação final pode variar entre 0 e 30 pontos em cada uma das versões.

6. Interpretação dos resultados

A amostra incluiu alunos do ensino público (n=1134) e privado (n=95), oriundos de contextos rurais (n=624) e urbanos (n=605). O número de alunos do sexo masculino (n=658) e feminino (n=571) era similar. No 2.º ano, 3.º e 4.º anos de escolaridade foram avaliados, respetivamente, 371, 403 e 455 alunos.

A interpretação das pontuações obtidas deve ser feita com base nos valores normativos do ano de escolaridade a que a versão corresponde. São disponibilizados dois tipos de normas – pontuações estandardizadas e notas percentílicas – a fim de permitir não só comparar desempenhos intraindividuais, recorrendo ao primeiro tipo, mas também comparar o desempenho de um aluno por referência ao seu grupo normativo, com recurso ao segundo tipo de normas.

Assim, da aplicação e cotação de cada versão do TCL obtém-se, para cada sujeito, uma pontuação total bruta, que pode ser interpretada de duas formas. Tomando em conta as notas percentílicas, é possível relacionar a nota bruta de um qualquer aluno com os resultados do grupo normativo, acedendo à sua posição em relação ao grupo. Analisando os resultados obtidos em função das pontuações estandardizadas, é possível comparar os resultados de um sujeito ao longo dos três anos de escolaridade a que a prova se destina, dado que os resultados padronizados das três versões se encontram numa métrica comum. No 2.º ano de escolaridade a pontuação estandardizada varia de 0 a 100, no 3.º ano de escolaridade de 1 a 106 e, no 4.º ano, de 4 a 108. Estas diferenças na amplitude dos resultados padronizados para os três anos de escolaridade devem-se ao facto de as pontuações das três formas do teste se encontrarem verticalmente escalonadas e de as médias dos grupos serem progressivamente mais altas à medida que se avança no ano de escolaridade. Quando um mesmo aluno é avaliado ao longo dos três anos de escolaridade com recurso às respetivas versões do TCL, é possível verificar, mediante a observação das pontuações estandardizadas, qual a magnitude do progresso e qual a sua distância em relação à média esperada para o ano de escolaridade em questão.

7. Avaliação crítica

O TCL é fruto de uma investigação extensiva, realizada ao longo de vários anos com o objetivo de produzir um instrumento de avaliação que captasse a evolução de uma competência influenciada pela aprendizagem como é a compreensão da leitura, integrando dois aspetos considerados críticos pela investigação: (i) a compreensão assume diversos níveis, traduzidos por diferentes exigências em termos cognitivos, e, (ii) é influenciada pelas caraterísticas do texto. Assim sendo, os itens foram concebidos para avaliar diferentes níveis de compreensão e o texto usado integra diferentes tipologias textuais.

A construção do TCL visava também responder a uma necessidade premente tanto dos investigadores da área da leitura, como dos profissionais que trabalham na prática com alunos com problemas de leitura: a necessidade de comparar desempenhos ao longo de diferentes anos de escolaridade. Para tal, recorreu-se a análises estatísticas decorrentes do modelo da Teoria de Resposta ao Item, dado serem mais adequadas à construção de três versões comparáveis de um mesmo teste. Cada versão apresenta um conjunto de itens únicos e uma percentagem menor de itens que se repetem entre versões (itens de ancoragem), atenuando o efeito de reatividade das medidas. Os resultados dos diversos estudos a que as versões foram submetidas apontaram boas caraterísticas psicométricas. Nas três versões, os indicadores de fiabilidade superam os valores de referência mínimos sugeridos na literatura (Fisher, 1992). O estudo de validade de constructo forneceu evidência empírica para a unidimensionalidade das versões, tal como era previsto. As correlações moderadas com outras provas de leitura e com indicadores externos de proficiência na leitura oferecem suporte para a inferência da validade das versões.

8. Bibliografia fundamental

Alonzo, J., Basaraba, D., Tindal, G., & Carriveau, R. S. (2009). They read, but how well do they understand? *Assessment for Effective Intervention, 35*(1), 34-44.

Bond, T. G., & Fox, C. M. (2007). *Applying the Rasch model: Fundamental measurement in the human sciences* (2nd ed.). Mahwah, New Jersey: Lawrence Erlbaum.

Byrne, B. M. (2011). *Structural equation modeling with Mplus: Basic concepts, applications and programming*. New York: Routledge Academic.

Cadime, I., Ribeiro, I., & Viana, F. L. (2012). *TCL - Teste de Compreensão Leitora*. Lisboa: Edições Cegoc-Tea.

Català, G., Català, M., Molina, E., & Monclús, R. (2001). *Evaluación de la comprensión lectora: pruebas ACL (1.º - 6.º de primaria)*. Barcelona: Editorial Graó.

Fisher, W. (1992). Reliability statistics. *Rasch Measurement Transactions*, 6(3), 238.

Herber, H. (1978). *Teaching reading in content areas* (2nd ed.). Englewood Cliffs, New Jersey: Prentice-Hall.

Huynh, H., & Meyer, P. (2010). Use of robust z in detecting unstable items in item response theory models. *Practical Assessment, Research & Evaluation*, 15(2), s/p. Consultado em http://pareonline.net/pdf/v15n2.pdf

Kolen, M. J., & Brennan, R. L. (2010). *Test equating, scaling and linking* (2nd ed.). New York: Springer.

Leu, D. J., & Kinzer, C. K. (1999). *Effective literacy instruction (K–8)* (4th ed.). New Jersey: Prentice Hall.

Linacre, J. M. (2002). What do *Infit* and *Outfit*, Mean-square and Standardized mean? *Rasch Measurement Transactions*, 16(2), 878.

Mendonça, S. (2008). *Provas de avaliação da compreensão leitora: estudo de validação* (Tese de Mestrado não publicada). Universidade do Minho, Braga.

Pearson, P. D., & Johnson, D. D. (1978). *Teaching reading comprehension*. New York: Holt, Rinehart and Winston.

Popham, W. J. (1993). *Classroom assessment: What teachers need to know*. Boston, MA: Allyn and Bacon.

RAND Reading Study Group (2002). *Reading for understanding: Toward an R&D program in reading comprehension*. Santa Monica, CA, and Washington, DC: RAND Corporation.

Sim-Sim, I., & Viana, F. L. (2007). *Para a avaliação do desempenho de leitura*. Lisboa: Ministério da Educação - Gabinete de Estatística e Planeamento da Educação (GEPE).

Smith, R. J., & Barrett, T. C. (1979). *Teaching reading in the middle grades* (2nd ed.). Reading, Massachusetts: Addison-Wesley.

Sucena, A., & Castro, S. L. (2009). *Aprender a ler e avaliar a leitura. O TIL: Teste de Idade de Leitura* (2ª ed.). Coimbra: Edições Almedina.

Swaby, B. (1989). *Diagnosis and correction of reading difficulties*. Boston: Allyn and Bacon.

Viana, F. L., & Ribeiro, I. (2010). *PRP - Prova de Reconhecimento de Palavras*. Lisboa: Edições Cegoc-Tea.

Wright, B. D., & Stone, M. H. (1999). *Measurement essentials*. Wilmington, DE: Wide Range.

9. Material

O TCL é um teste de papel e lápis constituído por: (i) manual técnico (onde se incluem as grelhas de correção e as normas para cada versão); (ii) 3 cadernos de teste, correspondentes ao TCL-2, TCL-3 e TCL-4; e, (iii) 3 folhas de resposta, correspondentes ao TCL-2, TCL-3 e TCL-4. O caderno de teste inclui as instruções aos participantes e o texto a ler. Apesar de o texto ser comum às várias versões, o número de perguntas para cada sequência é diferente nas três versões, o que conduz à exigência de cadernos de teste diferenciados. As perguntas são respondidas em folhas de respostas fornecidas separadamente.

10. Edição e distribuição

O TCL obteve o Prémio CEGOC 2011, e foi editado em 2012 pela editora Cegoc-Tea, Lda.

11. Contacto dos autores

Irene Maria Dias Cadime, Centro de Investigação em Psicologia, Escola de Psicologia, Campus de Gualtar, 4710-057, Braga, Portugal. E-mail: irenecadime@gmail.com

Maria Iolanda Ferreira da Silva Ribeiro, Centro de Investigação em Psicologia, Escola de Psicologia, Campus de Gualtar, 4710-057, Braga, Portugal. E-mail: iolanda@psi.uminho.pt

Fernanda Leopoldina Parente Viana, Centro de Investigação em Estudos da Criança, Instituto de Educação, Campus de Gualtar, 4710-057, Braga, Portugal. E-mail: fviana@ie.uminho.pt

A construção desta prova decorreu no âmbito de um projeto de doutoramento financiado pela Fundação para a Ciência e Tecnologia (Referência SFRH/BD/39980/2007).

TESTE DE ATITUDES ALIMENTARES PARA CRIANÇAS (TAAc)

Carmen Bento[1], Ana Telma Pereira[2], Jorge Saraiva[1] & António Macedo[2]

1. Indicações

Dimensões avaliadas
O Teste de Atitudes Alimentares para Crianças (TAAc) (*Children Eating Attitudes Test- ChEAT*; Maloney, 1988) é a versão infantil/juvenil do Teste de Atitudes Alimentares (TAA), desenvolvido por Gardner e Garfinkel; considerado um dos instrumentos mais conhecidos e utilizados na avaliação das atitudes e comportamentos alimentares em adultos (*Eating Attitudes Test* – Gardner & Garfinkel, 1982). A importância deste instrumento de rastreio prende-se com a facilidade de utilização em grandes grupos considerados de risco (população infantil/ juvenil), nomeadamente como um primeiro passo do processo de despiste / avaliação composto por duas fases. Neste processo, os sujeitos que obtiveram resultados elevados no teste são entrevistados por especialistas na área dos Disturbios do Comportamento Alimentar (DCA), de modo a determinar se os critérios para o diagnóstico de DCA são ou não cumpridos (Gardner & Garfinkel, 1982). Como o TAA, o TAAc deve ser considerado um teste de rastreio dos distúrbios do comportamento alimentar e não um teste diagnóstico (Smolak & Levine, 1994).

---

[1] Clinica Universitária de Pediatria, Faculdade de Medicina, Universidade de Coimbra.
[2] Instituto de Psicologia Médica, Faculdade de Medicina, Universidade de Coimbra..

O TAAc é uma escala de tipo Likert com 6 opções de resposta: desde "nunca" até "sempre". As respostas sintomáticas são cotadas com (um) "muitas vezes", (dois) "muitíssimas vezes" e (três) "sempre". As respostas "nunca", "raras vezes", "algumas vezes" são cotadas com zero. O TAAc tem 2 itens de cotação invertida (19 e 25). O valor mínimo do teste é 0 e o máximo de 78 valores. Como convém aos questionários deste género, os itens são frases curtas, simples e contendo uma só ideia, numa linguagem simples, apropriada aos destinatários do teste (Almeida, 2008). A pontuação total é calculada somando a pontuação de cada item, de forma que, quanto maior é a pontuação global mais disfuncionais são as atitudes e comportamentos alimentares.

Quanto à estrutura, a versão original do TAAc avalia 3 fatores - Fator 1: "Dieta"; Fator 2: "Comportamentos restritivos e purgativos" e Fator 3: "Preocupação com a comida" (Maloney, 1988). No entanto, outros autores, que avaliaram posteriormente as caraterísticas psicométricas do TAAc encontraram diferenças no número de fatores. Assim, Smolak e Levine (1994) encontraram um 4º fator denominado "Controlo oral"; Rojo-Moreno e colaboradores (2011) publicaram resultados de um 5º fator "Preocupação com a magreza", enquanto Anton e colaboradores (2006) chegaram mesmo a uma solução de 6 fatores (F6 - "Preocupação com o tamanho corporal").

Populações-alvo
As atitudes e comportamentos alimentares disfuncionais, têm vindo a ser cada vez mais prevalentes nos adolescentes, surgindo em idades muito jovens (Halvarsson, 2002). A versão original da escala foi especificamente construída para colmatar a necessidade de um instrumento que fosse aplicável a crianças dos 8 aos 13 anos (Maloney, 1988; Smolak & Levine, 1994) embora tenha sido aplicado acima dos 13 anos com bons resultados (Rojo-Moreno, 2011). No âmbito dos estudos desenvolvidos para a população portuguesa, o TAAc foi também adaptado e validado para o rastreio da Atitudes e Comportamentos Alimentares disfuncionais em idades mais jovens. Destina-se, portanto, a crianças e adolescentes dos 11 aos 18 anos.

2. História
Na década de 80, o conhecimento de casos de anorexia e bulimia em idades cada vez mais jovens (pré-adolescentes) (Levine & Smolak, 1992) e a evidên-

cia de que os comportamentos de dieta e insatisfação corporal estão presentes desde muito cedo (Maloney, McGuire, Daniels & Speker, 1989) levou ao estudo mais aprofundado das atitudes e comportamentos alimentares em crianças e pré-adolescentes. A aplicação do EAT-26 em crianças demonstrou que existiam palavras incompreensíveis nas camadas mais jovens. Assim, o ChEAT foi projetado para avaliar uma gama de atitudes e comportamentos alimentares, podendo ser usado em crianças abaixo dos 15 anos. As pequenas alterações consistiram na substituição de palavras pelos seus sinónimos mais simples e percetíveis por crianças dos 3º e 4º anos. Assim, alguns termos foram simplificadas, por exemplo "aterrorizado" mudou para "assustado" e "preocupado com" passou a "pensar muito em".

A avaliação das propriedades psicométricas do ChEAT demonstrou uma boa consistência interna, com valores de alfa Cronbach entre .71 e .87 (Maloney, McGuire, & Daniels, 1988; Sancho, Asorey, Arija, & Canals, 2005; Smolak & Levine, 1994) e uma estabilidade teste-reteste, com correlações entre .56 e .81 (Maloney, McGuire, & Daniels, 1988; Sancho, Asorey, Arija, & Canals, 2005). O estudo da validade concorrente do ChEAT tem revelado correlações positivas e significativas com o controlo do peso (r=.36, p<.001), e a insatisfação corporal (r=.39, p<.001) (Smolak & Levine, 1994). O ChEAT tem também demonstrado correlações negativas com subescalas da *"Body Areas Satisfaction Scale"* que mede a satisfação com diferentes zonas corporais (Cash, 1995; Sancho, Asorey, Arija, & Canals, 2005). De forma semelhante ao EAT-26, o ChEAT tem-se revelado um instrumento útil na avaliação de comportamentos alimentares em grandes grupos.

3. Fundamentação teórica

Os DCA, como a Anorexia Nervosa e a Bulimia Nervosa, são perturbações psicopatologicas relativamente raras na população adulta, mas desproporcionadamente elevadas na população adolescente (prevalência de 0,3% a 1%). Os outros DCA, como a Perturbação de Ingestão Compulsiva (PIC) e as Perturbações do Comportamento Alimentar sem Outra Especificação (PCASOE) são ainda mais frequentes, com valores que ascendem aos 5 a 7%. Atualmente os DCA são considerados como a terceira patologia crónica mais frequente em raparigas, só superados pela asma brônquica e a obesidade (Fisher et al., 2001).

Em todo o mundo, na população infantil, tem-se verificado um aumento da prevalência dos DCA, surgindo em camadas cada vez mais jovens (Bryant--Waugh, 2000); no entanto, as publicações relativas à evidência de eficiência das estratégias para o diagnóstico e tratamento nesta população é ainda escassa. Muitos autores referem que os DCA nesta população se apresentam de forma atípica e como muitas vezes não existe suspeita por parte dos clínicos, o diagnóstico é mais demorado e as estratégias de tratamento são ainda mais difíceis (Rosen, 2003).

A etiologia dos DCA nas camadas mais jovens é, como na população geral, de causalidade multifatorial, estando implicados fatores genéticos, familiares, psicológicos e socio-culturais (Bryant-Waugh, 2000). Alguns autores defendem a relação entre alterações do comportamento alimentar na primeira infância, como a recusa alimentar de causa não orgânica, a pica (ingestão de substâncias não nutritivas) e os "picky eaters", com o aparecimento de DCA nos adolescentes e adultos jovens (Dahl, 1994; Marchi, 1990). Entre outros fatores associados aos DCA destacam-se a preocupação com o corpo e a imagem corporal; ambos surgem durante a infância e estão bem estabelecidos antes do início da puberdade, principalmente no sexo feminino (Maloney, 1989). Em jovens no início da adolescência, foram descritos comportamentos de controlo do peso como a restrição alimentar, a ingestão de comprimidos para emagrecer e a indução do vómito (Stein, 1990). A preocupação com o peso está muito vincada na população feminina e a maior parte dos estudos publicados refere que mesmo com peso normal ou abaixo do normal, a maior parte das adolescentes desejava ser mais magra (Latzer, 2008).

A perspetiva familiar, sobre o peso e a forma corporais, é uma das vertentes mais estudadas nos doentes com DCA. Os comportamentos de dieta na família são aprendidos e podem ser adotados pelos adolescentes que vêm a desenvolver mais tardiamente DCA. As preocupações familiares com o peso e forma corporais exercem um efeito direto na insatisfação corporal e nas atitudes alimentares das adolescentes (Martinez-Gonzalez, 2003). A figura da mãe, as suas atitudes sobre a alimentação e a dieta, o peso e a forma corporais constituem um modelo relacionado com o surgimento de DCA nas raparigas (Cooper, 2004)

Entre os fatores socioculturais são de destacar: a cultura ocidental com as suas mudanças dietéticas, a influência dos meios de comunicação na transmissão dos atuais padrões de beleza e sucesso social, a moda e as novas competências da mulher na sociedade, e as relações interpessoais entre os pares (Lambruschini et al., 2002).

Na adolescência, a influência dos pares tem uma grande importância. Os adolescentes imitam comportamentos de dieta, a preocupação com a imagem corporal e até os episódios bulímicos e os vómitos para o controlo do peso, no grupo onde estão inseridos (Lieberman et al., 2001). Também os comentários desagradáveis acerca do peso e forma corporais entre pares têm um efeito direto na insatisfação corporal e na adoção de DCA (Cash et al., 1995; Paxton et al., 1999).

Nas crianças e jovens adolescentes a forma de apresentação dos DCA é geralmente atípica, obrigando à exclusão de outros diagnósticos, nomeadamente doenças médicas, o que por vezes pode ter consequências dramáticas (Bryant-Waug, 2000). Embora a prevalência dos DCA seja francamente superior no sexo feminino, independentemente da idade, nas idades mais jovens, o sexo masculino é atingido mais frequentemente, sobretudo em situações de stresse ou face a problemas familiares (Bryant-Waug, 2000). Também, nestas idades, é frequente surgirem outras patologias psiquiátricas associadas, como os distúrbios obsessivo-compulsivos e a depressão (Lask, 2000; Bryant-Waug, 2000).

O impacto nutricional dos DCA nos mais jovens pode ser mais preocupante, apesar de muitas vezes a perda ponderal não ser tão elevada ao ponto de cumprir os critérios diagnósticos do AN. No entanto, na infância e na adolescência mais do que manter o peso é de esperar ganho ponderal e estatural (Fisher, 2001). Além disso, como a gordura corporal é inferior à observada nos mais velhos, o risco de exaustão nutricional é mais rápido e com consequências mais graves. Os mais jovens apresentam os sintomas de malnutrição que surgem nos mais velhos, podendo afetar todos os órgãos e sistemas (por exemplo gastrointestinal, cardiovascular) e nos que adotam comportamentos purgativos e vomitivos são muito frequentes as alterações eletrolíticas (Rosen, 1997). A imaturidade somática das crianças e adolescentes pode afetar de forma definitiva o crescimento corporal e cerebral (Katzman, 2001) e atrasar de forma significativa o desenvolvimento pubertário (Treassure, 1998).

4. Estudos realizados em Portugal

Os estudos de aferição e validação do ChEAT para a população portuguesa foram desenvolvidos durante os trabalhos de doutoramento da primeira autora e inserem-se no âmbito mais geral de um projecto de investigação intitulado "Atitudes e comportamentos alimentares, o papel do perfecionismo", em curso no Instituto de Psicologia Médica da Faculdade de Medicina da Universidade de Coimbra (IPM-FMUC). Embora exista no nosso pais o Teste de Atitudes Alimentares (TAA), nas suas versões longa (Soares, 2004) e abreviada (Pereira, 2008), validada para a população adulta e também com boas propriedades psicométricas numa população adolescente nacional (Bento, 2011; Bento 2010), existe ainda falta de escalas de rastreio do DCA aplicável em idades mais jovens.

Um dos objetivos deste projecto era dispor de um bom instrumento de rastreio dos DCA na população infantil e adolescente, rigorosamente validado para o nosso país.

Datas e objetivos
Em finais de 2008, estipulámos como objetivo geral analisar as caraterísticas psicométricas do TAAc. Este objetivo subdividiu-se num conjunto de subobjetivos e tarefas sequenciais: (a) analisar a fidelidade (consistência interna); (b) estudar a validade de constructo (através da análise fatorial exploratória) e a validade concorrente (utilizando como critérios a Escala de Silhuetas Corporais (CDFRS; Thompson, 1995). Considerou-se relevante analisar as caraterísticas psicométricas do TAAc em toda a amostra e em ambos os sexos separadamente.

Amostras e metodologia
O estudo foi aprovado pelas entidades competentes e decorreu em Escolas Secundárias exclusivamente públicas. Os critérios de inclusão, requereram que os participantes tivessem autorização dos encarregados de educação se menores de 18 anos de idade e soubessem ler e escrever Português. Indo de encontro a imperativos éticos fundamentais na investigação e avaliação psicológica, os participantes e os encarregados de educação foram informados por escrito acerca da natureza e objetivo do estudo, foi obtido o seu consentimento informado para a participação voluntária e garantiu-se a confidencialidade das respostas individuais.

Amostra
Participaram no estudo 956 adolescentes [565 raparigas (59.0%) e 391 rapazes (41%)] de 4 Escolas Secundárias da cidade de Coimbra. As escolas foram escolhidas ao acaso, tendo na sua composição adolescentes de vários estratos socioculturais. A idade mínima foi de 11 anos e a máxima de 18 anos. Foram constituídos 3 grupos de idades (11-13: N= 94; 14-16: N=491; 17-18: N=368); a idade média foi de 15.8 anos (DP=1.51), sem diferenças estatisticamente significativas entre os grupos de idades (p =.176) e sexo (565 raparigas vs. 391 rapazes: M=15.8 ± 1.57 vs. M=15.8 ± 1.43, p=.567). O Índice de Massa Corporal (IMC) encontrado foi de 20.7 Kg/(altura - Metros)^2 (DP=2.66) para o total da mostra, sendo significativamente mais baixo nas raparigas (M=20.4 ± 2.75 vs. M=21.1 ± 2.49, p<.001).

Os alunos responderam a uma bateria de questionários incluindo, entre outros, dados socio-demográficos, a versão experimental do TAAc e a *Contour Drawing Figure Rating Scale* (CDFRS). A tradução e adaptação do TAAc à língua portuguesa foi efetuada pela equipa de Estudos de Genética Psiquiátrica do IPM (Diretor: Prof. Doutor António Manuel Macedo e Santos), que tem larga experiência neste tipo de traduções.

Análises qualitativas e quantitativas dos itens

Análises qualitativas
O processo de tradução do TAAc para português e outras análises qualitativas aos itens passou pela seguinte sequência: um primeiro rascunho da tradução foi feito por uma pediatra e uma psicóloga, fluentes em Inglês; este foi revisto por um psiquiatra sénior com extensa experiência, tanto na tradução de instrumentos como no diagnóstico e tratamento de perturbações do comportamento alimentar; seguidamente, um linguista sem conhecimento prévio do questionário procedeu à retroversão do TAAc; finalmente, um pequeno grupo de alunos participaram num estudo piloto para analisar a adequação do conteúdo e formato dos itens e das instruções, através do método da reflexão falada (Almeida & Freire, 2008). Com base nesta experiência foram incluídas algumas sugestões e realizadas pequenas modificações.

Análises quantitativas

Para a execução deste trabalho realizaram-se sucessivas análises quantitativas, utilizando principalmente o programa SPSS, versão 18.0. Referimos aqui apenas as que foram efetuadas para chegar aos resultados que resumimos neste capítulo. Para a grande maioria das análises, foram aplicados testes paramétricos e testes não paramétricos. Uma distribuição foi considerada normal quando se encontraram índices de assimetria e de curtose não superiores à unidade, ou seja, entre -1 e 1 (Almeida & Freire, 2008). Os somatórios de variáveis ordinais (totais de escalas, sub-escalas, fatores e resposta a itens dos questionários) foram tratados como variáveis intervalares. Realizámos um tratamento de respostas omissas, seguindo o procedimento aconselhado por Green, Salkind e Akey (1999), o qual equivale a atribuir à resposta omissa, para efeitos de cálculo do total, o valor correspondente à média do sujeito nos restantes itens. Realizaram-se análises fatoriais através da análise de componentes principais seguidas de rotação ortogonal de tipo *Varimax* (com normalização de *Kaiser*) para componentes com *eigenvalues* iguais ou superiores a um e procedeu-se a um conjunto de cálculos relacionados com a fidelidade dos instrumentos de avaliação psicológica: nas análises da consistência interna, calcularam-se os coeficientes *alpha de Cronbach*; para averiguar a contribuição particular de cada item para a consistência interna da escala, foram determinados os coeficientes α excluindo os itens; para avaliar em que medida cada item isoladamente é capaz de representar adequadamente o constructo que a escala pretende medir, isto é, para determinarmos o seu poder discriminativo ou validade interna, foram analisados os coeficientes de correlação entre cada item e o total (excluindo o item). Foram calculados coeficientes de correlação *Rho de Spearman* (rs), bem como coeficientes de determinação, aplicados testes U de *Mann-Whitney* (para duas amostras independentes) e *Kruskal-Wallis* (para três ou mais amostras independentes) e realizadas análises de regressão múltipla hierárquica.

Resultados no âmbito da precisão

Consistência Interna

Para o total da amostra o α de *Cronbach* foi de .73. Nas raparigas, o α *de Cronbach* foi de .76 e nos rapazes foi de .64. Estes resultados são semelhantes aos observados por Sancho e colaboradores (2005). Os coeficientes de correlação de Pearson entre cada item e a pontuação total (excluindo o item) situou-se entre .61 (item 14) e .56 (item 19). Nove itens (3, 4, 5, 9, 13, 15, 19, 25 e 26) não podem ser considerados "bons", pois o coeficiente de correlação Pearson com o total foi ≤ .20; mas apenas dois destes itens (4 e 13) provocariam uma redução do α de Cronbach se retirados. Para a amostra de raparigas e rapazes separadamente, o coeficiente de correlação de Pearson entre cada item e o total, foi superior ao do total da amostra. Como o coeficiente de correlação dos itens 19 e 25 e o total corrigido se revelaram negativos, ambos foram cotados inversamente. Quando estes itens foram invertidos, o α de Cronbach subiu para .77 no total da amostra, para .79 nas raparigas e para .65 nos rapazes.

Estabilidade Temporal
A estabilidade temporal foi obtida pelo método de correlação Teste-Reteste (correlação de Pearson). Para a amostra total a correlação foi de 0.60 (N=206). Nas raparigas, a correlação foi mais elevada do que nos rapazes (r=0.61, N= 123 vs. r=0.57; N= 83). O valor médio das pontuações totais entre o teste e o reteste não atingiu significado estatístico, nem para o total da amostra [M=7.87±5.59 vs. M=7.59±6.20; t (206) = .737 ; p=.462], nem para as raparigas [M=8.57±6.02 vs. M=7.97±6.75; t (123)=1.172; p=.243], nem para os rapazes [M=6.80±4.72 vs. M=7.02±5.25; t (81)= -.427; p=.670]. A estabilidade temporal encontrada na nossa amostra foi inferior à observada na versão original por Maloney (1988); (N=68; r=0.81); mas ligeiramente superior à encontrada por Sancho e colaboradores (2005) na população espanhola (N=258 ; r=0.56).

Resultados relativos à validade

Validade de constructo
Procedemos a uma análise fatorial exploratória dos resultados. Para a extracção dos fatores guiámo-nos pelos critério de Kaiser e do *scree test* de Cattell e tentámos encontrar um compromisso entre o número de fatores e a sua interpretabilidade. O teste de KMO *(Kaiser-Meyer-Oklin)* foi de .835, excedendo o valor mínimo de 0.60 recomendado por Kaiser e o teste de esfericidade de *Bartlett* levou a rejeitar a hipótese nula (p <.001), pelo que avançámos para esta análise.

A análise dos componentes principais revelou a presença de seis componentes superiores a 1, que explicavam 51.9% do total da variância. A observação do *Cattel's Scree plot* e a interpretação dos itens contidos em cada fator, levou-nos a selecionar 4 fatores os quais explicam 42.4% da variância total (Tabela I). Para o total da amostra, os fatores 1, 2, 3 e 4 explicaram respetivamente 15.3%, 10.1%, 9.1% e 7.8% da variância. Tanto o *Cattel's Scree plot* como o conteúdo do fatores foi semelhante em ambos os sexos. No sexo feminino os fatores 1, 2, 3 e 4 explicam respetivamente 16.8%, 10.3%, 8.7% e 8.2% da variância; e no sexo masculino explicam 10.8%, 10.2%, 10.1% e 7.7% do total variância.

Encontraram-se ligeiras diferenças na composição dos fatores entre os sexos e para o total da amostra (Tabela I). O Fator 1 (10 itens: 11, 14, 1, 12, 22, 23, 10, 2, 24 e 25; α= .791) foi denominado 'Medo de engordar', porque contém itens que descrevem o intenso medo e preocupação com engordar ou tornar-se obeso. O fator 2 (6 itens: 7, 16, 17, 6, 9 e 5; α= .575) foi chamado "Comportamentos restritivos e purgativos" porque contém itens tais como, *Vomito depois de comer* (9), *Evito alimentos com açúcar* (16) e *Como comida de dieta* (17). O Fator 3 (5 itens: 3, 21, 4, 18 e 19; α= .51) foi denominado "Preocupação com a comida" relaciona-se com pensamentos acerca da comida e perda de controlo com a alimentação. O Fator 4 (3 itens: 20, 8 e 13; α= .71) foi chamado "Pressão social para comer" já que descreve a pressão exercida pelos outros para comer ou para ganhar peso (Tabela I). Dois itens ficaram de fora desta estrutura na amostra total (r inferior a .30) - o item 15: *Demoro mais tempo que os outros a comer as minhas refeições* e o item 26: *Tenho o impulso de vomitar depois de comer.*

No sexo feminino, o Fator 1 ficou composto pelos mesmos itens do que na amostra total, com exceção dos itens 24, que estava contido no fator 2 e dos itens 15 e 25 que não saturaram em nenhum fator. O Fator 3 tinha a mesma composição do que a amostra total, mas continha o item 26. Os fatores 2 e 4 tinham os mesmos itens que a amostra total. No sexo masculino, o estudo dos fatores revelou no geral, similitudes na sua composição com a amostra total nos fatores 2, 3 e 4. O fator 1 era composto por menor número de itens (os itens 10, 22 e 23 se encontravam no fator 2). O fator 3 continha o item 15 e o fator 4 continha o item 26 na sua composição. Os itens 2, 5 e 25 ficaram fora da composição dos fatores por apresentarem *loadings* inferiores a .30 (Tabela I).

Em síntese, a estrutura para a amostra total e para o sexo feminino coincide com a estrutura de dimensões teóricas proposta por Smolak e Levine (1994), e sustentada por análise fatorial confirmatória. Encontram-se sobreposições no que toca a todos os fatores. A primeira avaliação das propriedades psicométricas do ChEAT foi realizada apenas no sexo feminino por Smolak e Levine (1994). No sexo masculino existe coincidência em praticamente todos os fatores com a amostra total, de forma semelhante ao encontrado por Sancho e colaboradores (2005).

Tabela I. Estrutura fatorial do TAAc

	saturações		
	Amostra Total (N=956)	Raparigas (N=565)	Rapazes (N=391)
Fator 1- Medo de engordar			
11 - Penso muito sobre querer ser mais magra(o)	.848	.853	.759
14- Penso muito se tenho gordura no meu corpo	.835	.852	.748
1- Assusta-me ter peso a mais	.712	.709	.560
12- Penso em queimar calorias quando faço exercício	.680	.736	.525
22- Sinto-me desconfortável depois de comer doces	.579	.596	--
23- Tenho andado a fazer dieta	.546	.610	--
10- Sinto-me muito culpada(o) depois de comer	.408	.461	--
2- Evito comer quando tenho fome	.376	.423	<.30
24- Gosto de sentir o meu estômago vazio	.335	--	.543
25- Gosto de provar novas comidas apetitosas	.308	<.30	<.30
	VE=15.32%; α=.791	VE=16.80%; α=.849	VE=10.81%; α=.667
Fator 2- Comportamentos restritivos e purgativos			
7- Evito alimentos como pão, batatas fritas e arroz.	.649	.624	.406
16- Evito alimentos com açúcar	.628	.568	.395
17- Como comida de dieta	.584	.602	.484
6- Conheço as calorias dos alimentos que como	.539	.453	.579
9- Vomito depois de comer	.387	.399	.578
5- Corto a minha comida em pequenos pedaços	.340	.425	<.30

		.467 (item 24)	
			.664 (item 10)
			.655 (item 23)
			.468 (item 22)
	VE=10.14%; α=.575	VE=10.34%; α=.640	VE=10.18%; α=.673
Fator 3- Preocupação com a comida			
3- Penso em comida grande parte do tempo	.750	.737	.718
21- Gasto demasiado tempo a pensar em comida	.725	.637	.759
4- Tem havido vezes em que me sinto incapaz de parar de comer	.668	.622	.687
18- Penso que a comida controla a minha vida	.532	.486	.553
19- Consigo controlar-me com a comida	.342	.380	.370
		.374 (item 26)	
			.394 (item 15)
	VE=9.13%; α=.511	VE=8.67%; α=.465	VE=10.08%; α=.573
Fator 4- Pressão social para comer			
20- Sinto que os outros me pressionam para comer	.801	.806	.822
8- Sinto que os outros gostariam que eu comesse mais	.787	.819	.676
13- Os outros pensam que estou muito magra(o)	.747	.779	.502
			.530 (item 26)
	VE=7.75%; α=.707	VE=8.24%; α=.745	VE=7.65%; α=.572
Itens fora dos fatores			
15- Demoro mais tempo do que os outros a comer as minhas refeições	<.30	<.30	
26- Tenho o impulso de vomitar depois de comer	<.30		
25- Gosto de provar novas comidas apetitosas		<.30	<.30

VE = Variância Explicada; α = *alpha de Cronbach*

Validade concorrente
A avaliação da validade concorrente foi obtida através da comparação do TAAc com a escala de Silhuetas Corporais de Thompson e Gray (1995) *(Contour Drawing Figure Rating Scale, CDFRS)*. A CDFRS, consiste em 9 silhuetas corporais femininas e masculinas, que vão progressivamente desde figuras muito magras a figuras obesas. As respostas da Escala variam entre 1 (a figura mais magra) e 9 (a figura mais gorda). A nova versão da CDFRS demonstrou propriedades psicométricas adequadas no estudo de Thompsom e colaboradores (1995). No nosso estudo foi proposto aos participantes a identificação da figura que representava a sua figura corporal e posteriormente, qual a figura desejada ou ideal.

Na amostra total, a pontuação média para a figura real foi de 5.1 (DP=1.32) e a pontuação média para a figura ideal foi de 4.6 (DP=1.13), diferença estatisticamente significativa [t (951) =12.333; $p < .001$]. Nas raparigas, os valores médios foram respetivamente de 4.9 (DP=1.44) e de 4.1 (DP=1.09) e a diferença foi também estatisticamente significativa [t (160)=14.190; $p < .001$]. Nos rapazes, a diferença entre a figura real (M=5.3; SD=.69) e a figura ideal (M=5.4; SD=1.03) não foi estatisticamente significativa [t(390)=1.792, p=.086].

Na amostra total, o grau de satisfação corporal (avaliado pela diferença entre a figura real e a figura ideal) foi negativo (M=-.50; DP=1.24). O grau de satisfação corporal foi também negativo e significativamente maior no sexo feminino que no sexo masculino [M=-.78±1.31 *versus* M=-.08±1.03; t (936.150) =-9.145, p<.001].

Na amostra total, a correlação entre a satisfação corporal com o total do TAAc foi negativa e estatisticamente significativa, assim como os fatores F1 "Medo de engordar", F2 "Comportamentos restritivos e purgativos" e F3 "Preocupação com a comida". Com o F4 "Pressão social para comer" a correlação apresenta-se significativa. No sexo feminino e masculino, apenas o F3 "Preocupação com a comida" não apresentou correlações significativas com a satisfação corporal (Tabela II).

Tabela II. Correlações entre a satisfação corporal e o TAAc

Satisfação Corporal TAAc	Amostra Total r	p	Raparigas r	p	Rapazes r	p
Fator 1 Medo de engordar	-.491	<.001	-.468	<.001	-.377	<.001
Fator 2 Comportamentos restritivos e Purgativos	-.230	<.001	-.231	<.001	-.207	<.001
Fator 3 Preocupação com a comida	-.077	.018	-.078	.064[NS]	-.070	.168[NS]
Fator 4 Pressão social para comer	.190	<.001	.262	<.001	.117	.021
Total TAAc	-.376	<.001	-.348	<.001	-.283	<.001

Considerámos importante avaliar as diferenças nas dimensões de comportamento alimentar, com os diferentes grupos de satisfação corporal. Para isso, os participantes foram distribuídos em três grupos: Grupo -1 (*Querem ser mais magros*: pontuações negativas entre o peso real e o peso ideal); Grupo 0 (*Satisfeitos*: Sem diferença entre o peso real e o peso ideal) e Grupo 1 (*Querem ser mais gordos*: Pontuações positivas entre o peso real e o peso ideal) (Tabela III).

Na amostra total, encontrámos diferenças médias estatisticamente significativas entre os 3 grupos de satisfação corporal e as médias de todos os fatores de comportamento alimentar, exceto no fator 3 "Preocupação com a comida". Em relação ao F1 "Medo de engordar", F2 "Comportamentos restritivos e purgativos" e Total do TAAc, verificámos uma diminuição ao longo dos grupos de satisfação corporal, desde -1 a 1. Em relação às pontuações médias de F4 "Pressão social para comer", encontrámos um aumento significativo entre os grupos de satisfação corporal -1 (*Querem ser mais magros*) e 1 (*Querem ser mais gordos*), mas não entre -1 e 0 (*Satisfeitos*).

Nas subamostras de raparigas e rapazes, encontrámos médias estatisticamente significativas nos três grupos de satisfação corporal, em todos os fatores do TAAc, exceto no F3 (*Preocupação com a comida*). As médias encontradas de F1, F2 e F4 entre os grupos, foram semelhantes à amostra total (diminuíam significativamente ao longo dos grupos de satisfação corporal de -1, 0 e 1 para F1 e F2; e aumentavam para F4) (Tabela III).

5. Interpretações dos resultados

Dimensões avaliadas e sua explicação
Em secções anteriores, explicámos já os constructos avaliados pelas dimensões do TAAc. Os resultados podem ser interpretados de acordo com a pontuação total. O somatório das pontuações nos fatores permitem caraterizar o perfil individual de cada indivíduo, facilitando o rastreio de grandes grupos populacionais (Maloney, 1988). Se um indivíduo tem uma pontuação total elevada, tal indica que tem maior probabilidade de apresentar DCA.

Normas, critérios ou parâmetros
Apesar de ter todo o interesse em estabelecer os pontos de corte para o TAAc no nosso país, ainda não nos foi possível desenhar um estudo com os critérios que tal exigem. No entanto, estávamos interessados em conhecer a nossa realidade nesta faixa etária. Assim, tinhamos duas hipóteses: utilizar o ponto de corte da versão original do TAAc (20 pontos; Maloney, 1989), mas que estudos posteriores em paises diferentes, encontraram pontos de corte inferiores (Sancho, 2005; Rojo-Moreno, 2011); ou utilizávamos normas centradas na Média + Desvio Padrão (Almeida, 2008).

O valor médio do TAAc da nossa amostra total foi de 8.61 (DP=7.03). Este resultado foi significativamente mais elevado nas raparigas do que nos rapazes [M=9.44±7.21 *versus* M=7.28±5.13; $t(946,873)=5,397$; $p<.001$]. As diferenças médias entre os grupos de idades (11-13 *versus* 14-16 *versus* 17-18 anos), não teve significado estatístico [M=9.77±7.21 *versus* 8.32±7.16 *versus* 8.70±6.81; $F(2, 950)=1.739$, $p=.176$].

Utilizando como ponto de corte o valor de M+DP, obtiveram-se 16 pontos para a mostra total, 17 para as raparigas e 12 para os rapazes; 13.5% (n=129) da amostra total, 19.1% (n=108) das raparigas e 11.6% (n=45) dos rapazes tiveram resultados acima dos pontos de corte.

Tabela III. Pontuações do TAAc (Média ± DP) por grupos de Satisfação Corporal (Amostra Total, Raparigas e Rapazes)

ChEAT	(-1) Querem ser mais magros (n=426) T: IMC:21.98±2.788 ♀: IMC:21.65±2.769 ♂: IMC:22.95±2.626 M±DP	(0) Satisfeitos (n=379) T: IMC:19.96±2.046 ♀: IMC:19.05±1.751 ♂: IMC:20.89±1.907 M±DP	(1) Querem ser mais gordos (n=147) T: IMC:18.77±1.739 ♀: IMC:18.03±1.499 ♂: IMC:19.22±1.727 M±DP	One-Way ANOVA F	p	PostHoc**
Fator 1 Medo de engordar[θ]	T: 6.43±5.552 ♀: 5.12±5.272 ♂: 2.60±3.043	T: 2.37±2.798 ♀: 1.53±2.775 ♂: .60±1.302	T: 1.83±2.164 ♀: .67±1.876 ♂: .62±1.420	T: 118.488 ♀: 53.695 ♂: 39.889	T: <.001 ♀: <.001 ♂: <.001	T: -1>0**, 1** ♀: -1>0**, 1** ♂: -1>0**, 1**
Fator 2 Comp. restritivos e purgativos[θ]	T: 1.90±2.556 ♀: 2.24±2.950 ♂: 1.32±2.317	T: 1.21±1.731 ♀: 1.38±1.844 ♂: .73±1.857	T: .55±1.044 ♀: .60±1.116 ♂: .30±.767	T: 25.945 ♀: 14.012 ♂: 8.073	T: <.001 ♀: <.001 ♂: <.001	T: -1>0**, 1**, 0>1** ♀: -1>0**, 1**, 0>1* ♂: -1>0*, 1**
Fator 3 Preocupação com a comida[β]	T: 2.40±2.172 ♀: 2.35±2.002 ♂: 2.83±3.118	T: 2.13±1.953 ♀: 2.03±1.729 ♂: 2.46±2.364	T: 2.26±2.163 ♀: 2.76±2.277 ♂: 2.23±2.124	T: 1.783 ♀: 3.542 ♂: 1.418	T: .169[NS] ♀: .03 ♂: .243[NS]	-- -- --
Fator 4 Pressão social para comer[θ]	T: .35±1.081 ♀: .33±1.023 ♂: .43±1.272	T: .40±1.130 ♀: .64±1.458 ♂: .18±.699	T: 1.25±2.084 ♀: 2.04±2.472 ♂: .78±1.652	T: 28.246 ♀: 35.982 ♂: 8.434	T: <.001 ♀: <.001 ♂: <.001	T: -1<1**, 0<1** ♀: -1<0*,1**, 0<1** ♂: -1<1*, 0<1**
Total	T: 11.40±8.264 ♀: 12.22±8.622 ♂: 9.01±6.612	T: 6.45±4.998 ♀: 7.27±5.387 ♂: 5.62±4.429	T: 6.198±4.338 ♀: 7.96±4.690 ♂: 5.13±3.751	T: 44.595 ♀: 29.582 ♂: 20.035	T: <.001 ♀: <.001 ♂: <.001	T: -1>0**, 1** ♀: -1>0**, 1** ♂: -1>0**, 1**

T: Amostra Total; ♀: Raparigas; ♂: Rapazes; ** p<.001; * p<.01; [θ]LSD; [β]Tamhane; NS: Não Significativo

6. Avaliação crítica

Vantagens e potencialidades do instrumento
Desde o primeiro contacto que a nossa equipa teve com o TAAc, que os itens que o compõem nos pareceram apresentar boa validade facial. O facto da escala ser composta por 26 itens é um aspeto positivo, pois um dos requisitos fundamentais de um instrumento de rastreio é que seja curto, simples e económico.

Embora a versão original aconselhe a aplicação do TAAc até aos 15 anos e posteriormente a utilização do TAA-26 (TAA-25 no nosso país; Pereira et al., 2008), o facto de o TAAc ter sido desenvolvido a partir do TAA-26 e a sua fácil compreensão por parte da população alvo, permite-nos afirmar que pode ser aplicado dos 11 anos aos 18 anos (escolas básicas [2.º e 3.º ciclos] e secundárias), sem colocar em causa o objetivo do teste e permitindo a comparação nos diferentes grupos etários. A rapidez de execução facilita a aceitação e diminui o número de falsos resultados.

Pensamos que o uso de escalas de rastreio, como TAAc, poderá facilitar o diálogo entre os adolescentes e o profissional de saúde (como é necessário, para diagnóstico do DCA), criando um clima de abertura no qual o adolescente poderá sentir-se mais encorajado a falar das suas dificuldades e a procurar ajuda. De um ponto de vista de investigação, o TAAc poderá ser útil em estudos epidemiológicos, nomeadamente em estudos transculturais no espaço da Lusofonia.

Limitações
Como teste de rastreio, o melhor local e o momento da aplicação do teste será nas escolas, o que estará seguramente dependente do tempo e boa vontade dos professores, dos encarregados de educação e obviamente dos jovens a quem o teste se destina.

A administração do TAAc poderá acarretar a emergência de FP e FN. No entanto, se for utilizado como primeiro passo de um processo de identificação de casos em que os falsos positivos são posteriormente reavaliados quanto à presença de diagnóstico, o que corresponde, de resto, ao modo como devem ser abordados os instrumentos de rastreio. Neste sentido, é deveras importante ter em conta as diferenças entre rastreio e diagnóstico.

Desenvolvimentos e estudos futuros

O TAAc está disponível para ser usado como instrumento de rastreio da sintomatologia de DCA. No entanto vários aspetos devem ser ponderados. É imperativo definir um ponto de corte para a nossa população, com base na metodologia mais rigorosa para o efeito, nomeadamente a análise de Curvas ROC (*Receiver Operating Characteristics*). Também consideramos importante que, no futuro, possam ser desenvolvidos projetos de continuidade, nomeadamente para estudar a sua aceitabilidade por profissionais e destinatários e a sua aplicabilidade na prática clínica.

Outro aspeto que poderá ser testado é o da administração do TAAc através da Internet. Esta ideia fundamenta-se no facto de que atualmente mais de 90% dos jovens entre os 10 e os 15 anos são utilizadores da Internet e este recurso é cada vez mais, uma ferramenta promissora para a realização de atividades de investigação, avaliação e rastreio (INE, 2008).

7. Bibliografia fundamental

Almeida, L.S., & Freire T. (2008). Recolha de dados: procedimentos e instrumentos. In: *Metodologia da Investigação em Psicologia e Educação* (5ª Edição Revista e Ampliada) (pp. 133-218). Braga: Psiquilíbrios.

Anton, S.D., Han, H., Newton, R.L., Martin, C.K., York-Crowe, E., Stewart, T.M., & Williamson, D.A. (2006). Reformulation of the Children's Eating Attitudes Test (ChEAT): fator structures and scoring method in a non-clinical population. *Eating Weight Disorders*, 11(4), 201-210. Retrieved from: PubMed ID: 17272950.

Bento, C., Pereira, A.T., Maia, B., Marques, M., Soares, M.J., Bos, S, & Azevedo, M.H., Macedo, A. (2010). Perfectionism and eating behavior in Portuguese adolescents. . *European Eating Disorders Review*, 18(4), 328-337. Retrieved from: doi: 10.1002/erv.981

Bento. C., Saraiva, J., Pereira, A. T., Azevedo, M. H., & Macedo, A. (2011) Atitudes e Comportamento Alimentares em uma População Adolescente Portuguesa. *Pediatria* (São Paulo), 33(1), 21-28.

Bryant-Waugh, R. (2000). Overview of the eating disorders. In: B, Lask, R, Bryant-Waugh (2nd ed.): *Anorexia Nervosa and Related Eating Disorders in Childhood and Adolescence.* (pp.27-40). Hove, England: Psychology Press.

Cash, T.F. (1995). Developmental teasing about physical appearance: retrospective descriptions and relationships with body image. *Social Behaviour and Personality*, 23, 123-130.

Cooper, M., Whelan, E., Woolgar, M., Morrell, J., & Murray, L. (2004). Association between childhood feeding problems and maternal eating disorder: role of the family environment. *British Journal of Psychiatry*, 184, 210-215. Retrieved from: doi: 10.1192/bjp.184.3.210

Fisher, M., Schneider, M., Burns, J., Symons, H., & Mandel, F. (2001). Differences between adolescents and young adults at presentation to an eating disorders program.

Journal of Adolescent Health, 28, 3, 222-227. Retrieved from: PII: S1054-139X(00)00182

Garner, D. M., Olmsted, M. P.; Bohr, Y., & Garfinkel, P. (1982) The Eating Attitudes Test: Psychometric features and clinical correlates. *Psychological Medicine*, 12, 871-78. Retrieved from: http://dx.doi.org/10.1017/S0033291700049163

Green, S. B., Salkind, N. J., & Akey, T. M. (1999). *Using SPSS for Windows. Analysing and Understanding Data* (2nd ed.). Upper Saddle River, New jersey: Prentice-Hall.

Halvarsson, K., Lunner, K., Westerberg, J., Anteson, F., & Sjödén, P.O. (2002). A longitudinal study of the development of dieting among 7-17 year-old Swedish girls. *International Journal of Eating Disorders*, 31, 32-42. Retrieved from: doi: 10.1002/eat.10004

INE (2009). Inquérito à Utilização de Tecnologias da Informação e da Comunicação pelas Famílias: Indivíduos dos 10 aos 15 anos 2005 a 2008. In: Indicadores Sociais 2008. Information website: http:// http://www.ine.pt/xportal/xmain?xpid=INE&xpgid=ine_publicacoes&PUBLICACOESpub_boui=62622412&PUBLICACOESmodo=2

Katzman, D. K., Christensen, B., Young, A. R., & Zipurski, R.B... (2001). Starving the brain: Structural abnormalities and cognitive impairment in adolescents with anorexia nervosa. *Seminars in Clinical Neuropsychiatry*, 6, 146-152. Retrieved from: PMID: 11296314

Lambrischini, N., & Leis, R. (2002). Transtornos de la conducta alimentária. In: Protocolos diagnósticos e terapéuticos en Pediatria, AEP; Tomo 5, 361-374.

Latzer, Y., Witztum, E., & Stein, D. (2008) Eating Disorders and Disordered Eating in Israel: An Updated Review. *European Eating Disorders Review*, 16, 361–374. Retrieved from: doi: 10.1002/erv.875

Lieberman, M., Gauvin, L., Bukowski, W. M., & White, D. M (2001). Interpersonal influence and disordered eating behaviours in adolescent girls: the role of peer modelling, social reinforcement, and body-related teasing. *Eating Behaviours*, 2 (3), 215-236. Retrieved from: http://dx.doi.org/10.1016/S1471-0153(01)00030-7

Maloney, M. J., McGuire, J. B., & Daniels S. R. (1988) Reliability testing of a children's version of The Eating Attitudes Test. *Journal of the American Academy of Child & Adolescent Psychiatry*, 27, 541–543. Retrieved from: http://dx.doi.org/10.1097/00004583-198809000-00004

Maloney, M. J., McGuire, J. B., Daniels, S. R., & Specker, B. (1989) Dieting behavior and eating attitudes in children. *Pediatrics*, 84(3), 482-489. Retrieved from: PMID:2788865

Marchi, M., & Cohen, P. (1990). Early childhood eating behaviors and adolescent eating disorders. *Journal of the American Academy of Child & Adolescent Psychiatry*, 29, 112-117. Retrieved from: http://dx.doi.org/10.1097/00004583-199001000-00017

Martinez-Gonzalez, M. A., Gual, P., Lahortiga, F., Alonso, Y., de Irala-Estevez, J. & Cervera, S. (2003). Parental fators, mass media influences and the onset of eating disorders in a prospective population-based cohort. *Pediatrics*, 111(2), 315-320. Retrieved from: doi: 10.1542/peds.111.2.315

Paxton, S.J., Schutz, H.K., Wertheim, E.H., & Muir, S.L. (1999). Friendship clique and peer influences on body image concerns, dietary restraint, extreme weight loss behaviours and binge eating in adolescent girls. *Journal of Abnormal Psychology*, 108: 255-266. doi: 10.1037/0021-843X.108.2.255

Pereira, A. T., Maia, B., Bos, S., Soares, M. J., Marques, M., & Azevedo, M. H. (2008). The Portuguese short form of the Eating Attitudes Test-40. *European Eating Disorders Review*,

16(4), 319-25. Retrieved from: doi:10.1002/erv.846

Rojo-Moreno, L., García-Miralles, I., Plumed, J., Barberá, M., Morales, M. M., & Livianos, L. (2011) Children's Eating Attitudes Test: Validation in the sample of Spanish Schoolchildren. *International Journal of Eating Disorders, 44* (6), 540-546. Retrieved from: doi: 10.1002/eat.20855

Rosen, D. (2003). Eating disorders in children and young adolescents: Etiology, classification, clinical features and treatment. *Adolescent Medicine, 14*, 4959. Retrieved from: PMID:12529190

Sancho, C., Asorey, O., Arija, V., & Canals, J. (2005) Psychometric characteristics of the children's eating attitudes test in a spanish sample. *European Eating Disorders Review, 13*, 338-343. Retrieved from: doi: 10.1002/erv.643

Soares, M. J., Macedo, A. F., Gomes, A. A., & Azevedo, M. H. (2004) A Versão Portuguesa do Teste de Atitudes Alimentares-40. *Psiquiatria Clínica, 18*, 1124.

Smolak, L., & Levine, M. P. (1994) Psychometric properties of the children's version of eating attitudes test. *International Journal of Eating Disorders, 3*, 275-282. Retrieved from PMID:7833961

Stein, D. M., & Reichert, P. (1990). Extreme dieting behaviors in early adolescence. *Journal of Early Adolescence, 10*, 108-121. Retrieved from doi:10.1177/0272431690102001

Thompson, M. A., & Gray, J. J. (1995). Development and validation of a new body image assessment tool. *Journal of Personality Assessment, 64*, 258–269. Retrieved from doi: 10.1207/s15327752jpa6402_6.

Treasure, J., & Thompson, P, (1988). Anorexia nervosa in childhood. *British Journal of Hospital Medicine, 40*, 362-364. Retrieved from PMID:3069170.

8. Material

O material do teste é constituído por uma única página de resposta que inclui a sua denominação, autores e respetiva afiliação, as instruções e os 26 itens.

9. Edição e distribuição

Os autores podem fornecer cópia da(s) versão(ões) portuguesa(s).

10. Contacto dos autores

Carmen Bento, Clínica Universitária de Pediatria, Hospital Pediátrico Carmona da Mota, Quinta Rainha, 3020-189 Coimbra, Portugal. Endereço eletrónico: carmenbento@sapo.pt

Ana Telma Pereira, Instituto de Psicologia Médica, Faculdade de Medicina de Coimbra, Rua Larga, 3004-504 – Coimbra, Portugal. Endereço eletrónico: apereira@fmed.uc.pt

ESCALA DE PERFECIONISMO DE CRIANÇAS E ADOLESCENTES (EPCA)

Carmen Bento[1], Ana Telma Pereira[2], Jorge Saraiva[1], & António Macedo[2]

1. Indicações

Dimensões avaliadas
A Escala de Perfecionismo de Crianças e Adolescentes (EPCA) (*Children and Adolescent Perfectionism Scale- CAPS*; Hewitt et al., 1997) é uma escala de auto--resposta com 22 itens que mede o perfecionismo (P) auto-orientado e socialmente prescrito em jovens. A EPCA é uma das escalas mais conhecidas e utilizadas na avaliação das dimensões do perfecionismo em jovens entre os 11 e 18 anos, tanto em populações clínicas como não clínicas (Donalson et al., 2000; Hewitt et al., 1997; Mc Vey et al., 2002).

A EPCA é uma escala tipo Likert com 5 opções de resposta para cada afirmação: "completamente falso", "mais falso do que verdadeiro", "nem verdadeiro nem falso", "mais verdadeiro do que falso" e "completamente verdadeiro", sendo cotadas de 1 a 5. A EPCA tem 3 itens de cotação invertida (3, 9 e 18). A pontuação varia de 22 a 110 pontos. Como convém aos questionários deste género, os itens são frases curtas, simples e contendo uma só ideia, numa linguagem simples, apropriada aos destinatários do teste (Almeida, 2008). A pontuação total é calculada somando a pontuação de cada item, de forma que, quanto maior é a pontuação global, maior será o grau de perfecionismo.

---

[1] Clinica Universitária de Pediatria. Faculdade de Medicina, Universidade de Coimbra.
[2] Instituto de Psicologia Médica, Faculdade de Medicina, Universidade de Coimbra.

Quanto à estrutura, a versão original da EPCA avalia 2 dimensões do perfecionismo: Perfecionismo Auto-orientado (PAO), que avalia cognições e comportamentos como o estabelecer de normas rigorosas e metas elevadas para si próprio, autoavaliações com padrões excessivamente exigentes, motivações que se traduzem pela procura da perfeição e o evitamento do insucesso (Hewitt & Flett, 1991); e o Perfecionismo Socialmente Prescrito (PSP), que envolve a perceção da necessidade de atingir os padrões e as expetativas prescritas pelas pessoas significativas, a crença ou vivência de que as pessoas os avaliam de forma rigorosa e exercem pressão para que sejam perfeitos. Estes padrões impostos pelas outras pessoas são percecionados como sendo irrealistas, excessivos e incontroláveis, pelo que podem acompanhar-se da experiência de fracasso, do medo da avaliação negativa, do evitamento da desaprovação dos outros e de estados emocionais como a angústia, a ansiedade e a depressão (Hewitt & Flett, 1991).

Populações-alvo
Os autores da CAPS (Hewitt & Flett, 1991) estavam interessados em confirmar se, na população mais jovem, a relação entre o perfecionismo (P) e os vários tipos de comportamentos disfuncionais encontrados em adultos também se verificava. No âmbito dos estudos desenvolvidos para a população portuguesa, a EPCA foi também adaptada e validada para avaliar as dimensões do perfecionismo em jovens entre os 11 e 18 anos.

2. História
Ao desenvolverem a MPS (*Multidimensional Perfectionism Scale*), Hewitt e Flett (1991) afirmavam que o perfecionismo possui aspetos interpessoais que são importantes no ajustamento pessoal. Descreveram três componentes essenciais do comportamento perfecionista: Perfecionismo auto-orientado (PAO): estabelecimento de padrões excessivamente elevados e "motivação perfecionista" para si próprio; Perfecionismo socialmente prescrito (PSP): perceção de que os outros estabelecem padrões excessivamente elevados para si; e Perfecionismo orientado para os outros (POO): exigência de padrões de desempenho ou de comportamento irrealistas para os outros significativos.

Existem poucas escalas que avaliam a multidimensionalidade do perfecionismo, especialmente em crianças e adolescentes. Dentro dessas escalas podemos incluir a *Child and Adolescent Perfectionism Scale* (CAPS, Flett et al., 1997) e a *Adaptative/Maladaptative Perfectionism Scale* (Rice & Preusser, 2002). Também a *Adaptative/Maladaptative Perfectionism Scale* foi recentemente validada para os mais jovens (Rice, Kubal, & Preusser, 2004), mas esta tem sido menos usada que a CAPS.

Como outras escalas para a população mais jovem, obtidas a partir de escalas validadas para adultos, a EPCA teve origem na Escala *Multidimensional Perfectionism Scale* (MPS) de Hewitt e Flett (1991). Apesar de desenvolvida a partir da MPS, a CAPS avalia apenas duas das três dimensões: o PAO e o PSP. A aplicação da CAPS em diferentes populações revelou, nalguns estudos, três dimensões: PAO- fator esforço (PAO-E), PAO-fator autocrítica (PAO-C) e PSP (McCreary et al., 2004). Aliás, recentemente foi validada a versão abreviada da CAPS, que contém 14 itens e avalia 3 dimensões do P (PSP, PAO-C e PAO-E; O'Connor et al., 2009).

A avaliação das propriedades psicométricas da CAPS-22 demonstrou uma boa consistência interna, tanto para o PAO (α= .85) como para o PSP (α= .86); e uma boa estabilidade temporal (coeficiente de correlação teste-reteste - PAO= .74; PSP= .66) (Flett et al., 1997). De um modo geral, outras validações têm corroborado as suas boas propriedades psicométricas, com valores de *alpha de Cronbach* entre .72 e .85 para o PAO e entre .78 e .86 para o PSP (Bas et al., 2010; Choy et al., 2006; Flett et al., 2002) e coeficientes teste-reteste a variarem entre .74 e .83 para o PAO ou .66 e .83 para o PSP (Flett et al., 2001; Castro et al., 2004). A evidência de correlações positivas e significativas com a depressão, os distúrbios do comportamento alimentar e os distúrbios obsessivo compulsivos têm sido abonatórias da validade da escala (Hewitt et al., 2002; Castro et al., 2004).

3. Fundamentação teórica da prova

O perfecionismo (P) é uma dimensão da personalidade que pode ter um profundo impacto na saúde psicológica dos indivíduos. Apesar das várias tentativas efetuadas no sentido de definir o constructo do P, existem ainda inúmeras questões controversas, nomeadamente, em termos das caraterísticas nucleares, do seu caráter unidimensional ou multidimensional, bem como relativamente às suas componentes positiva e negativa. O P foi definido pela primeira vez por Hollender (1978) como "o hábito de exigir a si próprio ou aos outros uma elevada qualidade de desempenho, maior do que a requerida pela situação". Anteriormente, Horney (1950) já o definira como *"the tyranny of the shoulds"*. Hamachek (1978) descreveu os perfecionistas como pessoas cujos esforços, mesmos os maiores, nunca eram suficientemente bons, pelo menos para os seus próprios olhos e que podiam e deveriam fazê-lo melhor. Assim, os indivíduos perfecionistas estabelecem padrões de desempenho irrealisticamente elevados, aderem rigidamente a eles e definem esse valor pessoal em função desses mesmos padrões (Maia, 2009). Tal leva a uma sensação crónica de fracasso, progressiva insegurança e vergonha (Pacht, 1984). Frost e colaboradores (1990) definiram o P como "o estabelecimento de padrões de desempenho excessivamente elevados, acompanhados de autoavaliações excessivamente críticas e o medo mórbido de falhar". Assim, as pessoas com P disfuncional tendem a procrastinar (adiamento sucessivo do que se tem para fazer, sensação de culpa por estar a adiar) e a envolver-se noutros comportamentos de evitamento de situações que possam requerer o alcance dos seus padrões perfecionistas, irrealistas e, portanto, improváveis de alcançar (Antony et al., 1998). Os perfecionistas autoavaliam-se e sentem-se avaliados pelo que fazem e não pelo que são (Hollender, 1978).

Defende-se que o desenvolvimento do P é um processo dinâmico e multifatorial. Alguns autores descrevem dois períodos chaves desse desenvolvimento: a primeira infância, em que a maior parte das crianças se caraterizam pelo fenómeno certo/errado "*just-right-phenomenon*", muito influenciado pelos fatores parentais e que inclui um aumento dos comportamentos compulsivos para fazer as coisas perfeitas. Outro período importante ocorre na adolescência, em que predominam os elevados níveis de autoconsciência. Neste período, as pressões para ser perfeito surgem do meio social onde o jovem está inserido (Evans et al., 1997).

Os autores da escala original estudaram a relação entre as dimensões do P com depressão, ansiedade, ira e stresse, em 114 crianças dos Estados Unidos. Verificaram que o PAO estava associado à depressão e ansiedade, enquanto o PSP se relacionava também com a raiva e o stresse. Os autores verificaram também que o PSP se correlacionava com uma autoavaliação negativa ou maladaptativa e o PAO com uma autoavaliação positiva ou adaptativa (Flett et al. 2001). Outros estudos realizados com a CAPS têm confirmado que o P associa-se a comportamentos de autodestruição, bem como a psicopatologia como ansiedade, depressão, distúrbios do comportamento alimentar e comportamentos suicidas em crianças e adolescentes (Donaldson et al., 2000; Essau et al., 2008; Hewitt et al., 2002; McCreary et al., 2004; O`Connor et al., 2009).

4. Estudos realizados em Portugal

Em Portugal, os estudos sobre P têm sido levados a cabo pelo grupo de investigadores do Instituto de Psicologia Médica da Faculdade de Medicina da Universidade de Coimbra (IPM-FMUC). Esta linha de investigação começou há cerca de uma década, com a validação portuguesa da Escala Multidimensional de Perfecionismo de Hewitt e Flett (Soares et al., 2003), a qual tem sido amplamente usada com adultos. Entretanto, foi comprovada a associação do P com perturbações do espetro obsessivo-compulsivo (Maia et al., 2009), nomeadamente com distúrbios do comportamento alimentar (Soares et al., 2009; Macedo et al., 2007). A associação entre o P e as dificuldades em dormir foi também um resultado inovador deste grupo (Azevedo et al., 2010; Maia et al., 2011). Quanto a estudos realizados com amostras de adolescentes, foi recentemente publicada a associação entre o P e os distúrbios do comportamento alimentar (Bento et al., 2010). Neste trabalho foi utilizada a versão experimental da CAPS.

Os estudos de aferição e validação do CAPS para a população portuguesa foram desenvolvidos durante os trabalhos de doutoramento da primeira autora e inserem-se no âmbito mais geral de um projeto de investigação intitulado "Atitudes e comportamentos alimentares: O papel do Perfecionismo", atualmente em curso. A falta de uma escala de P especificamente dirigida a idades mais jovens representa uma lacuna para a investigação e prática clínica nesta área. Assim, um dos objetivos deste projeto foi, precisamente, o de validar um instrumento para a avaliação do P em crianças e adolescentes portugueses.

Datas e objetivos

Em finais de 2009, estipulámos como objetivo geral testar a adequação da EPCA para ser utilizada como instrumento de avaliação do P em crianças e adolescentes, o que foi operacionalizado através dos seguintes objetivos específicos e tarefas sequenciais: (a) analisar a fiabilidade (consistência interna e estabilidade temporal); (b) estudar a validade de constructo, através da análise fatorial exploratória.

Amostras e metodologia
O projeto teve a aprovação e autorização das seguintes instituições: (1) Comissão Nacional de Proteção de Dados, (2) Direção Regional de Educação do Centro, (3) Direção Executiva das Escolas Secundárias onde foi aplicado o estudo, (4) Comissão de Ética da Faculdade de Medicina da Universidade de Coimbra, e (5) Conselho Científico da Faculdade de Medicina da Universidade de Coimbra.

Antes do início da recolha de dados propriamente dita, ao longo do ano letivo de 2010-2011, o projeto de investigação foi apresentado em quatro Escolas Secundárias da cidade de Coimbra, para o estabelecimento das estratégias de colaboração com estas, no sentido de solicitarmos a participação dos alunos. O estudo decorreu em escolas secundárias exclusivamente públicas. Os critérios de inclusão requeriam que os participantes tivessem autorização dos encarregados de educação quando tivessem menos de 18 anos de idade e que soubessem ler e escrever em Português. Indo de encontro a imperativos éticos fundamentais na investigação e avaliação psicológica, os participantes e os encarregados de educação foram informados, por escrito, acerca da natureza e objetivo do estudo, tendo-se obtido o seu consentimento informado para a participação voluntária e garantido a confidencialidade das respostas individuais.

Amostra
Uma amostra de 971 adolescentes, 572 raparigas (59%) e 399 rapazes (41%), participou no estudo. As escolas foram escolhidas ao acaso, tendo na sua composição, adolescentes de várias caraterísticas socioculturais. A idade média foi de 15.8 anos (DP=1.51), variando de um mínimo de 11 anos a um máximo de 18 anos. Para algumas análises formaram-se 3 grupos de idades (11-13: N= 95 (9,8%); 14-16: N=496 (51,1%); e 17-18: N=380 (39,1%). Os alunos responderam a uma bateria de questionários incluindo, entre outros, dados socio-demográficos e a versão experimental da EPCA (traduzida e adaptada pela equipa do IPM-FMUC).

Análises qualitativas e quantitativas dos itens

Análises qualitativas

O processo de tradução da EPCA para português e outras análises qualitativas dos itens passou pela seguinte sequência: um primeiro rascunho da tradução foi feito por uma pediatra e uma psicóloga, fluentes em Inglês; este foi revisto por um psiquiatra sénior com extensa experiência, tanto na tradução de instrumentos, como na clínica e investigação do P; seguidamente, um linguista sem conhecimento prévio do questionário procedeu à retroversão da EPCA; finalmente, um pequeno grupo de alunos participaram num estudo piloto para analisar a adequação do conteúdo e formato dos itens e das instruções, através do método da reflexão falada (Almeida & Freire, 2008). Com base nesta experiência foram incluídas algumas sugestões e realizadas pequenas modificações.

Análises quantitativas

Para a execução deste trabalho realizaram-se sucessivas análises quantitativas, utilizando o programa SPSS, versão 18.0. Foi assumida a natureza intervalar das medidas e, como tal, recorreu-se a análises estatísticas paramétricas. Realizámos um tratamento de respostas omissas, seguindo o procedimento aconselhado por Green, Salkind e Akey (1999) o qual equivale a atribuir à resposta omissa, para efeitos de cálculo do total, o valor correspondente à média do sujeito nos restantes itens. Realizaram-se análises fatoriais através da análise de componentes principais, seguidas de rotação ortogonal de tipo *Varimax* (com normalização de *Kaiser*) para as componentes com *eigenvalues* iguais ou superiores à unidade, e procedeu-se a um conjunto de cálculos relacionados com a fiabilidade dos instrumentos de avaliação psicológica: nas análises da consistência interna, calcularam-se os coeficientes *alpha de Cronbach*; para averiguar a contribuição particular de cada item para a consistência interna da escala, foram determinados os coeficientes excluindo os itens; para avaliar em que medida cada item isoladamente é capaz de representar adequadamente o constructo avaliado na escala, isto é, para determinarmos o seu poder discriminativo ou validade interna, foram analisados os coeficientes de correlação entre cada item e o total (excluindo o próprio item).

Resultados no âmbito da precisão

Consistência Interna

A consistência interna dos 22 itens da EPCA, dada pelo coeficiente α de *Cronbach* situou-se em .81, sendo adequada. Os coeficientes α das duas dimensões foram também muito favoráveis, pois foram todos >.80, com uma variação entre .85 (PSP) e .83 (PAO). Tendo em conta que podemos considerar "bons" itens aqueles que se correlacionarem acima de .30 com o total (quando este não contém o item) e que os itens que, quando retirados, fazem aumentar o alpha da escala não contribuem para a sua consistência interna, podemos afirmar que todos os itens são representantes fidedignos do constructo que a escala avalia e da sua dimensão específica. Segundo os critérios de Cohen, a maioria dos itens correlaciona-se com magnitude moderada (≥.30) a elevada (≥.50) com o total corrigido. Apenas três itens apresentam correlações inferiores a ≤.30 com o total corrigido (itens 3, 4 e 9), contudo não afetam o coeficiente de consistência interna da escala.

Estabilidade temporal

A estabilidade temporal foi obtida pelo método de correlação teste-reteste (correlação de Pearson) e também através da comparação das pontuações médias no teste e no reteste. O intervalo de tempo entre o teste e o reteste foi de 4-6 semanas. As correlações entre o teste e o reteste foram de .69 (p<.001) para o total da EPCA, de .69 (p<.001) para o PSP e de .59 (p<.001) para o PAO. A diferença entre as pontuações do teste e do reteste não foi estatisticamente significativa para o total da escala [M=69.2±12.52 vs. M=68.6±12.44; t (205) =.959; p=.339], nem para o PSP [M=28.0±7.50 vs. M=28.4±7.37; t (205)=-1.018; p=.310]. No entanto, as pontuações médias de PAO foram significativamente mais baixas entre os dois tempos [M=41.2±7.27 vs. M=39.3±6.38; t (205) = 4.379; p<.001]. Este resultado, apesar de não ser esperado, não é inédito, pois também O'Connor e colaboradores (2009) verificaram que as médias nesta dimensão, quando avaliadas em duas ocasiões separadas por um intervalo de tempo de seis meses, em jovens do Reino Unido (N=512; idade média= 15.4±.74) também foram significativamente mais baixas.

Resultados relativos à validade

Validade de constructo
Foi conduzida uma análise fatorial exploratória para a extração dos fatores, tomando o critério de Kaiser e o *scree test* de Cattell, e procurando um compromisso entre o número de fatores e a sua interpretabilidade. Fixamos os *loadings* de associação dos itens aos fatores em .30. O teste de KMO *(Kaiser--Meyer-Oklin)* foi de .90 e o teste de esfericidade de *Bartlett* levou a rejeitar a hipótese nula (p <.001), pelo que avançámos na análise fatorial.

A análise revelou a presença de quatro componentes, que explicavam 52.4% do total da variância. No entanto, a avaliação do *Cattel's scree plot* e da interpretação dos itens contidos em cada fator, levou-nos a selecionar 2 fatores os quais explicam 41.4% da variância total (Tabela I). De notar que todos os itens ficaram contidos nos dois fatores. Para o total da amostra, os fatores 1 e 2 explicam respetivamente 20.9% e 20.5% da variância.

O Fator 1 (10 itens: 3, 5, 8, 10, 12, 13, 15, 17, 19, 21; α=.85) foi denominado 'Perfecionismo Socialmente Prescrito', porque contém itens que descrevem a perceção de que os outros estabelecem padrões excessivamente elevados para o próprio; este fator contém itens como *Os outros esperam que eu seja sempre perfeito*, *A minha família espera que seja perfeito* ou *Esperam sempre que eu faça melhor que os outros*. O fator 2 (12 itens: 1, 2, 4, 6, 7, 9, 11, 14, 16, 18, 20 e 22; α= .83) foi chamado "Perfecionismo Auto Orientado" pois engloba itens como *Tento ser perfeito em tudo o que faço*, *Quero ser o melhor em tudo o que faço*, *Sinto que tenho que fazer sempre o meu melhor* ou *Tento sempre conseguir a nota mais alta num teste*. A estrutura para a nossa amostra coincide com a estrutura obtida pelos autores da escala original, e entretanto confirmada noutros estudos (Bas et al., 2010; Castro et al., 2004).

Tabela I. Estrutura Fatorial da EPCA

EPCA	Itens	Loadings
Fator I *Perfecionismo Socialmente Prescrito*	13. Os outros esperam que eu seja sempre perfeito(a).	.806
	8. A minha família espera que eu seja perfeito(a).	.760
	15. As pessoas à minha volta esperam que eu seja o(a) melhor em tudo.	.751
	5. Há pessoas na minha vida que esperam que eu seja perfeito(a).	.706
	21. Sinto que as pessoas exigem demais de mim.	.680
	19. Esperam sempre que eu faça melhor que os outros.	.623
	12. As outras pessoas pensam que eu falhei se não fizer sempre o meu máximo.	.613
	10. As pessoas esperam mais de mim do que eu sou capaz de dar.	.601
	17. Os meus professores esperam que o meu trabalho seja perfeito.	.490
	3. Os meus pais nem sempre esperam que seja perfeito(a) em tudo o que faço.	-.312
Fator II *Perfecionismo Auto Orientado*	2. Quero ser o(a) melhor em tudo o que faço.	.724
	16. Quando faço alguma coisa tem que ficar perfeita.	.708
	1. Tento ser perfeito(a) em tudo o que faço.	.706
	7. Fico muito aborrecido(a) se não dou sempre o meu melhor.	.652
	6. Tento sempre conseguir a nota mais alta num teste.	.632
	14. Fico aborrecido(a) se existir uma única falha no meu trabalho.	.627
	9. Nem sempre tento ser o(a) melhor.	-.576
	20. Mesmo quando passo, sinto que falhei se não consegui uma das melhores notas da turma.	.552
	18. Não tenho que ser o(a) melhor em tudo o que faço.	-.494
	11. Fico zangado(a) comigo quando cometo um erro.	.409
	22. Não suporto não ser perfeito(a).	.392
	4. Sinto que tenho de fazer sempre o meu melhor.	.361

Uma vez que alguns estudos resultaram em 3 fatores na CAPS, em que o PAO se encontrava dividido em PAO-C (*crítica*) e PAO- E (*esforço*) (McCreary, 2004; O'Connor et al., 2009), analisámos também uma estrutura de 3 fatores. Esta manteve os dois fatores PSP e PAO, e surgiu um terceiro fator composto pelos itens invertidos da escala (itens 3, 9 e 18), os quais não apresentavam comunalidade relativa ao conteúdo. Apesar da análise fatorial da nossa escala ser adequada com dois fatores, decidimos fazer a análise fatorial da dimensão PAO. A avaliação do *Cattel's scree plot* e a interpretação dos itens contidos em cada fator de segunda ordem, levar-nos-ia a reter 2 fatores os quais explicam 45.7% da variância total (Tabela II). Efetivamente, o conteúdo de cada um deles remete separadamente para temas de Crítica e de Esforço (Tabela II), contudo o item 4 (<.30) não se integra nesta estrutura fatorial. Pelo que a nossa decisão passou pela consideração dos dois fatores inicialmente previstos.

Tabela II – Estrutura Fatorial da dimensão PAO

PAO	Itens	Loadings
Crítica	11.Fico zangado(a) comigo quando cometo um erro.	.793
	14.Fico aborrecido(a) se existir uma única falha no meu trabalho.	.761
	7.Fico muito aborrecido(a) se não dou sempre o meu melhor.	.611
	16.Quando faço alguma coisa tem que ficar perfeita.	.601
	22.Não suporto não ser perfeito(a).	.455
Esforço	9.Nem sempre tento ser o(a) melhor.	-.734
	2.Quero ser o(a) melhor em tudo o que faço.	.668
	18.Não tenho que ser o(a) melhor em tudo o que faço.	.632
	6.Tento sempre conseguir a nota mais alta num teste.	.585
	1.Tento ser perfeito(a) em tudo o que faço.	.520
	20.Mesmo quando passo, sinto que falhei se não consegui uma das melhores notas da turma	.433

5. Interpretações dos resultados

Dimensões avaliadas e sua explicação

Em secções anteriores, explicámos já os constructos avaliados pelas dimensões da EPCA. Os resultados podem ser interpretados de acordo com a pontuação total e com a pontuação de cada um dos seus fatores. O somatório das pontuações nos fatores permitem caraterizar o perfil perfecionista de cada indivíduo.

Normas, critérios ou parâmetros

O valor médio da EPCA da nossa amostra total foi de 68.3 (DP=12.17). O estudo comparativo das pontuações médias da EPCA não revelou diferenças estatisticamente significativas para os grupos de idades tanto para o total da EPCA (F=.688; p=.503) como para o PSP (F=.338; p=.713) e para o PAO (F=.894; p=.409). Da mesma forma, o estudo comparativo das pontuações médias da EPCA não apresentou diferenças estatisticamente significativas entre os sexos (572 raparigas vs. 399 rapazes) para o total da EPCA (M=68.0 ± 12.21 vs. M=68.6 ± 12.11; t=-.736, p=.574), para o PSP (M=27.4 ± .55 vs. M= 27.9 ± 7.59, t=-.940, p=. 761) e para o PAO (M=40.6 ± 6.98 vs. M= 40.70 ± 6.69, t=-.285, p=.692).

6. Avaliação crítica

Vantagens e potencialidades do instrumento

Desde o primeiro contacto que tivemos com a EPCA, verificámos que os itens que a compõem apresentam boa validade facial. O facto da escala ser composta por 22 itens é um aspeto positivo, pois um dos requisitos fundamentais de um instrumento de avaliação é que seja parcimonioso. A rapidez da sua realização facilita a aceitação e diminui o número de falsos resultados, particularmente quando se trata de um público-alvo adolescente.

O uso desta escala, nomeadamente em conjunto com outros instrumentos (nomeadamente de rastreio), permitirá obter informação acerca de grupos de risco de desenvolvimento de psicopatotogia, tanto a nível individual como de grupo e, assim, melhor fundamentar e orientar as estratégias de intervenção. Neste sentido, a EPCA poderá ser muito útil em estudos epidemiológicos, nomeadamente em estudos transculturais no espaço da lusofonia.

Limitações
Tanto na investigação como na prática clínica não foram evidenciadas limitações dignas de nota.

Desenvolvimentos e estudos futuros
Planeamos estudar a idade limite inferior para administração da EPCA, pois é nosso interesse utilizá-la em idades ainda mais precoces. Será também muito relevante explorar a associação entre as dimensões da EPCA e diversas medidas psicológicas, tanto de psicopatologia, como de afetividade (positiva e negativa), como de constructos mais positivos, no sentido de melhor entendermos a natureza adaptativa *versus* mal-adaptativa do perfecionismo nestas idades.

Outro aspeto que poderá ser testado é o da administração da EPCA através da Internet. Esta ideia fundamenta-se no facto de que atualmente mais de 90% dos jovens entre os 10 e os 15 anos são utilizadores da Internet e este recurso é cada vez mais uma ferramenta promissora para a realização de atividades de investigação, avaliação e rastreio (INE, 2009).

7. Bibliografia

Almeida, L.S., & Freire T. (2008). Recolha de dados: procedimentos e instrumentos. In *Metodologia da Investigação em Psicologia e Educação* (5ª Edição) (pp. 133-218). Braga: Psiquilíbrios.

Antony, M.M., & Swinson, R.P. (1998). The nature of perfectionism. In: M. M. Antony & R. P. Swinson (Eds.), *When perfect isn't good enough: strategies for coping with perfectionism* (pp. 19-44). Oakland, CA, USA: New Harbinger Publications.

Azevedo, M. H., Bos, S.C., Soares, M.J., Marques, M., Pereira, A.T., Maia, B., & Macedo, A. (2010). Longitudinal study on perfectionism and sleep disturbance. *World Journal of Biological Psychiatry*, 11(2), 476-485. doi: 10.3109/15622970903304467

Bass, A.U., & Siyez, D.M. (2010). Adaptation of the child and adolescent perfectionism scale to Turkish: The validity and reliability study. *Elementary Education Online*, 3, 898-909.

Bento, C., Pereira, A.T., Maia, B., Marques, M., Soares, M.J., Bos, S., & Macedo, A. (2010). Perfectionism and eating behavior in Portuguese adolescents. *European Eating Disorders Review*, 18(4), 328-37. Retrieved from: doi: 10.1002/erv.981

Castro, J., Gila, A., Gual, P., Lahortiga, F., Saura, B., & Toro, J. (2004). Perfectionism dimensions in children and adolescents with anorexia nervosa. *Journal of Adolescent Health*, 35, 392–398. Retrieved from doi: 10.1037/a0016264

Choy, G., & Drinnan, L. (2006). Perfectionism and self-evaluative emotions in Australian children. Presented at the 19th Biennial Meetings of the International Society for the study of Behavioral Development (ISSBD). Melbourne, Australia.

Donaldson, D., Spirito, A., & Farnett E. (2000) The role of perfectionism and depressive cognitions in understanding the hopelessness experienced by adolescent suicide attempters. *Child Psychiatry & Human Development*, 31(2), 99-111. Retrieved from: doi: 10.1023/A:1001978625339

Essau C.A., Leung P.W., Conradt J., Cheng, H., & Wong, T. (2008). Anxiety symptoms in Chinese and German adolescents: Their relationship with learning experiences, perfectionism and learning motivation. Depression and Anxiety, 25, 801-810. Retrieved from: doi: 10.1002/da.20334. ISSN: 1091-4269.

Evans D.W., Leckman J.F., Carter A., Reznick, J.S., Henshaw D., King R.A., & Pauls D. (1997). Ritual, habit and perfectionism: The prevalence and development of compulsive-like behavior in normal young children. *Child Development*, 68, 58-68. Retrieved from: doi: 10.1111/j.1467-8624.1997.tb01925.x

Flett, G.L., & Hewitt, P.L. (2002). Perfectionism and maladjustment: An overview of theoretical, definitional, and treatment issues. In G. L. Flett,& P. L. Hewitt (Eds.), *Perfectionism: Theory, Research and Treatment* (pp. 5-31). Washington, DC: American Psychological Association.

Flett, G.L., Hewitt, P.L., Boucher, D.J., Davidson, L.A., & Munro, Y. (2001). The child and adolescent perfectionism scale: Development, validation, and association with adjustment. Unpublished Manuscript. York University, Toronto, Ontário, Canadá.

Frost, R.O., Marten, P., Lahart, C., & Rosenblate, R. (1990). The dimensions of perfectionism. *Cognitive Therapy and Research*, 14, 449–468.

Green, S. B., Salkind, N. J., & Akey, T. M. (1999). *Using SPSS for Windows. Analysing and*

Understanding Data (2nd ed.). Upper Saddle River, New jersey: Prentice-Hall.

Hamachek, D.E. (1978). Psychodynamics of normal and neurotic perfectionism. *Psychology: A Journal of Human Behavior, 15* (1), 27-33.

Hewitt, P.L. & Flett, G.L. (1991). Perfectionism in the self and social contexts: conceptualization, assessment and association with psychopathology. *Journal of Personality and Social Psychology, 60,* 456-470. Retrieved from: doi: 10.1037/0022-3514.60.3.456

Hewitt, P.L., Newton, J., Flett, G.L. & Callender, L. (1997). Perfectionism and suicide ideation in adolescent psychiatric patients. *Journal of Abnormal Child Psychology, 25,* 95-101. Retrieved from: http://link.springer.com/10.1023/A:1025723327188

Hewitt, P. L., Carnelian, C. F., Flett, G. L., Sherry, S. B., Collins, L., & Flynn, C. A. (2002). Perfectionism in children: Associations with depression, anxiety and anger. *Personality and Individual Differences, 32,* 1049–1061. DOI: http://dx.doi.org/10.1016/S0191-8869(01)00109-X

Hollender, M.H. (1978). Perfectionism, a neglected personality trait. *Journal of Clinical Psychiatry, 39*(5), 384.

INE (2009). Inquérito à Utilização de Tecnologias da Informação e da Comunicação pelas Famílias: Indivíduos dos 10 aos 15 anos 2005 a 2008. In: Indicadores Sociais 2008. Information website: http:// http://www.ine.pt/xportal/xmain?xpid=INE&xpgid=ine_publicacoes&PUBLICACOESpub_boui=62622412&PUBLICACOESmodo=2

Macedo, A., Soares, M. J., Azevedo, M. H., Gomes, A., Pereira, A. T., Mai, B., & Pato, M. (2007). Perfectionism and eating attitudes in Portuguese university students. *European Eating Disorders Review, 15*(4), 296-304. Retrieved from: doi: 10.1002/erv.735

Maia, B. R., Soares, M. J., Gomes, A., Marques, M., Pereira, A. T., Cabral, A., & Azevedo, M. H. P. (2009). Perfectionism in obsessive compulsive and eating disorders. *Revista Brasileira de Psiquiatria, 31*(4), 322-327. Retrieved from: doi: 10.1590/S1516-44462009005000004

Maia, B. R., Soares, M. J., Pereira, A. T., Marques, M., Bos, S. C., Gomes, A., & Macedo, A. (2011). Affective state dependence and relative trait stability of perfectionism in sleep disturbances. *Revista Brasileira de Psiquiatria, 33*(3), 252-260. Retrieved from: http://dx.doi.org/10.1590/S1516-44462011000300008

McCreary, B. T., Joiner, T. E., Schmidt, N. B., & Ialongo, N. S. (2004). The structure and correlates of perfectionism in African American children. *Journal of Clinical Child and Adolescent Psychology, 33,* 313- 324. Retrieved from: doi: 10.1037/a0016264

Mc Vey, G. L., Pepler, D., Davis, R., Flett, G., & Abdolell, M. (2002). Risk and protective fators associated with disordered eating during early adolescence. *Journal of Early Adolescence, 22*(1), 75-95. Retrieved from: doi:10.1177/0272431602022001004

O'Connor, R. C., Dixon, D., & Rasmussen, S. (2009). The structure and temporal stability of the child and adolescent perfectionism scale. *Psychological Assessment, 21,* 437–443. Retrieved from: doi:10.1016/j.brat.2009.09.008

Pacht, A.R. (1984). Reflections on Perfection. *American Psychologist, 39,* 386-390.

Rice K.G, & Preusser K. J. (2002). The adaptative/maladaptative Perfectionism scale. *Measurement and Evaluation in Counselling and Development, 34*(4), 210-222. Retrieved from: EJ642628

Rice K. G., Kubal, A. E., & Preusser, K. J. (2004). Perfectionism and children's self-concept: Further validation of the Adaptive/Maladaptive Perfectionism Scale. *Psychology in the Schools, 41*(3), 279-90. Retrieved from: doi: 10.1002/pits.10160

Soares, M. J., Gomes, A. A., Macedo, A. F., Santos, V., & Azevedo, M. H. P. (2003). Escala Multidimensional de Perfecionismo: Adaptação à população Portuguesa. *Revista Portuguesa de Psicossomática, 5*(1), 46-55. Retrieved from: ISSN: 0874-4696.

Soares, M. J., Macedo, A., Bos, S., Marques, M., Maia, B., Pereira, A.T., & Azevedo, M.H. (2009). Perfectionism and eating attitudes in Portuguese students: A longitudinal study. *European Eating Disorders Review, 17*(5), 390-398. Retrieved from: doi: 10.1002/erv.926

8. Material

O material do teste é constituído por uma única página de resposta que inclui a sua denominação, autores e respetiva afiliação, as instruções e os 22 itens.

9. Edição e distribuição

Os autores podem fornecer cópia da versão portuguesa.

10. Contacto dos autores

Carmen Bento, Clínica Universitária de Pediatria, Hospital Pediátrico Carmona da Mota, Quinta Rainha, 3020-189 Coimbra, Portugal. Endereço eletrónico: carmenbento@sapo.pt.

Ana Telma Pereira, Instituto de Psicologia Médica, Faculdade de Medicina de Coimbra, Rua Larga, 3004-504 – Coimbra, Portugal. Endereço eletrónico: apereira@fmed.uc.pt.

ESCALA DE PREOCUPAÇÕES PARENTAIS (EPP)

Susana Algarvio[1], Isabel Leal[1], & João Maroco[1]

1. Indicações

Dimensões avaliadas
A Escala de Preocupações Parentais (EPP) pretende avaliar as preocupações dos pais de crianças entre os 3 e os 10 anos, ou de outras pessoas que tenham a criança a seu cargo. A EPP é constituída por 21 itens distribuídos por 5 subescalas que avaliam diferentes dimensões de preocupação: *Preocupações Escolares e Problemas Familiares* (relação entre a criança e o professor, separação dos pais, conflito parental e maus tratos); *Alimentação, Sono e Queixas Físicas* (problemas alimentares, do sono, dores de cabeça e dores de barriga); *Preparação* (mudança de casa e morte); *Medos* (medos genéricos, medo do escuro e medo do papão ou de monstros); e *Comportamentos Negativos* (dificuldade em controlar comportamentos, não obedecer, birras, ser muito exigente). Cada um dos itens é cotado numa escala ordinal de 1 a 5, entre «não me preocupo nada», e «preocupo-me muitíssimo».

Populações alvo
A Escala de Preocupações Parentais pode ser aplicada a pais de crianças entre os 3 e os 10 anos, em populações normativas e em populações clínicas. Em populações normativas, a avaliação das preocupações parentais e posterior

---

[1] Unidade de Investigação em Psicologia e Saúde, ISPA-IU, Lisboa.

intervenção, poderá prevenir a ocorrência de perturbações psicopatológicas na criança. Em populações clínicas estará indicada para pais de crianças com perturbações do comportamento, perturbações emocionais, de ansiedade ou depressivas, do sono, alimentares e ainda em situações de problemática familiar, como a separação dos pais, a morte, a mudança de casa, situações de maus-tratos e problemáticas escolares.

Tendo em consideração o tipo de informação recolhida, apresenta uma possibilidade de aplicação muito vasta, sendo indicada para diferentes contextos de intervenção, tais como serviços de saúde geral, serviços de saúde mental, escolas, serviços de intervenção psicossocial, grupos de educação parental, entre outros. A escala poderá ser utilizada sempre que for necessário intervir junto da criança ou da família, permitindo a identificação de áreas de preocupação parental e, ainda, a avaliação dos pais relativamente à intensidade de preocupação geral. O aprofundamento das preocupações parentais permite uma análise do sistema familiar para além dos sintomas expressos pela criança, fundamental numa definição posterior das necessidades de intervenção nos vários contextos onde a criança está inserida. Por conseguinte, poderá ser aplicada na avaliação psicológica infantil, na avaliação pediátrica e na avaliação social, e ainda em situações que se verifique necessária a avaliação da dinâmica familiar.

2. História

Segundo a literatura existente, as preocupações parentais são preditivas de problemas de desenvolvimento e de comportamento da criança (e.g. Glascoe, 1997), constituindo por isso um importante indicador para a intervenção clínica. Podem ser utilizadas como uma primeira medida de avaliação, para posteriormente ser realizada uma avaliação objetiva da criança ou para a referenciar para serviços específicos. No entanto, foi também demonstrado que os pais apresentam competências diferenciadas para a comunicação das suas preocupações, sendo que esta comunicação é facilitada com a utilização de questionários (Kanoy & Schroeder, 1993; Triggs & Perry, 1989). Existem vários instrumentos de avaliação das preocupações parentais relativamente a problemáticas específicas da criança ou a doenças crónicas. Contudo, não existem, para a população portuguesa, instrumentos validados que avaliem as preocupações genéricas dos pais.

Esta escala foi desenvolvida a partir dos resultados de um estudo realizado por Mesibov, Schroeder e Wesson (1993). Estes autores conduziram um estudo longitudinal em contexto pediátrico que consistiu num serviço de atendimento telefónico, aconselhamento presencial e grupos de educação parental, de resposta às preocupações expressas pelos pais. Numa primeira fase, traduzimos as 77 preocupações inseridas em 22 categorias de preocupação encontradas por Mesibov e colaboradores (1993). O processo de tradução e retroversão dos itens foi realizado por dois investigadores bilingues. Seguidamente, estes itens foram colocados em formato de questionário, por exemplo, «preocupa-me o meu filho fazer birras». Um pré-teste foi realizado a 18 pais de crianças entre os 0 e os 9 anos, com o objetivo de avaliar as qualidades formais do questionário. Como resultado deste pré-teste foram adicionados 3 novos itens e foram corrigidos alguns aspetos formais do questionário.

O primeiro estudo (Algarvio, Leal, & Maroco, 2010) foi realizado com uma primeira versão do questionário, que incluiu 80 itens. Neste estudo, realizado em 1998, participaram 302 pais de crianças entre os 0 e os 10 anos a frequentar Creches, Jardins de Infância e ATL's da Santa Casa da Misericórdia de Oeiras. Face aos resultados encontrados foram selecionados 37 itens, seguindo o critério de constituírem preocupação para mais de 50% dos pais. Para determinar a estrutura fatorial do questionário, os resultados foram submetidos a uma Análise Fatorial Exploratória, com uma rotação varimax, que sugeriu 7 fatores. No entanto, considerámos que a solução de 5 fatores seria mais defensável na definição dos constructos, além de ser igualmente satisfatória em termos psicométricos, como se verificou posteriormente na Análise Fatorial Confirmatória realizada. Os itens que se apresentaram saturados em mais do que uma subescala ou que apresentaram erros de mensuração correlacionados foram removidos para melhorar o ajustamento do modelo à estrutura fatorial proposta, conduzindo a uma versão de 21 itens, divididos em 5 fatores de preocupação. É expectável que estes 5 fatores constituam dimensões independentes de um fator global de preocupações parentais já que os itens retidos foram aqueles que não saturavam em mais do que um fator, e se utilizou uma solução de rotação varimax cujo objetivo é produzir fatores independentes.

3. Fundamentação teórica

A avaliação das preocupações parentais é necessária na prática clínica dado que há pais que expressam preocupação sem identificarem problemas nos seus filhos ou, pelo contrário, que identificam problemas nos seus filhos sem que isso se constitua numa preocupação (Glascoe & Dworkin, 1995). A adequação da intensidade da preocupação parental ao problema que está a ser vivenciado pela criança é um sinal positivo, que se refletirá na relação pais-filhos, permitindo o desenvolvimento saudável da criança. Por conseguinte, é fundamental identificar e distinguir as preocupações dos pais, a avaliação profissional dos problemas apresentados pela criança e ainda os elementos psicológicos que interferem com a preocupação atual.

A Escala total poderá ser usada como um *pre-screening* da intensidade de preocupação parental geral, e os 5 fatores para avaliar áreas específicas de preocupação parental. Segundo um ponto de vista avaliativo, esta escala insere-se numa abordagem psicométrica, permitindo comparar diferentes grupos de pais em relação a diferentes áreas de preocupação, assim como em relação ao nível de intensidade geral de preocupação parental. Segundo um ponto de vista classificativo, permite classificar os pais segundo o seu nível de preocupação, i.e., pais muito preocupados, razoavelmente preocupados ou pouco preocupados.

A avaliação da intensidade geral de preocupação parental permitirá determinar a urgência da intervenção, assim como a definição de estratégias de intervenção (Diamond, 1993; Long, Gurka, & Blackman, 2008), uma vez que a preocupação excessiva ou, pelo contrário, a ausência de preocupação poderão ter um efeito adverso na relação pais-criança, colocando a criança em risco de futuras perturbações psicopatológicas (Anhalt & Morris, 2008; Lampard, Byrne, Zubrick, & Davis, 2008; Lampe, Karazsia, & Wildman, 2009). Estudos anteriores verificaram ainda que os pais podem beneficiar de intervenção no momento em que sentem preocupação em relação aos seus filhos, mesmo quando estes não apresentam problemas clinicamente significativos (Lampe, et al., 2009; Reijneveld, de Meer, Wiefferink, & Crone 2008), o que justifica a aplicação da escala a populações normativas, numa perspetiva preventiva.

Por outro lado, considerou-se que a faixa etária de avaliação das preocupações parentais escolhida para o nosso estudo teria um importante impacto na promoção da saúde mental das crianças e das famílias. Em estudos anteriores, verificou-se uma maior tendência para os pais identificarem preocupações na entrada dos seus filhos para a escola (4-5 anos) (Restall & Borton, 2010), e ainda uma maior probabilidade de pais de crianças entre os 5 e os 11 anos procurarem aconselhamento e informação para as suas preocupações do que pais de crianças entre os 11 e os 16 anos (Akister & Johnson, 2002). Por conseguinte, esta escala poderá ser útil na área da saúde mental preventiva, dado que as perturbações mentais na criança aumentam na entrada para a adolescência (Halliwell, Main, Richardson, & Booth, 2007).

Concluindo, a escala permite, por um lado, a identificação de áreas de preocupação parental e, por outro, a classificação dos pais segundo a intensidade geral de preocupação. Esta informação possibilitará a definição de estratégias de intervenção adequadas ao tipo de pais e ao tipo de problema apresentado, fundamental para a promoção da saúde mental na criança e na família.

4. Estudos realizados em Portugal

Objetivos e metodologia
Após o primeiro estudo de elaboração da escala, foram realizadas várias investigações com o objetivo de avaliar as capacidades discriminativas do instrumento: com pais de crianças: com perturbação do espectro autista (Lucas & Algarvio, 2005); nascidas prematuramente (Matono & Algarvio, 2004; Algarvio, Leal, Maroco, & Matono, 2008); nascidas por fertilização *in vitro* (Serra & Algarvio, 2006; Algarvio, Leal, Maroco, & Serra, 2008); com um grupo de mães vítimas de maus-tratos (Ataíde & Algarvio, 2004). Realizámos ainda, um estudo transcultural entre um grupo de pais portugueses e um grupo de pais Moçambicanos (Algarvio, Leal, Maroco & Moreno, 2008).

Tendo por objetivo a validação da escala para a população portuguesa (Algarvio, Leal, & Maroco, 2013), mais concretamente, de pais de crianças entre os 3 e os 10 anos, a frequentar o ensino público Pré-Escolar e 1º ciclo do Ensino Básico, realizámos uma amostragem estratificada em duas fases, por Distrito e Concelho, com uma taxa de amostragem de 10% das 8200 escolas públicas existentes na base de dados do Ministério da Educação. Seguidamente, foi solicitada a participação de 10% dos pais das crianças registadas nas escolas selecionadas. Foi solicitado aos professores que explicassem o objetivo do estudo e o seu anonimato e que pedissem a participação dos pais de cada escola. Os pais que aceitaram participar preencheram os questionários e enviaram-nos por correio, tendo sido obtido um retorno de 82%.

Os participantes são 3842 pais de crianças, com idades compreendidas entre os 3 e os 10 anos (M = 7.1; DP = 1.87), a frequentar o ensino público pré-escolar (23%) e 1º ciclo (77%), de 820 escolas dos 18 Distritos de Portugal Continental. Verificou-se uma distribuição relativamente equilibrada de crianças de sexo masculino (47.1%) e de crianças do sexo feminino (52.9%). A idade das mães, à data da investigação, distribuiu-se entre os 21 e os 55 anos (M = 36.2; DP = 5.06), e a idade dos pais entre os 23 anos e os 72 anos (M = 38.8; DP = 5.74). As mães constituíram a maioria dos participantes no estudo (64.9%), seguidas por ambos os pais (26.8%), e apresentaram um nível de escolaridade mais elevado do que os pais (30.5% das mães e 18.4% dos pais terminaram o ensino superior, enquanto 59.9% dos pais e 45.3% das mães não terminaram o 12º ano). A maioria dos pais eram casados, ou vivia em união de facto (89.3%), e estavam em situação ativa (81.4% das mães e 97.2% dos pais).

Dados normativos
Na tabela I apresentam-se os valores médios, desvios-padrão e valores decílicos para a Escala total e para as diferentes subescalas da amostra de validação.

Tabela I. Valores médios, desvios-padrão e valores decílicos das subescalas da Escala de Preocupações Parentais

	Subescalas e Escala Total					
Estatística	PPI	PPII	PPIII	PPIV	PPV	Total
M	4.02	3.77	3.38	3.18	3.37	3.60
SD	0.76	0.73	0.83	0.85	0.83	0.67
Percentis						
10	3.00	2.81	2.33	2.00	2.20	2.71
20	3.49	3.20	2.67	2.44	2.73	3.10
30	3.80	3.42	3.00	2.68	3.00	3.33
40	4.00	3.62	3.21	3.00	3.20	3.51
50	4.20	3.80	3.33	3.29	3.40	3.67
60	4.38	4.00	3.67	3.33	3.60	3.81
70	4.47	4.20	3.78	3.67	3.80	3.96
80	4.60	4.40	4.08	4.00	4.12	4.14
90	4.81	4.64	4.61	4.33	4.40	4.43

Nota: PPI – subescala Preocupações Escolares e Preocupações Familiares; PPII – subescala Alimentação, Sono, e Queixas Físicas; PPIII – subescala Preparação; PPIV – subescala Medos; PPV – subescala Comportamentos Negativos

Caraterísticas Psicométricas

A Tabela II apresenta os valores medianos (*Me*), de assimetria (*Sk*) e curtose (*Ku*), para os 21 itens da escala de preocupações parentais (N=3843, *Sk/SDSk*=0.04, *Ku/SDKu*=0.08). Todos os itens apresentam valores de assimetria e achatamento que não indicam desvios severos da distribuição normal, e medianas próximas ou no ponto médio dos itens (*Me*=3 – 4), exceto o item 4, maus-tratos, leptocúrtico, enviesado a favor das pontuações altas (*Me*=5). Pode verificar-se, assim, que nenhum dos itens apresenta problemas de sensibilidade ou normalidade relevantes.

Tabela II. Sensibilidade dos 21 itens da Escala de Preocupações Parentais

Item	Me	Sk	Ku	Mínimo	Máximo
1. Desacordo dos pais	4.00	-0.95	0.70	1	5
2. Prof. entender a criança	4.00	-1.06	1.28	1	5
3. Pais discutirem muito	4.00	-0.81	0.19	1	5
4. Maus-tratos	5.00	-2.26	5.14	1	5
5. Separação dos pais	4.00	-1.25	1.56	1	5
6. O que deve comer	4.00	-1.04	1.49	1	5
7. Não comer certos alimentos	4.00	-0.49	-0.10	1	5
8. Sono agitado	4.00	-0.62	0.17	1	5
9. Queixar-se dores de barriga	3.90	-0.36	-0.09	1	5
10. Queixar-se dores de cabeça	4.00	-1.05	1.01	1	5
11. Mudança de casa	3.00	-0.09	-0.29	1	5
12. Entender o que é a morte	3.00	-0.17	-0.36	1	5
13. Morte de alguém próximo	4.00	-0.56	0.23	1	5
14. Medos	4.00	-0.52	0.06	1	5
15. Medo do escuro	3.00	-0.03	-0.51	1	5
16. Medo do papão ou de monstros	3.00	-0.00	-0.32	1	5
17. Dificuldade controlar comportamentos	3.57	-0.47	-0.21	1	5
18. Não obedecer	4.00	-0.62	-0.03	1	5
19. Birras	3.00	-0.29	-0.27	1	5
20. Recusa deitar	3.00	-0.20	-0.10	1	5
21. Mandão e exigente	3.11	-0.27	-0.35	1	5

Validade de constructo

Tendo por objetivo avaliar a estrutura fatorial da escala, realizámos uma Análise Fatorial Confirmatória. Os índices de ajustamento da Análise Fatorial Confirmatória revelaram validade fatorial para as 5 subescalas definidas (χ^2 = 2399.548; χ^2/gl = 13.331; p < .001; NFI = .944; CFI = .948; GFI = .940; RMSEA = .057; p < .001). No entanto, os elevados pesos fatoriais da escala total, assim como o valor elevado de consistência interna, apontam para um fator de segunda ordem que será a escala total e o constructo preocupações parentais (Tabela III).

Tabela III. Pesos fatoriais dos itens da Escala de Preocupações Parentais

Item	PPI	PPII	PPIII	PPIV	PPV
1. Desacordo dos pais	.69				
2. Prof. entender a criança	.61				
3. Pais discutirem muito	.78				
4. Maus-tratos	.71				
5. Separação dos pais	.78				
6. O que deve comer		.51			
7. Não comer certos alimentos		.55			
8. Sono agitado		.75			
9. Queixar-se dores de barriga		.82			
10. Queixar-se dores de cabeça		.74			
11. Mudança de casa			.77		
12. Entender o que é a morte			.72		
13. Morte de alguém próximo			.86		
14. Medos				.63	
15. Medo do escuro				.80	
16. Medo do papão ou de monstros				.76	
17. Dificuldade controlar comportamentos					.72
18. Não obedecer					.74
19. Birras					.72
20. Recusa deitar					.80
21. Mandão e exigente					.74
Preocupações Parentais Global (fator de 2ª ordem)	.88	.95	.73	.92	.88

Nota: PPI – subescala Preocupações Escolares e Preocupações Familiares; PPII – subescala Alimentação, Sono, e Queixas Físicas; PPIII – subescala Preparação; PPIV – subescala Medos; PPV – subescala Comportamentos Negativos

A validade convergente foi avaliada através da Variância Extraída Média (VEM), i.e a fração da variância (informação) de cada item explicada pelo fator latente de que esse item é uma manifestação. Geralmente, considera-se que VEM superior a 0.5 é indicador de adequada convergência do fator nos respetivos itens manifestos. A subescala I – Preocupações escolares e problemas familiares apresentou uma VEM = .52; subescala II – Alimentação, sono e queixas físicas, VEM = .47; subescala III – Preparação, VEM=.58; subescala IV – Medos, VEM = .54; e subescala V – Comportamentos negativos, VEM = .55. Como a VEM se verificou maior que 0.5 para todas as subescalas, exceto para a subescala II, consideramos que os resultados indicam que as subescalas apresentam validade convergente. A validade discriminante verificou-se entre a subescala preparação e todas as outras subescalas; subescala I – preocupações escolares e problemas familiares (r^2 = .44); subescala II – alimentação, sono e queixas físicas (r^2 = .48); subescala IV – medos (r^2 = .46); e subescala V – comportamentos negativos (r^2 = .40). Em conjunto a validade fatorial, a validade convergente e validade discriminante suportam a validade relacionada com o constructo.

Validade relativa a um critério externo
A validade preditiva foi avaliada através do estudo comparativo entre grupos com diferentes caraterísticas sociodemográficas da amostra de validação. Para a comparação entre dois grupos utilizou-se o teste t-Student com correção de Welch para a heterogeneidade de variâncias, e o teste MANOVA, seguido de ANOVA, com testes *Post-hoc* para três ou mais grupos.

Verificaram-se diferenças significativas entre pais e mães na escala total (t (2765) = -3.291; p = 0.001), nas subescalas I – Preocupações Escolares e Problemas Familiares (t (2765) = -2.389; p = 0.017); III – Preparação (t (2765) = -5.498; p <.001); IV – Medos (t (2765) = -3,530; p <.001); e V – Comportamentos Negativos (t (2765) = -2.289; p = 0.022), sendo que as mães se mostraram mais preocupadas do que os pais. Relativamente ao nível de escolaridade dos pais, foram encontradas diferenças significativas entre mães (F (2, 3804) = 19.299, p < .0005; Wilk's Λ = .95; η^2 parcial = .025) e entre pais (F (2, 3702) = 15.835, p < .0005; Wilk's Λ = .96; η^2 parcial = .021), para todas as subescalas. A análise *Post-hoc* revelou que pais com um nível de escolaridade mais baixo apresentaram maiores níveis de preocupação do que pais com um nível mais elevado de escolaridade. Verificaram-se diferenças significativas em todas as subescalas para a idade da mãe ao nascimento da criança ($F(2, 3812) = 6.793$, $p < .0005$; Wilk's $\Lambda = .98$; η^2 parcial $= .009$), assim como para a idade do pai ao nascimento da criança ($F(2, 3736) = 3.750$, $p < .0005$; Wilk's $\Lambda = .99$; η^2 parcial $= .005$). A análise *Post-hoc* revelou que o nível de preocupação parental diminuiu à medida que a idade dos pais aumentou.

Observaram-se diferenças significativas relativamente ao sexo da criança na subescala IV – Medos ($t(3830) = -2.606$; $p = 0.009$), e diferenças marginalmente significativas na subescala III – Preparação ($t(3830) = -1.893$; $p = 0.058$), sendo que as preocupações mais elevadas se verificaram nos pais de crianças do sexo feminino. Quanto ao nível de escolaridade da criança, verificaram-se diferenças significativas entre crianças do pré-escolar e 1º ciclo na subescala II – Alimentação, Sono, e Queixas Físicas ($t(3834) = -2.253$; $p = 0.024$), sendo que os pais de crianças do 1º ciclo apresentaram mais preocupações do que os pais de crianças do pré-escolar.

Verificaram-se ainda diferenças significativas relativamente ao estado civil dos pais ($F(4, 3794) = 3.750$, $p < .0005$; Wilk's $\Lambda = .99$; η^2 parcial $= .005$), na escala total ($F(4, 3794) = 3.680$, $p = .005$), na subescala II ($F(4, 3794) = 1.490$, $p = .023$), na subescala III ($F(4, 3794) = 8.993$, $p < .001$), e na subescala V ($F(4, 3794) = 2.876$, $p = .022$). A análise *Post-hoc* revelou que os pais viúvos apresentaram os níveis mais elevados de preocupação, seguidos dos pais solteiros. Por último, obtiveram-se diferenças significativas quanto ao estatuto profissional das mães na escala total ($t(3783) = -4.638$, $p < .001$), na subescala I ($t(3783) = -3.627$, $p < .001$), subescala II ($t(3783) = -5.574$, $p < .001$), subescala III ($t(3783) = -3.991$, $p < .001$), subescala IV ($t(3783) = -3.488$, $p < .001$), e subescala V ($t(3783) = -2.969$, $p = .003$). Verificou-se que mães desempregadas apresentaram maior nível de preocupação do que mães em situação profissional ativa.

Em outros estudos, foram analisadas as diferenças entre pais de crianças com desenvolvimento normativo e pais de crianças com perturbação do espectro autista, pais de crianças nascidas prematuramente e pais de crianças nascidas por fertilização *in vitro* (Algarvio, Leal, & Maroco, 2007; Algarvio, Leal, Maroco, & Matono, 2008; Algarvio, Leal, Maroco, & Serra, 2008). Verificaram-se diferenças significativas entre pais de crianças com um desenvolvimento normativo e pais de crianças do espectro autista na subescala V – Comportamentos Negativos ($t(318) = 4.165$; $p < .001$), e marginalmente significativas na subescala II – Alimentação, Sono, e Queixas Físicas (t (314) = - 1.850; p = 0.065), com um maior nível de preocupação verificado nos pais de crianças com perturbação do espectro autista. No estudo comparativo entre os pais de crianças com um desenvolvimento normativo e os pais de crianças nascidas por fertilização *in vitro*, verificaram-se diferenças significativas nas subescalas IV – Medos (t (38.452) = - 2.398; p = 0.021), e V – Comportamentos Negativos (t (29.042) = 2.702; p = 0.011). Os pais de crianças nascidas por fertilização *in vitro* apresentaram menor preocupação em relação aos medos das crianças, e maior preocupação em relação aos comportamentos negativos. Relativamente ao estudo entre os pais de crianças com um desenvolvimento normativo e os pais de crianças nascidas prematuramente, foram observadas diferenças marginalmente significativas na subescala V – Comportamentos Negativos (t (316) = 1.729; p = 0.085), sendo que os pais de crianças nascidas prematuramente apresentaram maior preocupação do que os pais de crianças com um desenvolvimento normativo.

Concluindo, a Escala de Preocupações Parentais demonstrou ter qualidades discriminativas relativamente ao género e nível de escolaridade das crianças; género dos pais, idade, escolaridade, estado civil e situação profissional; e ainda em relação a pais de crianças com perturbação do espectro autista, pais de crianças nascidas prematuramente e pais de crianças nascidas por fertilização *in vitro*.

Fiabilidade
A fiabilidade foi avaliada pela consistência interna, da escala total e de cada uma das subescalas, estimada pelo alfa de Cronbach. Obteve-se um resultado elevado para a escala total, α = .94, assim como para a maioria das subescalas; subescala I – Preocupações Escolares e Problemas Familiares, α = .84; subescala II – Alimentação, Sono, e Queixas Físicas, α = .82; subescala III – Preparação, α = .77; subescala IV – Medos, α = .78; e subescala V – Comportamentos Negativos, α = .87.

5. Aplicação e correção
A análise dos resultados deverá ser feita a partir do cálculo da média para a escala total e para cada uma das subescalas.

O tempo de preenchimento é, habitualmente, curto: aproximadamente 5 minutos. Com pais que apresentem dificuldade em entender o questionário, este poderá ser lido e os itens explicados pelo técnico. Deverá, nesse caso, ser perguntado se os pais desejam preencher sozinhos, ou se necessitam de ajuda.

6. Interpretação dos resultados

O valor médio obtido para a escala total e para as diferentes subescalas deverá ser comparado com os dados normativos. É de salientar que é esperado um nível de preocupação geral na parentalidade normativa. Quando a Escala é aplicada em grupos de pequena dimensão, ou individualmente, deverá ser feita uma análise qualitativa das dimensões que constituem motivo de preocupação, quando a preocupação é excessiva ou inexistente, comparando com os dados de observação da criança e com as dificuldades apresentadas por outros técnicos de saúde, ou de educação. Em situações em que não haja acordo entre os pais e os técnicos, as causas da preocupação ou da ausência de preocupação deverão ser exploradas com os pais.

7. Avaliação crítica

Vantagens
Esta escala apresenta vantagens enquanto instrumento clínico e na investigação: a possibilidade de quantificar informação com boas qualidades psicométricas, a validade e a fiabilidade, o tempo curto de preenchimento, e o treino mínimo requerido para a sua utilização. Revelou ainda uma boa aceitação pelos pais. Na investigação poderá ser utilizada para estudar as preocupações de diferentes grupos de pais e de crianças, além de permitir o aprofundamento do conceito preocupação parental. Relativamente à prática clínica, permite a identificação de áreas de preocupação parental e, ainda, a avaliação dos pais relativamente à intensidade de preocupação geral. Esta informação será essencial para a tomada de decisão do tipo de intervenção necessário: aconselhamento, encaminhamento, ou avaliação mais detalhada. Poderá ser utilizada como um instrumento de avaliação anterior ao encontro com o técnico, permitindo aos pais centrar-se na criança e clarificar as suas questões. Pode também ser utilizada pelo técnico como uma *checklist*, que poderá facilitar a comunicação com os pais. Por último, pode ser utilizada de forma quan-

titativa para objetivos de investigação ou em grupos de educação parental, ou de forma qualitativa enquanto avaliação inicial na clínica infantil e familiar.

Limites

A informação recolhida por esta escala é limitada a um nível de preocupação parental relativamente a dimensões genéricas da parentalidade. A sua utilização em grupos de pais com problemáticas específicas deverá ser sempre complementar a outros instrumentos de avaliação das preocupações parentais, relevantes para essas problemáticas.

Por outro lado, dado que este instrumento constitui uma primeira avaliação de despistagem das preocupações dos pais, quando utilizado em situações clínicas, deverá ser complementado com outras fontes de informação, facultada pelos pais, por outros técnicos ou por outros instrumentos de avaliação mais específicos das problemáticas apresentadas.

8. Bibliografia Fundamental

Akister, J., & Johnson, K. (2002). Parenting issues that may be addressed through a confidential helpline. *Health & Social Care in the Community, 10*(2), 106-111. doi: 10.1046/j.1365-2524.2002.00349.x

Algarvio, S., Leal, I., & Maroco, J. (2013). Parental concerns' prevalence and socio-demographic variables in general parenting. *Journal of Child Health Care*, in press. doi:10.11 77/1367493512456107

Algarvio, S., Leal, I., & Maroco, J. (2007, July). *Parental concerns in childhood: Comparative study between a normative group and risk groups.* Poster session presented at the European Regional Conference of the World Association for Infant Mental Health: Promoting healthy development of infants and children, Riga, Latvia.

Algarvio, S., Leal, I., & Maroco, J. (2010). Escala de Preocupações Parentais. In I. Leal & J. Maroco (Eds.), *Avaliação em Sexualidade e Parentalidade* (pp. 131-146). Porto: Livpsic.

Algarvio, S., Leal, I., Maroco, J., & Matono, M. (2008). Preocupações Parentais: Estudo comparativo entre um grupo de pais normativo e um grupo de pais de crianças prematuras. In I. Leal, J. Ribeiro, I. Silva & S. Marques (Eds.), *Actas do 7º Congresso Nacional de Psicologia da Saúde – Intervenção em Psicologia e Saúde* (pp. 639-642). Lisboa: ISPA.

Algarvio, S., Leal, I., Maroco, J., & Serra, M. (2008). Preocupações Parentais: Estudo comparativo entre um grupo de pais normativo e um grupo de pais de crianças FIV. In I. Leal, J. Ribeiro, I. Silva & S. Marques (Eds.), *Actas do 7º Congresso Nacional de Psicologia da Saúde – Intervenção em Psicologia e Saúde* (pp. 635-638). Lisboa: ISPA.

Anhalt, K., & Morris, T. L. (2008). Parenting characteristics associated with anxiety and depression: a multivariate approach. *Journal of Early and Intensive Behavior Intervention, 5*(3), 122-137.

Ataíde, S., & Algarvio, S. (2004). Preocupações Parentais de mulheres vítimas de maus-

-tratos. In I. Leal & J. Ribeiro (Eds.), *Actas do 5º Congresso Nacional de Psicologia da Saúde – A Psicologia da Saúde num mundo em mudança* (pp. 285-292). Lisboa: ISPA.

Diamond, K. E. (1993). The role of parents' observations and concerns in screening for developmental delays in young children. *Topics in Early Childhood Special Education, 13*(1), 68-81. doi: 10.1177/027112149301300108

Glascoe, F. P. (1997). Parents' concerns about children's development: Prescreening technique or screening test? *Pediatrics, 99*(4), 522-528. doi:0.1542/peds.99.4.522

Glascoe, F. P., & Dworkin, P. H. (1995). The Role of Parents in the Detection of Developmental and Behavioral Problems. *Pediatrics, 95*(6), 829-836.

Halliwell, E., Main, L., Richardson, C., & Booth, I. (2007). *The fundamental facts: the latest facts and figures on mental health*. London: Mental Health Foundation.

Kanoy, K., & Schroeder, C. (1993). Suggestions to parents about common behavior problems in a pediatric primary care office. In M. Roberts, G. Koocher, D. Routh & D. Willis (Eds.), *Readings in Pediatric Psychology* (pp. 317-332). New York, NY: Plenum Press.

Lampard, A. M., Byrne, S. M., Zubrick, S. R., & Davis, E. A. (2008). Parents' concern about their children's weight. *International Journal of Pediatric Obesity, 3*(2), 84-92. doi: 10.1080/17477160701832552

Lampe, E. M., Karazsia, B. T., & Wildman, B. G. (2009). Identification of families at risk for behavior problems in primary care settings. *Journal of Developmental & Behavioral Pediatrics, 30*(6), 518-524. Doi:510.1097/DBP.1090b1013e3181bf1360c.

Long, C. E., Gurka, M. J., & Blackman, J. A. (2008). Family Stress and Children's Language and Behavior Problems. *Topics in Early Childhood Special Education, 28*(3), 148-157. doi: 10.1177/0271121408318678

Lucas, A., & Algarvio, S. (2005). Preocupações Parentais de pais de crianças autistas. In I. Leal & J. Ribeiro (Eds.), *Actas do 6º Congresso Nacional de Psicologia da Saúde – Saúde, Bem-estar e Qualidade de Vida* (pp. 265-270). Lisboa: ISPA.

Matono, M., & Algarvio, S. (2004). Preocupações Parentais em pais de crianças prematuras. In I. Leal & J. Ribeiro (Eds.), *Actas do 5º Congresso Nacional de Psicologia da Saúde – A Psicologia da Saúde num mundo em mudança* (pp. 279-284). Lisboa: ISPA.

Mesibov, G., Schroeder, C., & Wesson, L. (1993). Parental concerns about their children. In M. Roberts, G. Koocher, D. Routh & D. Willis (Eds.), *Readings in Pediatric Psychology* (pp. 307-316). New York, NY: Plenum Press.

Reijneveld, S., de Meer, G., Wiefferink, C., & Crone, M. (2008). Parents' concerns about children are highly prevalent but often not confirmed by child doctors and nurses. *BMC Public Health, 8*(1), 124.

Restall, G., & Borton, B. (2010). Parents' concerns about their children's development at school entry. *Child: Care, Health and Development, 36*(2), 208-215. doi: 10.1111/j.1365--2214.2009.01019.x

Serra, A., & Algarvio, S. (2006). Preocupações Parentais em pais de crianças FIV. *Análise Psicológica, 24*(2), 149-154.

Triggs, E. G., & Perrin, E. C. (1989). Listening carefully: Improving communication about behavior and development: Recognizing parental concerns. *Clinical Pediatrics, 28*(4), 185-192. doi:10.1177/000992288902800407

9. Material
Escala em formato de questionário, caneta ou lápis para preenchimento.

10. Edição e distribuição
A escala pode ser disponibilizada, mediante pedido formal aos autores.

11. Contato dos autores
Susana Algarvio. Endereço eletrónico: susana.algarvio@ispa.pt.
Isabel Leal. Endereço eletrónico: ileal@ispa.pt.
João Maroco. Endereço eletrónico: jpmaroco@ispa.pt.
ISPA – Instituto universitário, Rua Jardim do Tabaco, 34, 1149-041 Lisboa.

ESCALA DE CLIMA DE SALA DE AULA (ECSA)

Lourdes Mata[1], Vera Monteiro[1] & Francisco Peixoto[1]

1. Indicações

Dimensões avaliadas
A escala de Clima de Sala de Aula (ECSA) foi construída com o objetivo de obter uma medida que permitisse avaliar a perceção que os alunos têm do clima das suas aulas. Este instrumento contém seis subescalas referentes a outas tantas dimensões: Suporte Social dos Colegas, Suporte Social do Professor, Atitudes face à disciplina, Aprendizagem Cooperativa, Aprendizagem Competitiva e Aprendizagem Individualista.

Descrevendo cada dimensão através dos respetivos itens, considerámos o *Suporte Social dos Colegas* que integra itens que avaliam a perceção que o aluno tem relativamente à forma como os seus colegas o apoiam e incentivam; o *Suporte Social do Professor* incluindo itens que caracterizam a forma como o aluno sente o apoio e a ajuda do professor; a dimensão *Atitudes* que avalia os sentimentos do aluno face à disciplina em referência; a *Aprendizagem Cooperativa* avaliando a perceção que o aluno tem da utilização, por parte do professor, de estratégias que fomentem a cooperação entre alunos na realização dos trabalhos; a *Aprendizagem Competitiva* é constituída por itens que avaliam a perceção que o aluno tem da utilização, por parte do professor da disciplina, de estratégias que fomentem a competição entre alunos na reali-

---
[1] ISPA - Instituto Universitário. Lisboa.

zação das tarefas na sala de aula; a *Aprendizagem Individualista* com itens que avaliam a perceção que o aluno tem da utilização, por parte do professor da disciplina, de estratégias que fomentem um trabalho essencialmente individual, na sala de aula.

A escala é composta por 26 itens distribuídos pelas seis subescalas que a compõem. Os itens das várias subescalas são apresentados de forma alternada ao longo do questionário.

População-alvo
Este instrumento destina-se a alunos do 5º ao 9º ano de escolaridade, podendo o seu conteúdo ser adaptado às aulas das diferentes disciplinas do curriculum. No entanto, as disciplinas de Matemática e de Língua Portuguesa são as mais referenciadas.

2. História

Para a construção deste instrumento tivemos como referência duas escalas diferentes: *Classroom Life Measure* (Ghaith, 2003) e *Student Attitudes and Behaviour Scales and School Context Scales* (Akey, 2006). A partir destes instrumentos foi construída uma primeira versão da escala com duas formas equivalentes, sendo uma delas direcionada para a Língua Portuguesa (Elias, 2007) e outra para a Matemática (Catarino, 2007; Pinto, 2007).

Nesta primeira versão da escala procurou-se contemplar três tipos de dimensões: uma mais direcionada para o sujeito e as suas atitudes face à disciplina em causa (*Atitudes*); uma outra direcionada para o contexto de sala de aula e as interações nele estabelecidas (*Suporte Social dos Colegas, Suporte Social do professor, Feed-back; Regras de Funcionamento da Sala de Aula*); e, por fim, uma outra considerando aspetos relacionados com questões de natureza pedagógica associadas ao tipo de estratégias preferencialmente utilizadas (*Aprendizagem Cooperativa, Aprendizagem Competitiva e Aprendizagem Individualista*). A análise das propriedades psicométricas desta versão permitiu identificar algumas fragilidades no instrumento, tanto relativamente às dimensões que as compunham, como em relação ao conteúdo e formulação de alguns itens. Estas indicações levaram-nos à construção de uma segunda versão da escala, com menos dimensões, onde se procurou conseguir um instrumento com melhores qualidades psicométricas (Monteiro, Peixoto, & Mata, 2008).

3. Fundamentação Teórica

Nos últimos anos, a influência dos ambientes de aprendizagem no processo de educação tem sido alvo de bastante atenção por parte da investigação. Estudos diferenciados têm sido desenvolvidos procurando analisar aspetos mais específicos como as estratégias de gestão de sala de aula do professor, o tipo de expetativas e representações mútuas desenvolvidas, dinâmicas e estratégias de aprendizagem, e a perceção dos ambientes de aprendizagem, quer no que se refere à escola quer à sala de aula (e.g. Clunies-Ross, Little, & Kienhuis, 2008; Jussim & Harber, 2005; Koth, Bradshaw, & Leaf, 2008; Wubbels & Brekelmans, 2005).

No que se refere à perceção dos ambientes de aprendizagem, qualquer que seja a perspetiva, é unânime a sua abordagem multidimensional. Embora, por vezes, as suas dimensões variem tanto em quantidade como no seu foco, é usual surgirem contemplados aspetos relacionados com as caraterísticas do aluno, as relações estabelecidas e as caraterísticas dos ambientes, quer no que se refere a regras e modos de funcionamento quer mesmo a aspetos mais físicos (e.g. Aldridge, Laugksch, Seopa, & Fraser; Arter, 1989; Kyriakides & Creemers, 2008; Pianta, Belsky, Vandergrift, Houts, & Morrison, 2008). Entre os vários estudos relacionados com os ambientes de aprendizagem existem alguns mais direcionados para o clima de sala de aula.

Arter (1987) refere-se a alguma falta de unanimidade na definição do que é que constitui exatamente o clima de sala de aula. Contudo, a autora considera algum acordo nas várias posições quando se considera a perceção do ambiente no que se refere a aspetos psicológicos, sociais e/ou físicos que afetam o comportamento. Zahn, Kagan e Widaman (1986, cit. Abrami & Chambers 1994) definem 'clima de sala de aula' como o conjunto de atitudes generalizadas, respostas afetivas e perceções relacionadas com os processos desenvolvidos na sala de aula. Somersalo, Solantaus e Almqvist (2002) assumem uma posição semelhante quando referem que a atmosfera de trabalho e as relações sociais na aula constituem o clima de sala de aula e que este é influenciado pelos alunos, pelos professores e, até mesmo, por algumas caraterísticas associadas à escola, como a sua gestão.

É na perspetiva do contributo do professor para o clima de sala de aula que Saavedra e Saavedra (2007) direcionam o seu trabalho, ao procurarem identificar os comportamentos do professor que podem promover um clima de sala de aula positivo, enquadrando-os em três grandes tipos: *"caring, challenging, consulting"*. Entre os comportamentos *"caring"* referem aspetos como a clareza, estilo de comunicação, humor e expressividade. No que se refere aos comportamentos *"challenging"*, os autores realçam o papel das expetativas, nomeadamente os comportamentos dos professores que promovem expetativas positivas e, para além disso, também a necessidade de se enquadrarem as atividades devidamente de modo a promover o envolvimento e a motivação dos alunos. Consideram também essencial o estabelecer um ambiente credível na sala de aula através da forma como se tratam os estudantes, do *feed-back* fornecido e da responsabilização que se promove. Por fim são consideradas as estratégias *"consulting"* que fortalecem os estudantes e encorajam o seu pensamento crítico e apoio à tomada de decisão. Sobre este aspeto os autores refletem sobre o tipo de questões que se colocam aos alunos e as oportunidades dadas para confrontarem e defenderem as suas opiniões.

Nesta linha de ideias, trabalhos como o de Barkoukis, Tsorbatzoudis e Grouios (2008) mostram como intervenções sobre o ambiente de aprendizagem podem ter repercussões claras na forma como os alunos perecionam as suas competências e se posicionam em termos motivacionais e afetivos face ao funcionamento das suas aulas. Contudo, o trabalho de Tapola e Niemivirta (2008) alerta-nos para o facto de não se poder ignorar o próprio aluno e as suas particularidades. Os autores verificaram que, ao estudarem um grupo de alunos do 6º ano, as caraterísticas motivacionais dos alunos influenciavam a sua perceção do ambiente da sala de aula. Deste modo, as caraterísticas individuais dos alunos e as suas disposições motivacionais são um elemento importante a equacionar quando se pretende esclarecer as relações entre o clima de sala de aula e os resultados escolares dos alunos.

Nos diferentes trabalhos desenvolvidos sobre o clima de sala de aula, este constructo assume uma certa complexidade que transparece pelas várias dimensões analisadas. Esta sua multidimensionalidade, embora não totalmente coincidente na perspetiva dos vários autores apresentados, é semelhante ao considerar, com maior ou menor ênfase, a forma como o aluno se vê, como são consideradas as relações com os pares, com o professor e com as matérias em estudo.

4. Estudos realizados em Portugal

Data e objetivos

Os resultados obtidos relativos à adaptação da segunda versão da escala foram publicados em 2008 (Monteiro, Peixoto, & Mata, 2008), tendo sido apresentados elementos relativos à sua estrutura e conceção, assim como também as suas principais caraterísticas psicométricas. Esse estudo incidiu sobre alunos do 5º ao 9º ano de escolaridade. Os dados aqui apresentados referem--se a um outro grupo de estudantes, do 3º Ciclo do Ensino Básico.

Amostra e metodologia

Neste estudo participaram 582 alunos do 7º, 8º e 9º ano de escolaridade, com 205 alunos do 7º ano, 198 do 8º ano e 179 do 9º ano, com idades compreendidas entre os 12 e os 18 anos ($M=13.7$). No que se refere à distribuição por género, 265 (45,5%) eram rapazes e 317 (54,5%) eram raparigas. Relativamente ao rendimento académico, 433 nunca repetiram nenhum ano e 149 já reprovaram, pelo menos um ano.

Dados qualitativos e quantitativos dos itens

Tal como referimos anteriormente, tivemos como ponto de partida para a elaboração deste questionário dois instrumentos diferentes (Akey, 2006; Ghaith, 2003). A primeira opção feita foi em termos das dimensões a considerar, tendo subjacente especificamente o constructo de clima de sala de aula, e os principais eixos a considerar (indivíduo, interações, processos pedagógicos). Em seguida foram traduzidos alguns itens dos instrumentos de referência e introduzidos novos itens considerados pertinentes tendo em conta as dimensões selecionadas e um maior equilíbrio na quantidade de itens por dimensão. O formato de resposta escolhido foi uma escala de tipo Likert com seis pontos, variando entre Sempre e Nunca (Sempre, Muitas Vezes, Algumas Vezes, Poucas Vezes, Raramente e Nunca).

A versão que resultou deste trabalho foi testada com alguns estudantes, em aplicações individuais, tendo-lhes sido pedido para especificarem as principais dificuldades sentidas resultantes quer da redação dos itens quer da estrutura do próprio questionário. Com base nesta recolha de informação procedeu-se a algumas alterações, nomeadamente no que se refere à redação de alguns itens. As versões resultantes (Matemática e Língua Portuguesa) foram administradas a um grupo alargado de estudantes (Catarino, 2007; Elias, 2007; Pinto, 2007). Após essa administração e decorrente do tratamento efetuado sobre as propriedades psicométricas do instrumento, procedemos à alteração de alguns dos itens das dimensões que se referiam especificamente às dinâmicas pedagógicas desenvolvidas nas aulas. Essa alteração resultou do facto de alguns dos itens, à semelhança do que Ghaith (2003) fazia, estarem redigidos no sentido daquilo que o aluno gostava de fazer (p.ex. "Nesta aula eu gosto de cooperar com os meus colegas") e não com o objetivo de identificar as dinâmicas preferencialmente utilizadas pelo professor no decorrer da aula (p.ex. "Nesta aula nós trabalhamos em conjunto"). Procurou-se assim uniformizar os objetivos dos itens e daquilo que se pretendia caraterizar. Foi com base na versão resultante desta alteração que se procedeu à adaptação deste instrumento (Monteiro, Peixoto, & Mata, 2008).

Resultados relativos à validade
Com o objetivo de analisar a estrutura da escala, procedeu-se a uma análise fatorial exploratória incidindo sobre os 28 itens resultantes do estudo anterior (Monteiro, Peixoto, & Mata, 2008), que reenviavam para 6 diferentes dimensões teóricas do clima de sala de aula. Esta análise fatorial, com extração por componentes principais, seguida de rotação *varimax*, conduziu à eliminação de 2 itens da dimensão Suporte Social do Professor. A eliminação destes dois itens deveu-se ao facto de, apesar de apresentarem uma adequada saturação no fator (.60 e .46), revelaram-se como não contribuindo significativamente para a consistência interna desta subescala. Acresce ainda o facto de esta dimensão estar constituída por 8 itens, provocando um desequilíbrio no número de itens que compunha cada uma das subescalas.

Tendo como base os 26 itens selecionados, procedemos a uma nova análise fatorial, com a definição prévia de 6 fatores cujo padrão fatorial se encontra apresentado na Tabela 1. Como se pode verificar a estrutura fatorial é muito clara, com seis fatores distintos, revelando que os itens referentes a cada uma das subescalas estão enquadrados no seu próprio fator.

Pela análise dos dados da análise fatorial (Tabela I), constatamos que o grau de saturação dos itens com o fator correspondente é bastante bom, uma vez que todos os itens apresentam valores acima de .63 e a média de saturação de todos os itens é de .74. Os seis fatores obtidos explicam 66.3% da variância encontrada. Comparativamente ao estudo de 2008 (Monteiro, Peixoto, & Mata, 2008), podemos referir que a estrutura fatorial é idêntica, com os itens a agregarem-se nos mesmos fatores.

Tabela I. Resultado da análise fatorial, com rotação Varimax (apresentam-se apenas os valores de saturação superiores a .45)

	Fator 1	Fator 2	Fator 3	Fator 4	Fator 5	Fator 6
SSP23	.809					
SSP7	.798					
SSP15	.771					
SSP31	.751					
SSP39	.749					
FB19	.715					
SSC33		.815				
SSC17		.797				
SSC25		.797				
SSC9		.773				
SSC1		.714				
AT40			.820			
AT32			.762			
AT8			.750			
AT16			.722			
AT24			.636			
APCOMP30				.858		
APCOMP22				.817		
APCOMP14				.702		
APCOMP6				.664		
APCOO28					.698	
APCOO4					.693	
APCOO20					.628	
APIND13						.777
APIND29						.728
APIND37						.694
Valor Próprio	7.0	3.3	2.2	2.1	1.6	1.0
% variância explicada	27%	12.8%	8.5%	7.9%	6.3%	3.8%

SSP - Suporte Social Professor; AT - Atitudes; SSC - Suporte Social dos Colegas; APCOMP - Aprendizagem Competitiva; APCOOP - Aprendizagem Cooperativa; APIND - Aprendizagem Individualista

Resultados relativos à precisão

De modo a verificar a homogeneidade dos itens dentro de cada uma das subescalas, procedemos à análise da sua fidelidade através do cálculo da consistência interna de cada subescala (Tabela II). Os índices de consistência interna foram obtidos através do cálculo do alfa de Cronbach.

Tabela II. Coeficientes de consistência interna (Alfa de Cronbach) para as seis subescalas.

Sub-Escalas	Estudo Atual Nº de Itens	Estudo Atual Alfa de Cronbach	Monteiro, Peixoto, & Mata, 2008 Nº de Itens	Monteiro, Peixoto, & Mata, 2008 Alfa de Cronbach
Suporte Social Professor (SSP)	6	.91	8	.91
Atitudes (AT)	5	.84	5	.84
Suporte Social dos Colegas (SSC)	5	.85	5	.81
Aprendizagem Competitiva (APCOMP)	4	.78	4	.76
Aprendizagem Cooperativa (APCOOP)	3	.75	3	.77
Aprendizagem Individualista (APIND)	3	.69	3	.60

No que se refere à consistência interna, as diferentes subescalas apresentam alguma variabilidade nos valores de Alfa de Cronbach. Analisando os resultados obtidos no estudo atual podemos observar que todas as dimensões apresentam valores aceitáveis em termos de consistência interna. Comparativamente ao estudo realizado em 2008, podemos constatar que os valores são muito semelhantes nos dois estudos, tendo passado de .60 para .69 o índice mais baixo.

5. Procedimentos de aplicação e correção

O instrumento foi passado coletivamente em aulas de Língua Portuguesa e Matemática tendo o conteúdo de cada item sido adaptado a esse contexto específico. Após uma fase inicial de apresentação e em que se clarificou o pedido, iniciou-se a passagem da escala com dois itens exemplo de modo a confirmar-se a compreensão dos sujeitos. Em seguida pediu-se para responderem ao resto do questionário individualmente e em silêncio.

Cada item é constituído por uma afirmação sobre a qual, os sujeitos, têm que se posicionar numa escala de seis pontos, consoante a percepção que têm da sua ocorrência, considerando as opções: Sempre, Muitas Vezes, Algumas vezes, Poucas Vezes, Raramente e Nunca. Assim, a cotação é feita de 1 a 6. Para as dimensões Suporte Social do Professor, Suporte Social dos Colegas e Atitudes valores mais elevados indicam percepções mais positivas. Para as dimensões Aprendizagem Cooperativa, Aprendizagem Competitiva e Aprendizagem Individualista valores mais elevados indicam que esse tipo de prática é mais característico da sala de aula.

6. Interpretação dos resultados

Dimensões e sua interpretação
No sentido de analisar as caraterísticas das várias dimensões da escala, procedemos ao cálculo de algumas estatísticas descritivas referentes a cada uma delas. Esses dados encontram-se apresentados na Tabela III.

Tabela III. Estatísticas descritivas para as seis subescalas

	Nº Itens	M	Mo	Md	DP	Min.	Max.	Assimetria	Curtose
SSP	6	4.92	6.00	5.17	1.01	1.00	6.00	-1.26	1.57
SSC	5	3.48	3.60	3.60	1.11	1.00	6.00	-0.29	-0.52
AT	5	3.60	3.80	3.80	1.16	1.00	6.00	-0.29	-0.58
APCOMP	4	2.58	1.00	2.50	1.08	1.00	6.00	0.48	-0.25
APCOOP	3	3.82	4.67	4.00	1.11	1.00	6.00	-0.56	-0.21
APIND	3	4.09	4.00	4.00	0.98	1.00	6.00	-0.44	0.04

SSP –Suporte Social do Professor; SSC – Suporte Social dos Colegas; APCOMP.- Aprendizagem Competitiva; APCOOP – Aprendizagem Cooperativa; APIND – Aprendizagem Individualista

A partir da análise da tabela III podemos constatar que os dados suportam a capacidade discriminativa das subescalas. Assim, podemos verificar que os valores mínimos e máximos estão claramente afastados suportando uma adequada dispersão dos resultados. As médias obtidas para cada uma das dimensões (à exceção da Aprendizagem Competitiva) encontram-se acima ou são iguais ao ponto médio da escala (3.5). Verificamos ainda, e reforçando o poder discriminativo das diferentes dimensões, que as médias para cada uma das subescalas são diferente, variando entre 2.58 e 4.92. Os valores para a assimetria e curtose sugerem a normalidade da distribuição, com exceção da dimensão Suporte Social do Professor. Esta dimensão apresenta uma distribuição enviesada para a direita, com a Moda igual ao valor máximo da escala.

Normas, critérios ou parâmetros
Esta escala não possui normas, servindo as estatísticas descritivas obtidas de parâmetros de referência para futuros estudos, podendo comparar-se os resultados obtidos com as médias e desvios-padrão aqui apresentados. Por outro lado, será aconselhável, na interpretação dos resultados, ter como referência o valor máximo (6) e mínimo (1) que se pode obter, assim como o ponto médio da escala (3.5).

7. Avaliação crítica

Vantagens e Potencialidades
A atual versão da escala do Clima de Sala de Aula vai de encontro às concepções teóricas sobre a multidimensionalidade deste constructo. Assim, permite uma caracterização multifacetada do clima de sala de aula, incidindo em três grandes domínios, um que reenvia para uma vertente mais relacional (Suporte Social do Professor e Suporte Social dos Colegas), um segundo relativo às atitudes em relação à disciplina (Atitudes) e um terceiro mais direcionado para as estratégias pedagógicas preferencialmente utilizadas pelos professores (aprendizagens Cooperativa, Competitiva e Individualista).

Limitações
Em relação à estrutura e organização do instrumento, nota-se uma variação na quantidade de itens que constituem cada dimensão pois esta varia entre 6 (Suporte Social do Professor) e 3 (Aprendizagem Cooperativa e Aprendizagem Individualista). Por outro lado, embora a consistência interna dos itens da quase totalidade das dimensões se mostre adequada, a da dimensão Aprendizagem Individualista, sendo .69 no último estudo realizado, deverá ser alvo de uma atenção mais cuidada na interpretação dos seus resultados. Por outro lado, há que tomar em consideração que esta é uma medida de autorelato, não se apoiando em medidas de observação direta.

Desenvolvimentos e estudos futuros
Tendo em consideração as limitações apresentadas anteriormente, consideramos importante procurar equilibrar mais a quantidade de itens por dimensão

da escala e melhorar as suas propriedades psicométricas, nomeadamente no que se refere à consistência interna de algumas das suas dimensões.

Apesar de existir desde há muitos anos uma grande unanimidade na referência à importância das caraterísticas dos ambientes de aprendizagem para a promoção de uma boa aprendizagem, existem ainda áreas e variáveis pouco estudadas. Assim, na continuidade deste estudo, outros deverão analisar a relação entre a perceção do clima de sala de aula e o género, o ano de escolaridade, as caraterísticas do próprio professor, ou mesmo as caraterísticas motivacionais, o autoconceito e o desempenho dos alunos. Por outro lado, interessaria cruzar os dados do clima de sala de aula obtidos através deste questionário com dados relativos à perceção do professor respeitantes às mesmas dimensões e, também, com dados de observação direta. Deste modo poderá obter-se uma visão mais alargada e completa do clima de sala de aula e das eventuais diferenças entre as perceções dos professores e alunos.

8. Bibliografia fundamental

Abrami, P., & Chambers, B. (1994). Positive social interdependence and classroom climate. *Genetic, Social & General Psychology Monographs, 120*, 329-338.

Akey, T. (2006). School context, students attitudes and behaviour and academic achievement: An exploratory analysis. Paper published by MDRC, http://www.eric.ed.gov/ERICDocs/data/ericdocs2sql/content_storage_01/0000019b/80/29/dc/e0.pdf

Arter, J. (1987). *Assessing school and classroom climate. A consumer's guide.* Portland: Northwest Regional Educational Laboratory

Barkoukis, V., Tsorbatzoudis, H., & Grouios, G. (2008). Manipulation of motivational climate in physical education: Effects of a seven-month intervention. *European Physical Education Review, 14*, 367-387.

Catarino, A. (2007). *A relação entre a motivação para a aprendizagem da matemática e a perceção do clima social de sala de aula em alunos do 4º e 5º ano.* Monografia de Fim de Curso em Psicologia Educacional, Lisboa, ISPA.

Clunies-Ross, P., Little, E., & Kienhuis, M., (2008). Self-reported and atual use of proactive and reactive classroom management strategies and their relationship with teacher stress and student behaviour. *Educational Psychology, 28*, 693-710.

Elias, A. (2007). *Motivação para a Língua Portuguesa: Sua relação com o género, ano de escolaridade, repetência e clima de sala de aula.* Monografia de Fim de Curso em Psicologia Educacional, Lisboa, ISPA.

Fraser, B., & Kahle, J. (2007). Classroom, home and peer environment influences on student outcomes in science and mathematics: An analysis of systemic reform data. *International Journal of Science Education, 29*, 1891-1909.

Ghaith, G. (2003). The relationship between forms of instruction, achievement and perceptions of classroom climate. *Educational Research, 45*, 83-93.

Johnson, D., Johnson, R., & Anderson, D. (1983). Social interdependence and classroom climate. *The Journal of Psychology, 114*, 135-142.

Johnson, D., Johnson, R., Buckman, L., & Richards, P. (1983). The effect pf prolonged implementation of cooperative learning on social support within the classroom. *The Journal of Psychology, 119*, 405-411.

Jussim, L., & Harber, K. (2005). Teacher expectations and self-fulfilling prophecies: Knowns and unknowns, resolved and unresolved controversies. *Personality and Social Psychology Review, 9*, 131-155.

Koth, C., Bradshaw, C., & Leaf, P. (2008). A multilevel study of predictors of student perceptions of school climate: The effect of classroom-level fators. *Journal of Educational Psychology, 100*, 96-104.

Kyriakides, L., & Creemers, B. (2008). Using multidimensional approach to measure the impact of classroom-level fators upon student achievement: a study testing the validity of the dynamic model. *School Effectiveness and School Improvement, 19*, 183-205.

Marsh, H., Martin, A., & Cheng, J. (2008). A Multilevel perspective on gender in classroom motivation and climate: Potential benefits of male teachers for boys? *Journal of Educational Psychology, 100*, 78-95.

McKenna, M. C., Kear, D. J., & Ellsworth, R. A. (1995). Children's attitudes towards reading: a national survey. *Reading Research Quarterly, 30*, 934 – 956.

Monteiro, V., Peixoto, F., & Mata, L. (2008). Construção e adaptação de uma escala de clima de sala de aula. In A. P. Machado, C. Machado, L. S. Almeida, M. Gonçalves, S. Martins & V. Ramalho (Eds.), *Actas da XIII Conferência Internacional Avaliação Psicológica: Formas e Contextos*. Braga: APPORT.

Morgan, K, Kingston, K., & Sproule, J. (2005). Effects of different teaching styles on the teacher behaviours that influence motivational climate and pupils' motivation in physical education. *European Physical Education Review, 11*, 257-285.

Pianta, R., Belsky, J., Vandergrift, N., Houts, R., & Morrison, F. (2008). Classroom effects on children's achievement trajectories in elementary school. *American Educational Research Journal, 45*, 365-397.

Pierce, C. (1994). Importance of classroom climate for at-risk learners. *Journal of Educational Research, 88*, 37-42.

Pierce, R., Stacey, K., & Barkatsas, A. (2004). A scale for monitoring students' attitudes to learning mathematics with technology. *Computers and Education, 48*, 285-300

Pinto, C. (2007). *Motivação para a matemática: Que relação existe com o género, ano de escolaridade, sucesso/insucesso escolar, clima social de sala de aula e método de aprendizagem?* Monografia de Fim de Curso em Psicologia Educacional, Lisboa, ISPA.

Saavedra, D., & Saavedra, M. (2007). Women of color teaching students of color: Creating an effective classroom climate through caring, challenging and consulting. *New Directions for Teaching and Learning, 110*, 75-83.

Schmidt, M., & Cagran, B. (2006). Classroom climate in regular primary school settings with children with special needs. *Educational Studies, 32*, 361-372.

Somersalo, H., Solantaus, T., & Almqvist, F. (2002). Classroom climate and mental health of primary school children. *Nord Journal Psychiatry, 56*, 285-290.

Tapola, A., & Niemivirta, M. (2008). The role of achievement goal orientations in students' perceptions of and preferences for classroom environment. *British Journal of Educational Psychology, 78,* 291-312.

Walberg, H., Fraser, B., & Welch, W. (1986). A test of a model of educational productivity among senior high school students. *Journal of Educational Research, 79,* 133-139.

Wubbels, T., & Brekelmans, M. (2005). Two decades of research on teacher-student relationships in class. *International Journal of Educational Research, 43,* 6-24.

9. Material

A escala de Clima de Sala de Aula (versão para a Língua Portuguesa – *"Na sala de aula de Língua Portuguesa"* e versão para a Matemática *"Na sala de aula de Matemática"*) e o guião de instruções para aplicação da escala.

10. Edição e Distribuição

As escalas podem ser obtidas através de contacto com os autores.

11. Contacto dos autores

Lourdes Mata – lmata@ispa.pt
Vera Monteiro – veram@ispa.pt
Francisco Peixoto – fpeixoto@ispa.pt
ISPA – Instituto Universitário, Rua Jardim do Tabaco, 34, 1149-041 LISBOA

Agradecimentos

Esta investigação foi financiada pela Fundação para a Ciência e Tecnologia no âmbito do programa POCI 2010.

INVENTÁRIO DE METAS ACADÉMICAS (IMA)

Lúcia C. Miranda[1] *& Leandro S. Almeida*[2]

1. Indicações

Dimensões avaliadas
O Inventário de Metas Académicas (IMA) é um instrumento de autorrelato que avalia as metas ou objetivos de realização académica em alunos adolescentes portugueses. Este inventário é formado por 22 itens cuja resposta é dada numa escala Likert de 5 pontos, consoante o grau de frequência (1=nunca; 5=sempre). De acordo com o modelo teórico subjacente, o inventário avalia quatro dimensões: (i) metas orientadas para a aprendizagem; (ii) metas orientadas para o evitamento da pressão social em contexto escolar; (iii) metas orientadas para objetivos concretos; e, (iv) metas orientadas para o evitamento da pressão social em contexto familiar.

População alvo
O Inventário de Metas Académicas (IMA) destina-se a alunos do Ensino Básico, 2º e 3º Ciclos do Ensino Básico, e a alunos do Ensino Secundário.

---

[1] Instituto de Educação e Trabalho. Porto.
[2] Instituto de Educação. Universidade do Minho.

2. História

O IMA foi desenvolvido no quadro de um projeto de investigação centrado na construção e validação de instrumentos para avaliar as dimensões cognitivas e motivacionais de aprendizagem e do rendimento académico em alunos na faixa etária da adolescência. No caso concreto da motivação, o processo de construção do IMA iniciou-se pela revisão dos estudos enquadrados no paradigma sociocognitivo da motivação, mais especificamente sobre a teoria dos objetivos de realização (*achievement goals*), e pela análise de instrumentos congéneres desenvolvidos por Hayamizu e Weiner (1991) - *Achievement Goal Tendencies Questionnaire;* Skaalvik (1997) - *Goals Orientation Scale;* e Núñez, González-Pienda, González-Pumariega, García e Roces (1997) - *Cuestionario para la Evaluación de Metas Académicas en Secundaria* (CEMA-II).

3. Fundamentação teórica

A *Teoria dos Objetivos de Realização* é hoje assumida como o grande referencial heurístico de investigação e intervenção na área da motivação escolar. Este modelo teórico surge na década de 80 (Ames, 1984; Ames & Archer, 1988; Dweck, 1986; Dweck & Lagget, 1988) sugerindo a relevância das perceções de envolvimento do estudante na descrição da sua motivação académica. Esta teoria destaca o papel das metas ou dos objetivos nas decisões e nos comportamentos atuais e futuros dos alunos em termos de aprendizagem e de realização académica, entendendo-se objetivos ou metas de realização como representações cognitivas relacionadas com as perceções pessoais de competência, as expetativas e as avaliações em relação a determinadas tarefas que os alunos deverão executar no quadro de um percurso passado e de um projeto presente e futuro (Arias, 2004; Elliot & Niesta, 2009; Dweck 1986; Dweck & Leggett, 1988; Miranda & Almeida, 2006a, 2009).

Inicialmente três tipos de metas de realização foram propostas (Dweck & Elliot, 1983): (i) metas de aprendizagem relacionadas com uma orientação voltada para o envolvimento com a aprendizagem, conhecimento e desenvolvimento de competências de mestria; (ii) metas orientadas para o desempenho, em que sujeito procura sobretudo obter bons resultados para, por exemplo, progredir nos seus estudos; e, (iii) metas orientadas para a obtenção da consideração positiva ou aprovação por parte dos outros significativos (pais, professores ou colegas) e evitar a rejeição e julgamentos desfavoráveis da sua competência. Progressivamente, no entanto, a investigação centrou-se na dicotomia em torno das metas orientadas para a aprendizagem ou mestria e metas orientadas para o desempenho (Elliot & Harackiewicz, 1996).

Nos finais dos anos 90, Elliot e colaboradores (Elliot & Harackiewicz, 1996; Elliot & McGregor, 2001) apresentam uma revisão dos estudos na área sugerindo que o modelo dicotómico seria insuficiente para explicar a diversidade de orientações motivacionais dos alunos. Deste modo, reformularam a classificação anterior apontando para cada tipo de meta um polo de aproximação e um polo de afastamento (evitamento), associados à perceção de competência do próprio estudante. Para Elliot e McGregor (2001), a competência define-se não só por referência a si próprio, mas também em termos da possibilidade de obter sucesso ou insucesso face à avaliação da tarefa. Em termos práticos, as metas ou objetivos de realização (aprendizagem e desempenho) passariam a integrar uma dimensão de avaliação da competência que se traduziria numa atitude geral de aproximação ou de evitamento da tarefa. Nesta altura, propõem uma nova taxonomia: (i) metas de aprendizagem/aproximação, o sujeito define competência por referência a si próprio, avalia-se positivamente e motiva-se com novas aprendizagens ou conhecimentos que lhe permitam desenvolver e melhorar a própria competência; (ii) metas de aprendizagem/evitamento, o sujeito define a competência em termos absolutos e por referência aos outros, avalia-se negativamente e esforça-se para não errar ou não realizar mal a tarefa; (iii) metas de desempenho/aproximação, o sujeito define a competência em termos normativos, avaliando-se positivamente e orientando-se no sentido de obter uma boa pontuação num teste ou o melhor desempenho possível; e, (iv) metas de desempenho/evitamento, o sujeito evita qualquer situação de inferioridade ou de realização onde possa ser considerado menos capaz por comparação com os outros, definindo a competência em termos negativos e por referência aos colegas que o suplantam em termos de desempenho (Elliot & McGregor, 2001).

A nossa pesquisa na área destaca que as taxonomias apresentadas não abarcam todos os motivos encontrados no discurso dos alunos, nomeadamente a partir da adolescência (Miranda & Almeida, 2006a, 2011; Miranda, Pires, & Almeida, 2009b). A par das metas orientadas para a aprendizagem e das metas orientadas para o resultado, encontramos metas ou objetivos orientados para questões sociais ou para situações mais concretas do seu quotidiano, o que também aparece apontado por outros autores (Hayamizu & Weiner, 1991; Valle, Rodríguez, Cabanach, Núñez, González-Pienda, & Rosário, 2009). Por exemplo, é expectável que, em função do domínio que o aluno perceciona ter das diversas disciplinas curriculares, ou até da relevância de tais aprendizagens para os seus projetos vocacionais, apresente, à medida que avança na sua escolaridade, diversas metas de realização em simultâneo. Acresce, ainda, que dessa diversidade decorrem comportamentos de estudo e estratégias de autorregulação da aprendizagem que acabam por favorecer o seu rendimento escolar e o seu autoconceito (Miranda & Almeida, 2009; Pintrich, 2000; Valle et al., 2009). Por outro lado, as metas académicas oscilam ao longo da escolaridade sugerindo que os alunos mais novos se orientam mais por metas de aprendizagem, em contrapartida os mais velhos orientam-se por metas de rendimento (Martin, 2004; Miranda, Almeida, & Barca, 2011; Miranda, Almeida, Abreu, & Almeida, 2010).

4. Estudos realizados em Portugal

Data e objetivos
Para além da validação do instrumento (Miranda & Almeida, 2006a, 2008, 2011; Miranda, Almeida, & Almeida, 2010; Miranda, Pires, & Almeida, 2009b), os estudos desenvolvidos têm procurado avaliar o impacto das metas académicas dos alunos no seu rendimento escolar (Miranda & Almeida, 2006b, 2011; Miranda, Almeida, Abreu, & Almeida, 2010; Miranda, Almeida, & Almeida, 2009) ou a sua diferenciação em função do ano e género dos alunos (Miranda, Almeida, & Barca, 2011) ou nas atribuições causais (Miranda, Pires, & Almeida, 2009a).

Amostras e metodologia
O primeiro estudo de validação do inventário foi realizado em 2006 (Miranda & Almeida, 2006a) contou com uma amostra de 350 alunos do 2º e 3º ciclo do Ensino Básico do distrito do Porto. Em 2008 um outro estudo centrou-se na validação empírica ou critério (Miranda & Almeida, 2008), usando o Questionário de Metas Académicas de Hayamizu e Weiner (1991) como critério, junto de uma amostra de 256 alunos do 6º ano de escolaridade. Um novo

estudo de validade ocorreu em 2009 (Miranda, Pires, & Almeida, 2009b) com uma amostra de 763 alunos do Ensino Secundário. Finalmente, o estudo de validação a nível nacional, considerou uma amostra de 2206 alunos, sendo 1208 raparigas e situando-se a média das idades nos 15.4 anos (Miranda & Almeida, 2011). Na sequência destes estudos, obtiveram-se dados da correlação do IMA com o rendimento escolar (Miranda & Almeida, 2006b; Miranda, Almeida, Abreu, & Almeida, 2010) ou com as atribuições causais (Miranda, Pires, & Almeida, 2009a), tendo-se igualmente realizado análises diferenciais segundo a ano escolar e o género dos alunos (Miranda & Almeida, 2011; Miranda, Almeida, & Almeida, 2010; Miranda, Almeida, & Barca, 2011).

Dados quantitativos e qualitativos dos itens
Para a primeira versão do inventário foram elaborados 38 itens organizados em cinco grandes áreas ou potenciais dimensões. Com esta versão do inventário procedemos a uma reflexão falada junto de duas professoras que lecionavam a disciplina de Língua Portuguesa e cinco alunos do 2º ciclo do Ensino Básico, a quem aplicámos o inventário. Esta aplicação procurou conhecer as dúvidas na compreensão dos itens e instruções, assim como eventuais dificuldades na resposta. As duas professoras deram contributos para a redação dos itens e instruções.

Em relação aos resultados nos itens, por razões de espaço, apresentamos a oscilação observada nos coeficientes estatísticos obtidos. Assim, a média das pontuações nos itens oscilaram entre 2.0 e 4.2 (desvios-padrão entre 0.91 e 1.39). Os coeficientes de assimetria situaram-se entre -1.0 e 0.85, estando os de curtose entre -1.23 e 0.26. Face a estes valores, podemos considerar adequados os índices de dispersão dos resultados na generalidade dos itens.

Resultados no âmbito da precisão
A precisão dos resultados no IMA foi estimada através da consistência interna dos itens (*alpha* de Cronbach) em diferentes estudos. Com uma amostra de alunos do Ensino Básico (n=350) os valores de *alpha* oscilaram entre 0.71 na dimensão metas orientadas para o evitamento da pressão social em contexto familiar (4 itens) e 0.92 na dimensão metas orientadas para aprendizagem (10 itens). Relativamente à amostra de alunos do Ensino Secundário (n=763), os *alphas* oscilaram entre 0.82 na dimensão metas orientadas para o evita-

mento da pressão social em contexto familiar (4 itens) e 0,89 na dimensão metas orientadas para objetivos concretos (9 itens).

Na Tabela I apresentam-se os resultados finais da precisão no estudo de validação do IMA (Miranda & Almeida, 2011) tomando uma amostra nacional de 2206 alunos. Nesta tabela os itens estão organizados pelas quatro dimensões com que se delimitou o IMA, descrevendo-se a média e o desvio-padrão dos resultados, a correlação corrigida do item com o total e valor do *alpha* da subescala se determinado item fosse eliminado.

Tabela I. Resultados de dispersão e validade interna dos itens por dimensão

Subescalas do IMA	Média	DP	Ritc	Alpha se item excluído
Fator 1 - Metas orientadas para o evitamento da pressão social em contexto escolar (alpha = .88)				
IMA8-Estudo para que os meus colegas não gozem comigo	2.0	1.16	0.77	0.84
IMA9-Estudo para que não pensem que sou estúpido(a)	2.1	1.22	0.78	0.84
IMA10-Estudo porque me preocupa o que possam pensar de mim	2.2	1.21	0.77	0.84
IMA7-Estudo porque não quero que os meus professores pensem que tenho dificuldades	2.6	1.14	0.69	0.86
IMA6-Estudo porque quero que os meus colegas e professores gostem de mim	2.5	1.17	0.67	0.86
IMA17- Estudo porque não quero ter classificações inferiores aos meus colegas	2.9	1.22	0.45	0.90
Fator 2 – Metas orientadas para objetivos concretos (alpha = .86)				
IMA25-Estudo para no futuro ter uma profissão de prestígio	4.0	1.03	0.73	0.82
IMA23-Estudo para obter um bom emprego no futuro	4.2	0.94	0.72	0.82
IMA19-Estudo porque quero mais tarde fazer um curso	4.0	1.10	0.66	0.84
IMA21-Estudo para ser uma pessoa importante no futuro	4.0	1.02	0.60	0.85

IMA24-Estudo porque quero vir a ser um profissional muito competente	4.0	1.00	0.61	0.84
IMA18-Estudo para poder obter as classificações mais elevadas que possa	3.8	1.08	0.59	0.85
Fator 3 – Metas orientadas para a aprendizagem (alpha = .87)				
IMA2- Estudo porque quero melhorar os meus conhecimentos sobre as matérias escolares	3.8	0.92	0.76	0.84
IMA4- Estudo porque quanto mais aprendo mais gosto de aprender	3.2	0.96	0.70	0.85
IMA1- Estudo porque considero importante aprender coisas novas	3.8	0.96	0.72	0.85
IMA3- Estudo porque gosto de aprender a resolver problemas sempre mais difíceis	3.3	0.98	0.67	0.85
IMA5- Estudo para ser uma pessoa informada sobre vários assuntos	3.8	0.91	0.64	0.86
IMA14- Estudo porque quero fazer bem os trabalhos da escola	3.5	1.01	0.58	0.87
Fator 4 - Metas orientadas para o evitamento da pressão social em contexto familiar (alpha = .80)				
IMA12 -Estudo porque os meus pais gostam que eu tire boas notas	3.4	1.17	0.73	0.67
IMA13 -Estudo porque os meus pais não querem que reprove no final do ano	3.5	1.25	0.67	0.71
IMA11 -Estudo para agradar aos meus pais	3.1	1.24	0.66	0.71
IMA26 -Estudo porque os meus pais avisam-me que é importante ter estudos	2.9	1.39	0.39	0.85

Como podemos observar, os coeficientes da correlação do item com o total de cada subescala sugerem um bom poder discriminativo ou validade interna dos itens. As correlações são todas superiores a .30, sendo também adequados os valores da consistência interna (mais ainda quando as subescalas não possuem um número elevado de itens), oscilando tais coeficientes entre .87 e .80. Dada a natureza multidimensional da escala, em termos empíricos e teóricos, não se considerou conveniente tomar a nota global do IMA, por isso se calculou apenas o valor do *alpha* para cada subescala.

Resultados no âmbito da validade

Para além dos procedimentos de validade de conteúdo utilizados na construção do IMA, outras análises foram conduzidas para apreciar a sua validade empírica nomeadamente, as correlações com as classificações escolares a português e matemática (Miranda & Almeida, 2011).

Relação do IMA com o rendimento escolar

As correlações entre as dimensões das metas académicas e as classificações escolares a português e a matemática (e seu somatório), embora estatisticamente significativas, são na maioria dos casos reduzidas. As subescalas "metas orientadas para objetivos concretos" e "metas orientadas para aprendizagem" encontram-se mais correlacionados com as medidas de rendimento académico, situação comum aos Ensinos Básico e Secundário (contudo os coeficientes são mais elevados e homogéneos no Ensino Básico). De acrescentar (cf. Tabela II) as correlações negativas entre as classificações escolares e as metas orientadas para o evitamento da pressão social em contexto escolar no Ensino Básico, assim como entre o rendimento escolar e as metas orientadas para o evitamento da pressão social em contexto familiar no Ensino Secundário. Realçamos, ainda, as correlações mais elevadas quando envolvem as metas orientadas para objetivos concretos, seja no Ensino Secundário seja já no Ensino Básico, sugerindo que os objetivos associados ao emprego e à carreira profissional se encontram bastante associados ao rendimento académico dos alunos.

Tabela II. Correlações entre as subescalas do IMA e a classificação escolar a português e a matemática

		Metas_ EPSC_Escolar	Metas_ EPSC_Familiar	Metas_ O_Concretos	Metas_ Aprendizagem
Básico (n=976)	Português	-.12**	-.04	.37**	.33**
	Matemática	-.12**	.00	.34**	.31**
	Port+Mat	-.13**	.02	.39**	.35**
Secundário (n=1230)	Português	-.10*	-.17**	.40**	.26**
	Matemática	-.08	-.20**	.23**	.11*
	Port+Mat	-.60	-.19**	.35**	.18**

**p<.01; *p<.05

Uma análise complementar de validade apreciou eventuais diferenças nas quatro subescalas do IMA tomando dois grupos de alunos em função do seu rendimento conjunto a matemática e a português. Este agrupamento considera o rendimento abaixo e acima da média, para o Ensino Básico e para o Ensino Secundário. Os valores obtidos apontam, no Ensino Básico, para diferenças estatisticamente significativas nas metas orientadas para o evitamento da pressão social em contexto escolar (F=17.342, p<.001, η^2=.018), a favor do grupo de menor rendimento. As diferenças nas metas orientadas para objetivos concretos e nas metas orientadas para a aprendizagem também assumem significado estatístico (F=131.377, p<.001, η^2=.119; e F=101.915, p<.001, η^2=.101, respetivamente), a favor do grupo de maior rendimento escolar. No Ensino Secundário, foram encontradas diferenças com significado estatístico nas metas orientadas para objetivos concretos (F=36.573, p<.001, η^2=.084) e metas orientadas para a aprendizagem (F=11.489, p<.001; η^2=.028), a favor do grupo de maior rendimento. Em síntese, os alunos com melhor rendimento escolar obtêm pontuações mais elevadas nas metas de aprendizagem e metas orientados para objetivos concretos, enquanto os alunos com menor rendimento estão mais centrados no *feedback* que recebem dos outros significativos principalmente professores e colegas (Ensino Básico).

Análise fatorial exploratória
Em termos de validade interna do IMA procedeu-se a uma análise fatorial exploratória (método das componentes principais com rotação *varimax*). Como resultado inicial desta análise obtiveram-se 5 fatores explicando 61% da variância total nos itens. Como era expectável, os cinco fatores isolados assumiram uma importância relativa diversa, explicando o primeiro fator 13,5 e o quinto fator apenas 1.2% da variância dos itens. Alguns itens (8 itens) reuniam alguma especificidade e não saturavam na dimensão teoricamente associada, tendo por isso sido eliminados (saturação mínima exigida de .40). Na Tabela III descreve-se a estrutura fatorial dos itens do IMA pelos quatro fatores agora retidos, explicando 63.8% da variância dos 22 itens remanescentes. Nesta análise, o índice *KMO* foi de .90 e o teste de esfericidade de Bartlett apresentou-se estatisticamente significativo (χ^2=26032.345; gl=231; p<.001).

Tabela III. Estrutura fatorial da versão final do Inventário do Metas Académicas

IMA	Fatores				h²
	I	II	III	IV	
IMA8	.871				.776
IMA9	.871				.778
IMA10	.846				.748
IMA7	.733				.609
IMA6	.733				.626
IMA17	.520				.404
IMA25		.815			.697
IMA23		.800			.685
IMA19		.771			.632
IMA21		.696			.522
IMA24		.660			.570
IMA18		.643			.533
IMA2			.814		.732
IMA4			.795		.695
IMA1			.782		.682
IMA3			.774		.661
IMA5			.682		.578
IMA14			.582		.535
IMA12				.856	.806
IMA13				.848	.757
IMA11				.747	.682
IMA26				.409	.326
Valor próprio	6.32	4.40	1.98	1.34	
% Variância	28.7	20.0	9.0	6.1	

Conforme podemos observar na Tabela III, os coeficientes obtidos apontam no sentido da distribuição dos itens por quatro dimensões, aproximando-se esta solução fatorial da teoria inerente à construção do questionário: (i) metas orientadas para o evitamento da pressão social em contexto escolar;

(ii) metas orientadas para a aprendizagem; (iii) metas orientadas para objetivos concretos; e (iv) metas orientadas para o evitamento da pressão social em contexto familiar.

5. Procedimentos de aplicação e correção

A aplicação do IMA pode ser realizada individualmente ou em grupo e sem tempo limite (o tempo médio de preenchimento aproxima-se de cinco minutos). Para além da explicitação dos objetivos e da forma de resposta, a aplicação do questionário não exige cuidados adicionais. Importa referir que, até ao presente, os estudos efetuados partiram de aplicações coletivas do inventário.

Os itens são cotados de 1 a 5 de acordo com a escala usada (1=nunca; 5=sempre). Todos os itens estão formulados pela positiva pelo que a pontuação de cada subescala traduz a soma das pontuações dos respetivos itens. Como referido anteriormente, em virtude da natureza multidimensional do constructo, não se considera adequado calcular uma nota global do IMA.

6. Interpretação dos resultados

Dimensões e sua interpretação
As subescalas do IMA incluem a avaliação de quatro metas académicas: (i) metas orientadas para o evitamento da pressão social em contexto escolar; (ii) metas orientadas para objetivos concretos; (iii) metas orientadas para a aprendizagem; e, (iv) metas orientadas para o evitamento da pressão social em contexto familiar. Neste sentido, podemos dizer que os resultados obtidos apontam para três subescalas que se relacionam com o que se designa na literatura por uma orientação motivacional extrínseca (metas orientadas para o evitamento da pressão social em contexto escolar; metas orientadas para objetivos concretos; metas orientadas para o evitamento da pressão social em contexto familiar) e uma subescala relacionada com uma orientação motivacional intrínseca (metas orientadas para a aprendizagem). As metas orientadas para a aprendizagem correspondem ao desejo do aluno estudar para aprender, para obter e melhorar os seus conhecimentos ou para adquirir novas habilidades. As metas orientadas para objetivos concretos traduzem um estudo para conseguir bons resultados ou obter classificações altas, ter um bom emprego no futuro ou ser um profissional competente. As metas orientadas para o evi-

tamento da pressão social em contexto escolar e as metas orientadas para o evitamento da pressão social em contexto familiar relacionam-se com a obtenção de aprovação ou evitar a desaprovação por parte dos outros significativos iguais ou superiores (professores e pais), respetivamente.

Normas, critérios ou parâmetros
Para uma apreciação da significância estatística das diferenças nas metas em função do ano e género realizou-se uma análise de variância multivariada (*F- Manova 4x2*). Os resultados obtidos sugerem efeitos significativos da interação do ano escolar com o género nas metas orientadas para o evitamento da pressão social em contexto escolar (F= 2.301; p<.05, η^2=.005), nas metas orientadas para o evitamento da pressão social em contexto familiar (F= 2.999; p<.01, η^2=.007), e nas metas orientadas para objetivos concretos (F= 4.080; p<.001, η^2=.009), não se verificando efeito significativo da interação do ano escolar com o género nas metas de aprendizagem (F= 1.235; p>.05, η^2=.003). Verificaram-se, ainda, efeitos principais nas metas orientadas para aprendizagem segundo o género (F= 40.610; p<.001, η^2=.018) e segundo o ano de escolaridade (F=5.705; p<.001, η^2=.013).

Em função da relevância do ano escolar e do género dos alunos, apresentam-se na Tabela IV as médias e desvios-padrão, assim como os resultados em quartis, dos resultados nas quatro dimensões do IMA agrupando os sujeitos por essas duas variáveis.

Tabela IV. Resultados nas dimensões do IMA por ano escolar e género dos alunos

Género/Ano		Metas_EPSC_Escolar P25	P50	P75	M (DP)	Metas_EPSC_Familiar P25	P50	P75	M (DP)	Metas_O_Concretos P25	P50	P75	M (DP)	Metas_Aprendizagem P25	P50	P75	M (DP)
7º	Masc N=136	2.50	3.08	3.67	3.1 (.85)	3.25	4.00	4.75	3.9 (.86)	3.17	4.00	4.67	3.9 (.85)	3.00	3.50	4.29	3.6 (.77)
	Fem N=129	1.83	2.67	3.25	3.6 (1.02)	3.00	3.75	4.38	3.6 (1.00)	3.50	4.00	4.83	4.0 (.91)	3.33	4.00	4.50	3.8 (.92)
8º	Masc N=134	2.46	3.00	3.67	3.0 (.87)	3.00	3.75	4.25	3.8 (.79)	3.00	3.75	4.50	3.8 (.87)	3.00	3.50	4.04	3.6 (.74)
	Fem N=110	2.33	3.00	3.54	3.0 (.89)	3.25	4.00	4.50	3.9 (.79)	3.67	4.17	4.67	4.1 (.69)	3.33	3.92	4.33	3.9 (.66)
9º	Masc N=227	1.67	2.50	3.17	2.5 (.95)	3.00	3.50	4.25	3.5 (.92)	3.33	4.00	4.67	4.0 (.82)	3.00	3.50	4.00	3.5 (.76)
	Fem N=240	1.67	2.17	2.96	2.3 (.84)	3.00	3.50	4.00	3.5 (.88)	3.83	4.50	4.83	4.3 (.71)	3.17	3.83	4.33	3.7 (.73)
10º	Masc N=174	1.67	2.33	3.00	2.4 (.84)	2.50	3.00	3.75	3.0 (.90)	3.00	3.67	4.33	3.7 (.88)	3.00	3.33	4.00	3.4 (.76)
	Fem N=224	1.50	2.00	2.79	2.2 (.87)	2.50	3.00	3.75	3.0 (.93)	3.50	4.17	4.67	4.1 (.74)	3.17	3.50	4.00	3.6 (.73)
11º	Masc N=119	1.50	2.17	2.83	2.3 (.86)	2.75	3.35	3.75	3.2 (.86)	3.17	3.83	4.33	3.7 (.80)	2.83	3.33	4.00	3.3 (.80)
	Fem N=207	1.33	1.83	2.33	2.0 (.82)	2.00	2.75	3.50	2.8 (.96)	3.83	4.33	4.67	4.2 (.68)	3.17	3.67	4.17	3.6 (.70)
12º	Masc N=208	1.33	1.83	2.50	2.1 (.83)	2.25	3.00	3.50	2.9 (.99)	3.67	4.17	4.67	4.1 (.78)	3.00	3.50	4.00	3.5 (.73)
	Fem N=298	1.33	1.83	2.33	2.0 (.78)	2.00	2.75	3.50	2.7 (.93)	3.67	4.17	4.67	4.1 (.70)	3.17	3.67	4.00	3.6 (.66)

Pela análise da Tabela IV, verificamos que as raparigas apresentam médias mais elevadas nas metas orientadas para a aprendizagem, face aos rapazes, em todos os anos de escolaridade. Por outro lado, observa-se um decréscimo nas pontuações médias nas metas de aprendizagem à medida que as raparigas avançam na escolaridade, ocorrendo esse mesmo decréscimo nos rapazes exceto no 12º ano. De igual forma, verificamos que as raparigas, face aos rapazes, apresentam médias mais elevadas nas metas orientadas para objetivos concretos em todos os anos de escolaridade com a exceção do 12 º ano, verificando-se que no 9º e 12º ano de escolaridade (anos terminais do Ensino Básico e Ensino Secundário) se regista um aumento na média tanto nos rapazes quanto nas raparigas. Verificamos, ainda, que as raparigas mais novas, apresentam médias mais baixas nos objetivos concretos por comparação com as suas colegas mais velhas.

Relativamente às metas orientadas para o evitamento da pressão social em contexto familiar verificamos que os rapazes apresentam médias mais elevadas no 7º, 11º ano e 12º ano, já no 8º ano são as raparigas que obtêm médias mais elevados, 9º e 10º ano se igualam. Por último, e relativamente às metas orientadas para o evitamento da pressão social em contexto escolar, verificamos que decresce a sua valorização à medida que se avança na escolaridade, tanto nos rapazes quanto nas raparigas. Comparando os rapazes com as raparigas, verificamos que no 7º ano esta orientação motivacional está mais presente nas justificações que as raparigas apresentam para o seu estudo, porém à medida que se avança na escolaridade essa média apresenta uma descida mais acentuada nas raparigas. Apreciando os valores da dispersão, verifica-se um índice superior de dispersão nas respostas das raparigas do 7º ano de escolaridade nas metas orientadas para o evitamento da pressão social em contexto escolar e nas metas orientadas para o evitamento da pressão social em contexto familiar, situando-se a menor dispersão nas metas de aprendizagem junto das raparigas no 8º e 12º anos.

7. Avaliação crítica

Vantagens e potencialidades
Os estudos apresentados mostram as qualidades métricas do IMA, apoiando o seu uso na investigação e na intervenção psicopedagógica. A brevidade e

a facilidade de aplicação do IMA permitem a sua utilização conjunta com outras provas para análise da motivação académica dos adolescentes. A utilização deste instrumento, também pelos docentes com formação, poderá assegurar informação relevante para a intervenção educativa. Na base dessa informação, os docentes em articulação com os técnicos dos Serviços de Psicologia, poderão conceber planos e adotar estratégias de ensino mais ajustadas às caraterísticas dos alunos, ou modificando estas tornando-as mais favoráveis à aprendizagem.

Limitações
O IMA, tal como outras medidas de autorrelato, é suscetível de ser afetado por alguns fatores de erro, em particular a desejabilidade social nas respostas ou a tendência a pontuar num nível intermédio da escala (erro de tendência central). Deste modo, o uso de outros procedimentos de observação torna-se necessário na definição de medidas psicopedagógicas de ajuda (e.g. entrevista).

Desenvolvimentos futuros
Será importante prosseguir os estudos de validade, recorrendo-se à análise confirmatória a fim de validar o modelo fatorial subjacente ao Inventário. Uma importante linha de desenvolvimento é a realização de estudos correlacionais com outras variáveis cognitivo-motivacionais, nomeadamente as atribuições causais e as aptidões, assim como com variáveis contextuais (por exemplo familiares). Torna-se ainda importante realizar estudos comparativos internacionais, estando já a decorrer neste momento trabalhos de adaptação do inventário em Moçambique e Brasil.

8. Bibliografia fundamental

Ames, C. (1984). Competitive, cooperative, and individualistic goal structure: A cognitive motivational analysis. In: Ames, C. & Ames, R. (Eds.), *Research on motivation in education* (vol.1, pp.177-207). New York: Academic Press.

Ames, C., & Archer, J. (1988). Achievement goals in the classroom: Students' learning strategies and motivation processes. *Journal of Educational Psychology, 80*, 260-267.

Arias, J. F. (2004). Recent perspectives in the study of motivation: Goal orientation theory. *Electronic Journal of Research in Educational Psychology, 2*, 35-62.

Dweck, C. S. (1986). Motivational processes affecting learning. *American Psychologist, 41*, 1040-1048.

Dweck, C. S., & Elliot, E. S. (1983). Achievement motivation. In Mussen, P. H. & Hetherington, E. M. (Eds.), *Handbook of child psychology: Social and personality development* (vol. 4, pp. 643-691). New York: Wiley.

Dweck, C. S., & Leggett, E. L. (1988). A social-cognitive approach to motivation and personality. *Psychological Review, 95*, 256-273.

Elliot, A., J., & Harackiewicz, J. M. (1996) Approach and avoidance achievement goals and intrinsic motivation: A mediational analysis. *Journal of Personality and Social Psychology, 70*, 461-475.

Elliot, A. J., & McGregor, H. (2001). A 2x2 achievement goal framework. *Journal of Personality Social Psychology, 80*, 501-519.

Elliot, A. J., & Niesta, D. (2009). Goals in the context of the hierarchical model of approach avoidance motivation. In Moskowitz, G. B. & Grant, H. (Eds.), *The psychology of goals* (pp. 56-76). New York: Guilford Press.

Hayamizu, T., & Weiner, B. (1991). A test Dweck`s model of achievement goals as related to perceptions of ability. *Journal of Experimental Education, 59*, 226-234.

Martin, D. J. (2004). School motivation of boys and girls: Differences of degree, differences of kind, or both. *Australian Journal of Psychology, 56*, 133- 146.

Miranda, L. C., & Almeida, L. S. (2005). *Inventário de Metas Académicas (IMA)*. Braga: Universidade do Minho.

Miranda, L.C., & Almeida, L. S. (2006a). Inventário de metas académicas (IMA): Contributos para a sua validação em alunos do 2º e 3º Ciclo do Ensino Básico. In C. Machado, L. Almeida, M. A. Guisande, M. Gonçalves, & V. Ramalho (Orgs.), *Actas da XI Conferência Internacional "Avaliação Psicológica: Formas e Contextos"*, pp. 445-453. Braga: Psiquilíbrios.

Miranda, L. C., & Almeida, L. S. (2006b). Impacto das metas académicas no rendimento escolar: Estudos com alunos do 5º ao 9º de escolaridade. *Psicologia e Educação,V*,127-134.

Miranda, L. C., & Almeida, L. S. (2008). Estudo das propriedades psicométricas do Inventário de Metas académicas (IMA). *XIII Conferência Internacional Avaliação Psicológica: Formas e Contextos*. Braga: Universidade do Minho.

Miranda, L.C., & Almeida, L. S. (2009). As metas académicas como operacionalização da motivação do aluno. *ETD – Educação Temática Digital, 10*, 36-61.

Miranda, L. C., Pires, N. J., & Almeida, L. S. (2009a). As metas e as atribuições em alunos do ensino secundário. *X Congresso Internacional Galego-Português de Psicopedagogia*. Braga: Universidade do Minho.

Miranda, L.C., Pires, N. J., & Almeida, L. S. (2009b). Estudo das propriedades psicométricas do inventário de metas académicas (IMA) em alunos do ensino secundário. *IV Congresso Brasileiro de avaliação Psicológica - XIV Conferência Internacional de Avaliação Psicológica: Formas e Contextos*. Campinas, São Paulo.

Miranda, L. C., Almeida, L. S., Abreu, S., & Almeida, A. I. S. (2010). As metas académicas e o rendimento escolar em adolescentes. *I Seminário Internacional Contributos da Psicologia em Contexto Educativo*. Braga: Universidade do Minho.

Miranda, L., C., Almeida, L. S., & Almeida, A. I. S. (2010). Caraterísticas psicométricas do inventário de metas académicas em alunos do ensino básico e secundário. *I Seminário Internacional Contributos da Psicologia em Contexto Educativo*. Braga: Universidade do Minho.

Miranda, L. C., & Almeida, L. S. (2011). Motivação e rendimento académico: Validação do inventário de metas académicas. *Psicologia, Educação e Cultura, XV*, 272-286.

Miranda, L. C., Almeida, L. S., & Barca, L. A. (2011). Metas académicas em adolescentes portugueses: Análise em função do género e ano de escolaridade dos alunos. *Revista Galego-Portuguesa de Psicoloxía e Educación, 19*, 75- 86.

Núñez, J. C., González-Pienda, J. A., González-Pumariega, S., García, M., & Roces, C. (1997). *Cuestionario para la Evaluación de Metas Académicas en Secundaria (CEMA-II)*. Oviedo: Universidad de Oviedo.

Pintrich, P. R. (2000). An achievement goal theory perspective on issues in motivation terminology, theory, and research. *Contemporary Educational Psychology, 25*, 92-104.

Skaalvik, E. M. (1997). Self-enhancing and self-defeating ego orientation: Relations with task and avoidance orientation, achievement, self-perceptions, and anxiety. *Journal of Educational Psychology, 59*, 71-81.

Valle, A. A., Núñez, J. C, Cabanach, R., Rodríguez, S., González-Pienda, J., & Rosário, P. (2009). Perfiles motivacionales en estudiantes de secundaria: Análisis diferencial en estrategias cognitivas, estrategias de autorregulación y rendimiento académico. *Revista Mexicana de Psicología, 26*, 113 - 124.

9. Material

Para além da prova, não existe outro material de apoio à aplicação do IMA ou à sua cotação.

10. Edição e Distribuição

Trata-se de uma edição dos autores, podendo os interessados contactá-los a fim de solicitar o seu uso autorizado.

11. Contacto dos autores

Lúcia Cerqueira de Miranda. Instituto Superior de Educação e Trabalho – Porto, Rua Pereira Reis, Nº 399 - 4200 - 448 Porto. Endereço eletrónico: lrcmiranda@gmail.com

Leandro S. Almeida. Instituto de Educação. Universidade do Minho, Campus de Gualtar, 4710 Braga. Endereço eletrónico: leandro@ie.uminho.pt

ESCALA DE SATISFAÇÃO COM A FORMAÇÃO SUPERIOR (ESFS)

Ana O. Ramos[1] & Carlos M. Gonçalves[1]

1. Indicações

A Escala de Satisfação com a Formação Superior (ESFS) foi construída, no âmbito de uma investigação desenvolvida no Centro de Desenvolvimento Vocacional e Aprendizagem ao Longo da Vida da Faculdade de Psicologia e de Ciências da Educação da Universidade do Porto, visando avaliar a satisfação dos estudantes do Ensino Superior relativamente à sua formação. Partindo da revisão da literatura, foi-se construindo este instrumento num processo parcimonioso descrito ao longo do texto. A versão final da escala é constituída por 25 itens, num formato tipo Likert com 6 pontos de resposta, organizando-se em quatro subescalas que sinalizam as dimensões estruturantes das perceções de satisfação dos estudantes com a sua formação superior.

Dimensões Avaliadas

A Escala de Satisfação com a Formação Superior (ESFS) é constituída por quatro dimensões: (i) *Institucional* – focalizada na avaliação das perceções e significados que se prendem com a qualidade dos serviços académicos prestados aos estudantes, na sua vertente institucional (e.g., acesso à informação, qualidade do atendimento...); (ii) *Sócio-relacional* – relacionada com a avaliação das perceções e significados inerentes ao processo de integração e de construção/manutenção de relações estabelecidas pelos estudantes no contexto

---

[1] Faculdade de Psicologia e de Ciências da Educação. Universidade do Porto.

académico com os diferentes atores do mesmo; (iii) *Expetativas de Integração Profissional* – centrada na avaliação das perceções e significados relacionados com o processo de transição do Ensino Superior para o Mundo do Trabalho; e, (iv) *Recursos Pessoais do Estudante* – diz respeito à avaliação das perceções e significados que se relacionam com os recursos que os estudantes percecionam possuir para lidar com as exigências da formação superior.

População-Alvo
A ESFS é dirigida aos estudantes que frequentam o Ensino Superior, tendo sido construída com o objetivo exclusivo de avaliar as perceções de satisfação destes estudantes com o curso que frequentam.

2. História

A Escala de Satisfação com a Formação Superior (ESFS) teve o seu início em 2006, no âmbito de uma investigação no mestrado em Temas de Psicologia, desenvolvida no Centro de Desenvolvimento Vocacional e Aprendizagem ao Longo da Vida da Faculdade de Psicologia e de Ciências da Educação da Universidade do Porto. Após um processo moroso e parcimonioso de estudos ao longo de dois anos, chegou-se à versão final do instrumento. Em 2011 a escala voltou a ser utilizada numa investigação sobre o desenvolvimento vocacional no ensino superior, em particular a satisfação dos estudantes com a formação e desempenho académico (Monteiro & Gonçalves, 2011). Neste estudo o ESFS revelou todas as potencialidades do instrumento original, mantendo as qualidades psicométricas em termos de variância explicada, valores de consistência interna e organização dos itens em torno das dimensões definidas.

3. Fundamentação teórica

A satisfação dos estudantes face ao ensino superior tem vindo a constituir--se como alvo privilegiado de reflexão e investigação. Se é verdade que a satisfação dos estudantes no que respeita à formação superior conta já com décadas de estudo e de investigação, o interesse desta temática continua a marcar a maior relevância no seio da comunidade científica, à medida que se vai tornando mais abrangente e mais compreensiva a abordagem à experiência académica. Partindo-se do pressuposto que o acesso e a identificação dos indicadores de (in)satisfação face à formação de nível superior poderá promover, quer a qualidade dos serviços prestados pelas instituições de ensino superior quer a otimização das condições subjacentes à experiência pessoal de aprendizagem e de investimento por parte dos estudantes, a tarefa da construção de uma escala de avaliação das perceções dos estudantes relativamente à satisfação com a formação superior, no contexto português, impôs-se como uma necessidade e um contributo decisivo para a investigação na área.

A satisfação face à formação superior é percecionada como um dos indicadores da qualidade das instituições de Ensino Superior. Assim, a satisfação dos estudantes - vistos, nesta perspetiva, como consumidores - é até percebida como uma garantia de sobrevivência para as instituições de Ensino Superior no cenário de competitividade crescente entre instituições (Alves & Raposo, 2007). Nesta medida, considera-se que, identificando e compreendendo os fatores que levam à (in)satisfação dos estudantes, poder-se-á contribuir para a reformulação dos serviços prestados neste contexto, tornando-os mais responsivos às necessidades dos públicos alvo.

Compreender a atitude dos estudantes do Ensino Superior com vista a tornar possível a reformulação de serviços e/ou de práticas, implica a utilização de meios de avaliação fidedignos e próximos à realidade percebida por esta população. Durante o período de revisão da literatura e desta investigação, foram identificados alguns instrumentos de avaliação da satisfação dos estudantes. De uma forma geral, não foi encontrada uma estrutura de dimensões consensual nos instrumentos analisados, pelo que se justificou a construção de uma nova escala que contemplasse dimensões estruturantes identificadas na revisão da literatura como mais relevantes.

O processo de construção da ESFS foi fundamentado, de uma forma especial, com base no Modelo Ecológico do Estudo da Satisfação dos Estudantes (Benjamin & Hollings, 1997; Chickering & Reisser, 1993; Elliot & Shin, 2002) e na Teoria do Construcionismo Social (Young & Collin, 2004), partindo-se do pressuposto que o fenómeno da satisfação dos estudantes face à formação superior está sujeito a múltiplas influências contextuais, facilitadores ou obstaculizadores da emergência de ressignificações acerca da realidade envolvente.

De acordo com o Modelo Ecológico da Satisfação dos Estudantes, existem caraterísticas do contexto (e.g., relação e dinâmica familiares, estatuto geracional, impacte dos acontecimentos de vida, etc.) que se encontram relacionadas com variáveis independentes (e.g., relacionamento interpessoal, objetivos/ Expetativas dos estudantes, competências cognitivas, etc.) que irão influenciar, direta ou indiretamente, a satisfação dos estudantes. Nesta medida, a teoria do construcionismo social vem reforçar a ideia de que o processo de construção de conhecimento acerca da realidade decorre na interação dos indivíduos com agentes e contextos sociais (Young & Collin, 2004). Partindo destes contributos teóricos para ler a realidade do Ensino Superior, pode-se afirmar que os estudantes vão construindo conhecimento acerca da experiência formativa e de si próprios neste contexto, à medida que vão vivenciando acontecimentos neste contexto e/ou interagindo com os diferentes atores do contexto educativo (e.g., colegas, funcionários, docentes).

Tendo em conta os contributos que os modelos mencionados representaram e retomando-se a análise dos instrumentos de avaliação identificados, facilmente se identificavam três núcleos temáticos influentes na satisfação dos estudantes: (i) um que agrupava aspetos relacionados com o contexto de educação/formação e com o processo de ensino aprendizagem; (ii) outro que agrupava as questões relacionadas com a qualidade dos serviços académicos na sua vertente institucional; (iii) e um terceiro, versando os processos de integração e de relacionamento interpessoal no contexto académico. Contudo, vários estudos alertavam para a centralidade de dimensões negligenciadas, até ao momento, nos instrumentos de avaliação da satisfação com a formação superior, nomeadamente as Expetativas de integração profissional (Martin, Milne-Home, Barret, Spalding, & Jones, 2000; Lopes & Costa, 2008; Moura & Menezes, 2002) e os recursos pessoais percebidos pelos estudantes para lidar com as exigências da formação (Lent, Hackett, & Brown, 1994; 1999; Lopes & Costa, 2008; Nurmi, Aunola, Salmela-Aro, & Lindroos, 2003). Por exemplo, a satisfação com a formação superior parece ser influenciada pelas Expetativas de inserção profissional dos jovens que frequentam o Ensino Superior (Moura & Menezes, 2002), o que vai de encontro às teorias da expetativa (Herr & Cramer, 1992) e da autoeficácia (Bandura, 1977; Lopes & Costa, 2008; Wiers-Jenssen, Stensaker, & Grogaard, 2002).

4. Estudos realizados em Portugal

Data e Objetivos
A ESFS foi construída no âmbito do projeto de investigação "A Satisfação dos Estudantes com a Formação Superior", decorrido entre Setembro de 2006 e Maio de 2008, sendo a versão final do instrumento datada de Julho de 2008.

Amostra e Metodologia
O processo de construção da ESFS desenvolveu-se em cinco momentos.

Definição das dimensões e construção dos itens da ESFS
Após revisão da investigação, desenvolvidas no âmbito do estudo da satisfação dos estudantes do Ensino Superior, deu-se início ao processo de definição das dimensões e de construção dos itens da ESFS. Num primeiro momento identificaram-se e selecionaram-se alguns itens de instrumentos de avaliação já existentes (Aldemir & Gulcan, 2004; Donohue, Elliot, & Shin, 2002; Martin et al., 2000; Rhodes & Nevil, 2004; Richardson, 2005; Soares, Vasconcelos, & Almeida, 2002; Wiers-Jenssen et al., 2002), bem como a sua tradução e reformulação no sentido da adaptação à realidade portuguesa. Importa salvaguardar que se mostrou imperativa a construção de itens originais que avaliassem duas dimensões não avaliadas empiricamente por qualquer outro instrumento de avaliação: a dimensão das Expetativas de integração profissional e a dimensão dos recursos pessoais dos estudantes. Assim, a primeira versão da ESFS era constituída por 59 itens distribuídos em cinco dimensões: Curricular, Socio-Relacional, Institucional, Expetativas de Integração Profissional e Recursos Pessoais do Estudante.

Análise por especialistas
A primeira versão da ESFS foi analisada por três especialistas no domínio da investigação científica com vista à avaliação da qualidade dos itens, ou seja adequação destes à dimensão que pretendiam avaliar e à formulação e clareza dos mesmos. Os contributos dos diferentes especialistas permitiram compreender a inadequação de alguns itens da escala inicial e a necessidade da sua reformulação (e.g., alterar o item "representação social do estabelecimento de ensino que frequenta" para "prestígio do estabelecimento de ensino que

frequenta com vista a aumentar a sua compreensão), uniformizaram a formulação dos itens e reorganizaram os itens m função das dimensões conceptuais apontadas pela revisão da literatura no domínio em análise.

Reflexão Falada
Tendo-se procedido às alterações sugeridas pelos especialistas, de seguida procedeu-se um momento de reflexão falada junto de quatro estudantes do Ensino Superior (provenientes de diferentes áreas de formação e de anos de escolaridade). Este passo teve como principal objetivo verificar se o instrumento se ajustaria à população-alvo, ou seja, assegurar que o significado dos itens era compreendido, garantir a compreensão das instruções de preenchimento, identificar possíveis dificuldades de resposta. Esta fase favoreceu a simplificação dos itens, tendo sido sugerida a substituição de palavras para outras mais familiares e comuns (e.g., substituir "docente" por "professor").

Estudo-piloto
Feitas as alterações que emergiram na reflexão falada, seguiu-se o período de administração do instrumento para realização do estudo-piloto. A administração dos instrumentos foi presencial sob a responsabilidade da investigadora principal.

O estudo-piloto contou com a participação de 151 estudantes do Ensino Superior de vários cursos da UP, com idades compreendidas entre os 18 e os 43 anos de idade (M=21.4; DP=3.24), dos quais 73.5% eram do género feminino. Tendo em conta a participação de estudantes dos diferentes anos de escolaridade, foram os estudantes do 2.º e 4.ºanos de escolaridade os mais representados (respetivamente, 25.8% e 39.7%).

Validação da ESFS à população portuguesa
O tratamento estatístico, através de várias análises fatoriais exploratórias, dos dados recolhidos no estudo-piloto deu origem à redução do n.º de itens da escala original e à eliminação de uma dimensão previamente incluída no instrumento, a dimensão curricular, em virtude dos itens da mesma não apresentarem a saturação adequada. Tendo-se procedido às alterações referidas, passou-se ao estudo de validação da escala através da administração

em versão *on-line* da nova versão da ESFS. Para tal, foi enviada uma mensagem eletrónica aos estudantes das instituições de ensino superior de todo o país, com o pedido de colaboração na investigação e facultando o *link* de acesso ao instrumento. Esta operação foi facilitada, na maioria dos casos, pela colaboração dos serviços académicos das faculdades e/ou pelas associações de estudantes, que apoiaram no envio da mensagem eletrónica para os estudantes.

No que concerne ao estudo de validação da escala à população portuguesa, participaram 436 estudantes do Ensino Superior, dos quais 58.7% eram do género feminino. Os sujeitos respondentes tinham idades compreendidas entre os 18 e os 67 anos de idade (M=22.2; DP=5.31). Contou-se com a participação de estudantes provenientes de 23 instituições de Ensino Superior Público e Privado, num total de 33 cursos.

5. Resultados

Estrutura fatorial da escala (ESFS)
Com vista ao estudo da estrutura fatorial da ESFS, procedeu-se à análise por componentes principais através de rotação *varimax*, definindo-se como critério o nível de saturação dos itens >.50. A opção por este critério de saturação explica-se por quatro razões fundamentais: (i) favorecimento do processo de eliminação de itens com valores de saturação equivalentes em várias subescalas, por isso com baixo poder discriminante; (ii) aumento do potencial discriminante de cada dimensão da subescala; (iii) aumento do valor da variância total explicada; e, (iv) permitir tornar o instrumento mais económico, em termos do tempo, na situação da administração.

A solução para a estrutura da ESFS permitiu extrair 4 fatores com *eigenvalues* superiores à unidade que explicavam 61.7% da variância total. Com efeito, o fator 1 agrupa os itens inerentes à Dimensão dos Recursos Pessoais do Estudante, o fator 2 agrupa os itens inerentes à Dimensão Institucional, o fator 3 agrupa os itens inerentes à Dimensão das Expetativas de Integração Profissional e o fator 4 agrupa os itens inerentes à Dimensão Sócio-Relacional (*cf.* Tabela I).

Tabela I. Resultados da análise fatorial exploratória dos itens do estudo-piloto

Item	F1	F2	F3	F4	h2
Competências que possui atualmente de organização e de estudo	.781	.116	.218	.075	.676
Capacidade que possui para lidar com os níveis de exigência dos trabalhos propostos	.774	.042	.135	.172	.649
Capacidade de se empenhar/esforçar para alcançar os seus objetivos	.757	.023	.136	.085	.599
Confiança nas suas capacidades actuais enquanto estudante e desejo pessoal de alcançar bons resultados e sucesso académico	.721	.063	.153	.291	.632
Capacidade que possui para obter as notas que pretende	.695	-.002	.109	.289	.578
Capacidade que possui para tomar decisões	.697	.247	-.194	-.081	.591
Capacidade que possui para lidar com a quantidade de trabalho proposto	.676	.130	.125	.172	.519
Espaços de estudo	-.007	.833	.006	-.031	.694
Organização dos espaços físicos nas instalações da faculdade (e.g., salas, corredores, biblioteca)	.066	.808	-.045	-.081	.659
Instalações da faculdade quanto à segurança dos estudantes	.155	.756	-.114	.021	.609
Espaço e condições físicas para a aprendizagem	.191	.741	-.251	-.130	.665
Instalações da faculdade quanto à higiene	.171	.742	-.008	-.074	.585
Possibilidade de utilização de novas tecnologias	-.042	.662	.133	.121	.472
Espaços de lazer	.043	.695	.202	.106	.537
Oportunidades de emprego na sua área de formação	-.039	-.212	.887	.059	.837
Oportunidades no mercado de trabalho	-.042	-.154	.888	.079	.821
Articulação da faculdade com o mercado de trabalho no sentido da integração profissional dos estudantes	.091	-.052	.801	.141	.672
Representação social (e.g., prestígio) da licenciatura que frequenta	.233	.107	.623	-.068	.459
Esclarecimento dos alunos relativamente a oportunidades e saídas profissionais	.222	.098	.635	.146	.484
Prestígio do estabelecimento de ensino que frequenta	.176	.148	.564	.130	.388
Processo de integração pessoal na faculdade	.269	.015	.036	.838	.776
Integração no ambiente académico	.341	.004	-.001	.806	.765
Qualidade do relacionamento entre estudantes	.491	.020	.050	.664	.685
Adaptação social ao curso/faculdade	.048	.096	.234	.553	.351
Festas e jantares organizados na faculdade	.011	-.113	.113	.761	.605
Valores próprios	7.26	3.42	2.98	1.76	
% variância explicada	18.5%	15.9%	15.1%	12.3%	

De uma forma geral, a distribuição dos itens por quatro fatores reproduz a escala original, embora se verifiquem algumas alterações: (I) foram eliminados, do estudo piloto, 31 itens da escala original (tendo em conta o critério de saturação); (II) optou-se pela exclusão da Dimensão Curricular (presente na primeira versão da escala).

A Tabela II apresenta os resultados da análise fatorial exploratória do estudo-piloto (2007) e do estudo de adaptação à população portuguesa (2008).

Tabela II. Estrutura fatorial e coeficiente de consistência interna das subescalas da ESFS

Subescalas	Nº Itens Estudo piloto 07	Nº Itens Estudo 08	Alfa Cronbach Estudo piloto 07	Alfa Cronbach Estudo 08
Recursos Pessoais	12	7	0.871	0.860
Integração Profissional	7	6	0.869	0.880
Socio-Relacional	15	5	0.842	0.824
Institucional	13	7	0.818	0.903
% variância explicada	61.2%	61.6%		

Tendo em conta os dados acima apresentados, pode considerar-se que as quatro dimensões da ESFS apresentam boa consistência interna (>.80). Por outro lado, os sujeitos respondentes sentem-se satisfeitos quanto à formação superior que frequentam (M=4.18; DP=1.03). Os estudantes do domínio das Ciências e Tecnologias percecionam uma maior satisfação global com o curso (M=4.06; DP=1.33): comparativamente aos colegas do domínio das Ciências Sociais e Humanas (M=2.78; DP=130), sendo estas diferenças estatisticamente significativas (p<0.001). Não foram encontradas diferenças estatisticamente significativas quanto ao género, nem quanto ao ano de escolaridade no que concerne à satisfação geral com a formação.

Os valores médios das diferentes dimensões da satisfação dos estudantes face à formação superior foram comparados tendo em consideração algumas variáveis sociodemográficas e/ou académicas, com recurso à *MANOVA* (cf. tabela III).

Tabela III. Análise de variância das dimensões da satisfação face à formação superior segundo o ano, género e domínio de formação

	ANO			GÉNERO			DOMÍNIO FORMAÇÃO		
	F	P		F	P		F	P	
RP	2.493	.031	In<Fi	.696	.405		.048	.826	
INST.	4.541	.000	In>Fi	19.721	.000	M>F	7.796	.005	CT>CSH
IP	2.333	.042	1º<Fi	32.148	.000	M>F	131.110	.000	CT>CSH
SR	1.523	.181		6.336	.012	M>F	30.092	.000	CT>CSH

N= 436; M= Género Masculino; F= Género Feminino;
Fi = Anos Finais de Formação; In = Anos Iniciais de Formação;
CT = Ciências e Tecnologias; CSH – Ciências Sociais e Humanas;
RP – Recursos Pessoais; INST – Institucional; IP – Integração Profissional; SR – Socio-Relacional

Constata-se, pela análise da tabela III, que os estudantes do género masculino se encontram mais satisfeitos, comparativamente aos estudantes do género feminino, quanto às dimensões Institucional, Expetativas de Integração Profissional e Sócio-Relacional, podendo refletir uma maior abertura do mercado de trabalho aos indivíduos do sexo masculino (Gonçalves, 2008; Monteiro & Gonçalves, 2011). Os estudantes que frequentam os anos finais de formação (4.º, 5.º e 6.º ano) evidenciam índices significativamente mais elevados de satisfação face à dimensão dos Recursos Pessoais, quando comparados com os colegas dos anos iniciais de formação (1.º, 2.º e 3.º anos), podendo isso traduzir o desenvolvimento efetivo demais recursos pessoais para lidar com as exigências do curso (Monteiro & Gonçalves; Vieira, 2012). Os estudantes do domínio das Ciências Sociais e Humanas encontram-se mais satisfeitos quanto à dimensão Institucional do que os colegas do domínio das Ciências e Tecnologias, apresentando estes últimos níveis mais elevados de satisfação face às dimensões das Expetativas de Integração Profissional e Sócio-Relacional, sendo possível antecipar mais e melhores oportunidades de inserção no mundo do trabalho por parte dos diplomados destas áreas (INE, 2008; Monteiro & Gonçalves, 2011; Vieira, 2012).

6. Avaliação crítica

Vantagens e Potencialidades

Focando-nos na análise do ESFS propriamente dita, esta parece constituir-se como um instrumento de avaliação da satisfação dos estudantes face à formação superior pelas suas qualidades psicométricas e de utilidade institucional e social para a investigação futura. O processo de construção da escala e a definição da sua estrutura em subescalas parece, não só ter favorecido a reflexão acerca do problema em análise, como ter contribuído para a sua reconceptualização e para a tomada de consciência acerca das dimensões que influenciam a perceção de satisfação junto dos estudantes do Ensino Superior. A ESFS contribuiu, ainda, para evidenciar a importância assumida pelas dimensões das Expetativas de Integração Profissional e dos Recursos Pessoais do Estudante para a satisfação global com a formação superior – duas dimensões negligenciadas no âmbito da investigação neste domínio até à data –, podendo daqui retirar-se algumas implicações no que respeita à política educativa ao nível do Ensino Superior. Efetivamente, alguns estudos posteriores à construção da ESFS têm vindo a corroborar, ainda que indiretamente, a pertinência da integração destas duas dimensões na avaliação da perceção dos estudantes relativamente à frequência de uma formação superior. A título de exemplo, Vivas (2007) defende que o conhecimento acerca do grau de inserção profissional dos finalistas, bem como a avaliação da qualidade da formação académica de base podem ser úteis para um desempenho profissional satisfatório no futuro, bem como para um sentimento pessoal de satisfação e de realização. Gomez-Duran (2007), por sua vez, enfatiza a responsabilidade do estudante e o sentido de autoria pelo seu próprio percurso no quadro do processo de Bolonha, sublinhando o papel central assumido por determinadas competências pessoais e fazendo subentender a importância de um elevado sentido de autoeficácia para uma resolução adaptativa da tarefa académica.

Importa, ainda, salientar que a ESFS pode vir a assumir-se como um contributo importante ao nível da renovação das práticas de intervenção junto desta população, apresentando-se como um instrumento de enorme utilidade pelo modelo compreensivo do fenómeno da satisfação dos estudantes face à formação superior que propõe.

Futuros desenvolvimentos da ESFS
Em futuras investigações, a realizar no Centro de Desenvolvimento Vocacional e Aprendizagem ao Longo da Vida, prevê-se prosseguir os estudos de validação do modelo conceptual subjacente ao ESFS, através da realização da análise fatorial confirmatória.

No entanto, a ESFS tem já vindo a ser usada em investigações a decorrer no Centro de Desenvolvimento Vocacional e Aprendizagem ao Longo da Vida, confirmando-se as qualidades psicométricas da escala. A título de exemplo, Monteiro e Gonçalves (2011) utilizaram este instrumento de avaliação da satisfação com a formação superior para estudar a relação entre as dimensões do desenvolvimento vocacional dos estudantes do ensino superior, as dimensões da satisfação com a formação superior e o desempenho académico.

Perspetiva-se a possibilidade de alargar a investigação em termos da população-alvo com vista à compreensão do processo de atribuição de significado em torno da experiência académica, com recurso a uma avaliação em retrospetiva da mesma. Com efeito, pretende-se compreender de que forma a perceção ao nível da satisfação global e de cada uma das suas dimensões evolui ao longo do tempo e em que medida é influenciada pelas experiências formativas e/ou profissionais desenvolvidas no período subsequente à conclusão da formação superior.

7. Bibliografia fundamental

Aldemir, C., & Gulcan, Y. (2004). Student Satisfaction in Higher Education: a Turkish Case. *Education Management and Policy, 16*(2), 109-122.

Alves, H., & Raposo, M. (2007). Student Satisfaction Index Portuguese Public Higher Education. *The Service Industries, 27*(6), 795-808.

Bandura, A. (1977). Self-efficacy: Toward a unifying theory of behaviour change. *Psychological Review, 84*, 191-215.

Benjamin, M., & Hollings, A. (1997). Student Satisfaction: Test of an Ecological Model. *Journal of College Student Development, 38*(3), 213-228.

Chickering, A., & Reisser, L. (1993). *Education and Identity.* New York: Jossey-Bass, Inc. Publishers.

Donohue, T., & Wong, E. (1997). Achievement Motivation and College Satisfaction in Traditional ans Nontraditional Students. *Education, 118*(2), 237-243.

Elliot, K., & Shin, D. (2002). Student satisfaction: an alternative approach to assessing this important concept. *Journal of Higher Education Policy and Management, 24*(2), 197-209.

Gómez-Durán, B. (2007). Planificación y secuenciación de los contenidos de aprendizaje siguiendo las pautas del proceso de bolonia: una experiencia de tres años. *Revista*

Galego-Portuguesa de Psicoloxia e Educación, 15(2), 75-86.
Herr, E., & Cramer, S. (1992). *Career guidance and counselling through the lifespan*. New York: Harper Collins Publishers.
Instituto Nacional de Estatística (2008). *A procura de emprego dos diplomados com habilitação superior*. Lisboa: Gabinete de Planeamento, Estratégia, Avaliação e Relações Internacionais do Ministério da Ciência, Tecnologia e Ensino Superior.
Lent, R., Brown, S., & Hackett, G. (1994). Toward a unifying social cognitive theory of career and academic interest, choice and performance. *Journal of Vocational Behavior, 45*, 79-122.
Lent, R., Hackett, G., & Brown, S. (1999). A social-cognitive view of school-to-work transition. *The Career Development Quarterly, 47,* 297-331.
Lopes, J.T., & Costa, A.F. (2008). *Os estudantes e os seus trajectos no ensino superior – Sucesso e insucesso, fatores e processos, promoção de boas práticas*. Estudo inserido no programa "Promoção do Sucesso Escolar e Combate ao Abandono e ao Insucesso no Ensino Superior" do Ministério da Ciência, da Tecnologia e Ensino Superior. [Comunicação apresentada no contexto de um Seminário realizado no dia 27 de Março de 2008 na Universidade do Porto].
Martin, A., Milne-Home, J., Barret, J., Spalding, E., & Jones, G. (2000). Graduate satisfaction with university and perceived employment preparation. *Journal of Education and Work, 13*(2), 199-213.
Monteiro, A., & Gonçalves, C. M. (2011). Desenvolvimento vocacional no ensino superior: Satisfação com a formação e desempenho académico. *Revista Brasileira de Orientação Profissional, 12*(1), 15-27.
Moura, C.B., & Menezes, M.V. (2002). Mudando de opinião: Análise de um grupo de pessoas em condição de re-escolha profissional. *Revista Brasileira de Orientação Profissional, 5*(1), 29-45.
Nurmi, J.E., Aunola, K., Salmela-Aro, K., & Lindroos, M. (2003). The role of success expectation and task avoidance in academic studies and satisfaction: three studies on antecedents, consequences and correlates. *Contemporary Educational Psychology, 28*, 59-90.
Rhodes, C., & Nevill, A. (2004). Academic and social integration in higher education: a survey of satisfaction and dissatisfaction within a first-year education studies cohort at a new university. *Journal of Further and Higher Education, 28*(2), 179-193.
Richardson, J. (2005). Instruments for obtaining student's feedback: a review of the literature. *Assessment & Evaluation in Higher Education. 30*(4), 387- 415.
Soares, A.P., Vasconcelos, R.M., & Almeida, L.S. (2002). Adaptação e Satisfação na Universidade: Apresentação e Validação do Questionário de Satisfação Académica. In A. Pouzada, L.S. Almeida & R.M. Vasconcelos (Eds.), *Contextos e dinâmicas da vida académica* (pp. 153-165). Guimarães: Conselho Académico, Universidade do Minho.
Vieira, D.A. (2012). *Transição do ensino superior para o trabalho: O poder da autoeficácia e dos objetivos profissionais*. Porto: Politema, Fundação Politécnico do Porto.
Vivas, A.J. (2007). Los psicopedagogos em la Universidad Pontificia de Salamanca: valoración de la formacion recebida en la relación con el empleo. *Revista Galego-Portuguesa de Psicoloxia e Educación, 15*(2), 115-126.
Wiers-Jenssen, J., Stensaker, B., & Grogaard, J. (2002). Student Satisfaction: towards an

empirical deconstruction of the concept. *Quality in Hugher Education*, 8 (2), 183-195.
Young, R., & Collin, A. (2004). Introduction: Constructivismo and Social Constructionismo in the Career Field. *Journal of Vocational Behavior*, 64(3), 373-388.

8. Material
Trata-se de um instrumento de papel e lápis ou de uma aplicação disponível *on-line*.

9. Contacto com os autores
Ana Ramos: Investigadora do Centro de Desenvolvimento Vocacional e Aprendizagem ao Longo da Vida, Faculdade de Psicologia e de Ciências da Educação da Universidade do Porto. Endereço eletrónico: ana.oliveira.ramos@gmail.com;

Carlos Manuel Gonçalves: Professor Auxiliar da Faculdade de Psicologia e de Ciências da Educação da Universidade do Porto, coordenador do Centro de Desenvolvimento Vocacional e Aprendizagem ao Longo da Vida. Endereço eletrónico: carlosg@fpce.up.pt.

ESCALA DE RASTREIO DA DEPRESSÃO PÓS-PARTO (ERDP-P)

Ana Telma Pereira[1], Sandra Bos[1], Mariana Marques[1], Berta Maia[1], Maria João Soares[1], António Macedo[1], & Maria Helena Pinto de Azevedo[1]

1. Indicações

Dimensões avaliadas
A Escala de Rastreio da Depressão Pós-Parto, do original *Postpartum Depression Screening Scale* (PDSS; Beck & Gable, 2002), avalia a presença e gravidade dos sintomas da depressão pós-parto (DPP). É uma escala de autoresposta breve, fácil de administrar e cotar, que é composta por 35 afirmações/itens que descrevem o modo como a mulher pode estar a sentir-se depois do nascimento do bebé. As respostas são dadas através de uma escala de resposta Likert, que varia desde "discordo muito" (1 ponto) a "concordo muito" (5 pontos). A pontuação total, que pode variar entre 35 e 175 pontos, informa acerca da gravidade geral da sintomatologia de DPP e indica se a mulher precisa ou não de ser encaminhada para avaliação diagnóstica adicional, pois funciona como rastreio da perturbação. Pontuações baixas indicam poucos ou nenhuns sintomas, sugerindo um ajustamento normal ao período pós-parto (PPt) (Beck & Gable, 2002).

Quanto à estrutura, a escala é multidimensional, com sete dimensões: Sono/ Distúrbios Alimentares (DAS), Ansiedade/Insegurança (AI), Labi-

---

[1] Instituto de Psicologia Médica. Faculdade de Medicina da Universidade de Coimbra.

lidade Emocional (LE), Confusão Mental (CM), Perda do *Self* (PS), Culpa/ Vergonha (CV), e Pensamentos Suicidas (SUI) (Beck & Gable, 2000).

Populações-alvo
A versão original da escala foi especificamente construída para o período do PPt (Beck & Gable, 2002). No âmbito dos estudos desenvolvidos para a população portuguesa, a PDSS foi também adaptada e validada para o rastreio da depressão na gravidez. Para esta versão adotámos a designação de Escala de Rastreio da Depressão Pós-Parto - Versão Adaptada para a Gravidez (PDSS--G). A versão portuguesa da PDSS destina-se, portanto, a mulheres que se encontram no período perinatal.

2. História

A PDSS foi construída após um trabalho de longos anos de investigação e prática clínica, com o objetivo de se dispor de um instrumento que facilitasse a identificação precoce dos casos de DPP (Beck & Gable, 2002). Os autores da escala estavam interessados em incluir itens que focalizassem diretamente o contexto da maternidade, como por exemplo *"Tenho dificuldades em adormecer mesmo quando o meu bebé está a dormir"* e que abarcassem um conjunto de sintomas para além dos depressivos. Tal intento derivou de estudos qualitativos realizados por Beck na década de noventa, que resultaram na caracterização da DPP como incluindo outros sintomas entre os quais a irritabilidade, as dificuldades de concentração, a perda do *self*, a solidão e a desrealização. A base conceptual para a identificação das já referidas sete dimensões da sintomatologia da DPP a para a construção dos itens da PDSS adveio precisamente dos resultados de extensivas análises de conteúdo.

Como principal justificação para a necessidade de desenvolver a PDSS, Beck e Gable (2000) apresentaram um conjunto de problemas metodológicos dos outros instrumentos normalmente utilizados para proceder ao rastreio da DPP, como a *Edinburgh Postnatal Depression Scale* (EPDS; Cox et al., 1987) e o *Beck Depression Inventory I* (BDI-I; Beck et al., 1961) e *II* (BDI-II; Beck & Brown, 1996). Quanto ao BDI, a principal limitação prende-se com o facto de incluir entre os seus itens um conjunto de sintomas fisiológicos considerados normais do período PPt, como a fadiga e as perturbações do sono, o que pode resultar em pontuações mais elevadas no período perinatal e, portanto, em mais falsos positivos do que em outras populações. Quanto à EPDS, que era, até ao desenvolvimento da PDSS, o único instrumento especificamente desenvolvido para o rastreio da DPP, têm sido identificados vários problemas, sendo o mais relevante o facto de o instrumento não conter quaisquer itens redigidos especificamente para o contexto da DPP, sendo similares aos que podemos encontrar nos instrumentos gerais de avaliação da depressão (Beck & Gable, 2001a).

A validade de conteúdo da PDSS foi estudada através dos métodos de apreciação por peritos, discussão em grupos focais e reflexão falada por grupos de destinatárias. A fidelidade, a validade concorrente (utilizando como critérios a EPDS e o BDI-II) e a validade de constructo, explorada através de várias análises, nomeadamente, intercorrelações entre as dimensões teóricas, análise fatorial exploratória, análise fatorial confirmatória e teoria de resposta ao item (Beck & Gable, 2000; 2002), foram muito favoráveis. A sensibilidade, especificidade e valor preditivo associados aos pontos de corte da versão original foram muito bons (> 80%). Em comparação com a EPDS e com o BDI-II, a PDSS revelou as melhores combinações de sensibilidade e especificidade e as menores taxas de falsos positivos (FP) e falsos negativos (FN). Posteriormente, Beck e Gable (2003) desenvolveram uma versão reduzida da PDSS, constituída por 7 itens, um de cada dimensão. Esta também apresentou excelentes propriedades psicométricas e operativas.

Nos últimos anos, a PDSS tem vindo a ser alvo de outras validações em países de diferentes partes do mundo, mostrando sempre propriedades psicométricas e operativas muito favoráveis (e.g. Cantilino et al., 2002; Karaçam & Kitis, 2007; Vittayanont, 2006, Zubaran et al., 2010). Em todos estes estudos, a validade da PDSS para o rastreio da depressão perinatal foi investigada em função dos critérios de diagnóstico do DSM-IV (APA, 1994).

3. Fundamentação teórica

A depressão é a perturbação mental perinatal mais comum. É reconhecida internacionalmente como um grave problema de saúde pública, que necessita de prevenção, avaliação e intervenção por profissionais de saúde qualificados (Brokington, 2004). Os resultados de um estudo qualitativo multicêntrico mostraram que Portugal era, de entre os centros que participaram, um dos países em que a referida necessidade parecia ser menos considerada (Oates, 2004). A comprová-lo está o facto de, até termos realizado a validação da PDSS, não dispormos em Portugal de um instrumento de rastreio para a depressão perinatal, que fosse específico, simples e económico, e que estivesse devidamente validado.

O facto de termos pretendido validar a PDSS, não só no PPt, mas também na gravidez, vem de encontro às evidências científicas acumuladas na última década, que chamaram a atenção para a necessidade de uma mudança de perspetiva no sentido de alargar o foco de análise do período restrito do PPt para incluir todo o período perinatal, ou seja, a gravidez e primeiro ano após o parto (Austin & Priest, 2005).

Apesar de não existirem diferenças consideráveis a nível da fenomenologia, prevalência e curso entre a depressão perinatal e a depressão em outros períodos da vida da mulher (Riecher-Rössler & Rohde, 2009), têm sido identificadas algumas especificidades relativamente ao padrão de sinais e sintomas que afetam as mulheres que se encontram deprimidas neste período. A este respeito, salienta-se a diminuição de pensamentos e comportamentos suicidas e de humor triste, assim como o aumento de dificuldades de concentração/ decisão, agitação psicomotora, ansiedade, labilidade emocional e irritabilidade (Bernstein et al., 2008). É também comum as mulheres sentirem-se culpadas por não serem mães suficientemente boas ou inseguras acerca das suas capacidades parentais e terem preocupações excessivas e/ ou irracionais acerca do bem-estar e desenvolvimento do bebé; podem, por outro lado, considerar-se incapazes de sentir proximidade e interesse pelo bebé (Brockington, 2004). O humor triste não é necessariamente o primeiro ou o mais importante sintoma a causar sofrimento às mulheres. Na investigação de Dalton (1996), sobre os sintomas iniciais da DPP, os mais referidos eram ansiedade, agitação, irritabilidade e confusão mental, sendo que a tristeza vinha apenas em décimo lugar.

Em suma, reconhece-se hoje que se a mulher tiver predisposição (genética) para a depressão, a gravidez e o PPt podem funcionar como fatores precipitantes para o início da doença, de um episódio de recorrência ou influenciadores da sua sintomatologia e curso (Riecher-Rossler & Rohde, 2009). Quando isso acontece, as expetativas de felicidade e entusiasmo são substituídas por sentimentos de desespero, fracasso e incapacidade, pelo que se considera que "estes são os piores períodos da vida de uma mulher para ter uma depressão" (Hagen, 1999, p. 330). Também porque as suas consequências negativas são muito graves e afetam negativamente toda a família, nomeadamente o desenvolvimento dos filhos (Pereira et al., 2010; Pereira et al., 2011). Apesar do seu impacto negativo e do período perinatal oferecer excelentes oportunidades para proceder ao rastreio da depressão (as mulheres têm numerosos contactos com os serviços de saúde), a perturbação continua a não ser detetada em mais de 50% dos casos (Hewitt et al., 2009). A corroborar a pertinência da utilização dos questionários de rastreio da depressão perinatal estão as evidências de que estes são bem aceites por destinatárias e profissionais e de que a sua administração resulta em aumentos significativos nas taxas de deteção, diagnóstico e tratamento da perturbação (Hewitt et al., 2009).

4. Estudos realizados em Portugal

Os estudos de aferição e validação da PDSS para a população portuguesa foram desenvolvidos durante os trabalhos de doutoramento da primeira autora (Pereira, 2008) e inserem-se no âmbito mais geral de um projeto de investigação intitulado "Depressão pós-parto e Sono" (FCT, POCI/SAU-ESP/57068) realizado no Instituto de Psicologia Médica da Faculdade de Medicina da Universidade de Coimbra (IPM-FMUC).

Datas e objetivos

No ano de 2005, estipulámos como objetivo geral testar a adequação da PDSS para ser utilizada como instrumento de rastreio da depressão perinatal, o que foi operacionalizado através dos seguintes objetivos específicos: analisar as caraterísticas psicométricas e operativas da PDSS no período PPt e na gravidez; desenvolver as versões reduzidas da PDSS. Os dados foram recolhidos entre 2006 e 2008 nos Centros de Saúde e Maternidades da cidade de Coimbra.

Amostras e metodologia

O projeto teve a aprovação ética e a autorização das instituições competentes. Os critérios de inclusão, além de requererem que as participantes tivessem mais de 18 anos de idade e soubessem ler e escrever Português, exigiam que as suas gravidezes e bebés fossem saudáveis, isto é, sem complicações obstétricas ou doenças médicas graves associadas.

As mulheres responderam a uma bateria de questionários incluindo, entre outros, dados demográficos, a PDSS e a versão portuguesa do BDI-II (Coelho et al., 2000) e responderam a uma entrevista diagnóstica, a *Diagnostic Interview for Genetic Studies* (DIGS; Entrevista Diagnóstica para Estudos Genéticos; Azevedo et al., 1993), adaptada para a gravidez e para o PPt e a versão portuguesa do sistema OPCRIT (do inglês *OPerational CRITeria Checklist for Psychotic Illness*; Soares et al., 1997). Para chegar ao diagnóstico final foi utilizada uma metodologia alternativa aos processos clássicos de *lifetime best--estimate consensus diagnosis* (Azevedo et al., 1999), tomando as classificações oficiais - CID-10 (WHO, 1992) e DSM-IV (APA, 1994).

A subamostra de mulheres grávidas ficou constituída por 442 participantes. A idade média na altura do preenchimento era de 29.7 anos (DP=4.49; variação: 19-44). Grande parte das mulheres era nulípara (65.6%), casada ou a viver com o companheiro (87.7%); os níveis de escolaridade mais frequentes eram o ensino secundário (40.9%) e o superior (38.9%), mas todos os graus de ensino estavam representados. A maioria das mulheres empregadas encontrava-se a trabalhar aquando da participação (64.1%). A média de semanas de gestação era de 32.6 (DP=3.47; variação: 22-41).

A subamostra do PPt ficou composta por 452 participantes, das quais 251 (56.8%) tinham já experiência de gravidez. A idade média dos bebés era de 13.1 semanas (DP=1.84; variação: 8-21); 88.7% das mulheres eram primíparas e 90.9% estavam casadas ou em união de facto; os níveis escolares mais representados eram o ensino secundário (36.6%) e o superior (35.6%). A maioria das mulheres (77.1%) estava de licença de maternidade.

5. Resultados

Análises qualitativas dos itens
O processo de tradução da PDSS para português e outras análises qualitativas aos itens passou pela seguinte sequência: os autores da escala original autorizaram a utilização da escala e a Faculdade de Medicina obteve o *copyright* da PDSS junto da empresa *Western Psychological Services* (WPS); um primeiro rascunho da tradução foi feito por uma psicóloga, fluente em Inglês; este foi revisto por uma psiquiatra sénior com extensa experiência, tanto na tradução de instrumentos como no diagnóstico e tratamento de perturbações afetivas, incluindo

doenças mentais perinatais; seguidamente, um linguista sem conhecimento prévio do questionário procedeu à retroversão da PDSS; finalmente, mulheres que se encontravam deprimidas (incluindo na gravidez e no PPt) e mulheres que se encontravam no período perinatal participaram num estudo piloto para analisar a adequação do conteúdo e formato dos itens e das instruções, através do método da reflexão falada (Almeida & Freire, 2008). Com base nesta experiência foram incluídas algumas sugestões e realizadas pequenas modificações. Foram também testadas as adaptações que necessitámos de realizar a alguns itens da PDSS para a podermos aplicar também na gravidez (Bos, 2006).

Análises quantitativas dos itens
Para a execução deste trabalho realizaram-se sucessivas análises quantitativas, utilizando principalmente o programa SPSS (*Statistical Package for the Social Sciences*), versão 15.0. Para a grande maioria das análises, não se reuniram os pressupostos para aplicação dos testes paramétricos, pelo que foram privilegiados medidas e testes não paramétricos. Realizaram-se análises fatoriais através da análise de componentes principais seguidas de rotação *Varimax* para componentes com *eigenvalues* iguais ou superiores a um e procedeu-se aos cálculos relacionados com a fidelidade dos instrumentos de avaliação psicológica. Foram calculados coeficientes de correlação *Rho de Spearman* (r_s), bem como coeficientes de determinação, aplicados testes U de *Mann-Whitney* (para duas amostras independentes) e *Kruskal-Wallis* (para três ou mais amostras independentes). Procedeu-se à análise de curvas ROC, para determinar as estatísticas AUC e os pontos de corte e respetivas probabilidades condicionais ajustadas para a prevalência (esta última tarefa com o recurso ao *STATA*).

Precisão
No PPt a consistência interna, dada por um coeficiente alpha de Cronbach (α) de .96, foi muito boa. Os coeficientes α das sete dimensões foram também muito favoráveis, com uma variação de .80 (DAS) a .90 (PS). Tendo em conta que podemos considerar "bons" itens aqueles que se correlacionarem acima de .30 com o total (quando este não contém o item) (Kline, 2000) e que os itens que, quando retirados, fazem aumentar o α da escala não contribuem para a sua consistência interna podemos afirmar que todos os itens são representantes fidedignos do constructo que a escala mede e da sua dimensão específica.

Na gravidez a consistência interna do total foi também muito boa (α=.94). Também os coeficientes α das sete dimensões, variando de .75 (DAS) a .86 (Sui), apesar de ligeiramente inferiores aos obtidos no PPt, não deixam dúvidas quanto à boa consistência interna da escala completa. Todos os itens apresentam correlações com o total corrigido ≥.30 e, na grande maioria, as correlações são elevadas (≥.50), tal como com as respetivas dimensões. Os nossos resultados relativos à precisão são muito próximos aos reportados por outros autores (Beck & Gable, 2000; Cantinilo, 2003; Karaçam & Kitis, 2007; Vittayanont, 2003).

Validade
A validade de constructo foi estudada através da técnica de análise fatorial exploratória (AFE). Seguindo a sugestão de Kline (2000), consideramos que os "pesos" (*loadings*) com valores >.60 seriam elevados e, sendo nosso intuito reter um número mínimo mas explicativo de itens em cada fator, foi este o critério para a consideração de uma boa associação entre o item e o respetivo fator. No PPt, o teste KMO (*Kaiser-Meyer-Olkin*) foi igual a .95 e o teste de esfericidade de *Bartlett* levou a rejeitar a hipótese nula (p <.001), pelo que avançámos para a AF. Considerámos que a estrutura de quatro fatores era a mais compreensível. Esta explicou 61.94% da variância, sendo que os fatores 1, 2, 3 e 4 explicaram respetivamente 45.69%, 7.71%, 4.62% e 3.93% desta. As denominações dos fatores tiveram em conta o conteúdo dos itens e foram as seguintes: F1 (8 itens; α=.93), *Desrealização e Fracasso*; F2 (5 itens; α=.85), *Dificuldades de concentração e labilidade emocional*; F3 (5 itens; α=.83), *Ideação suicida e estigma*; F4 (3 itens; α=.84), *Dificuldades em dormir*. Catorze itens não foram incluídos em nenhum fator.

Na gravidez, um KMO=.941, considerado "muito bom" e uma significância estatística de p<.001 no teste de *Bartlett* legitimaram o uso da análise fatorial. Selecionámos também uma estrutura composta por quatro fatores, a qual explica 58.35% da variância, sendo que os fatores 1, 2, 3 e 4 explicam respetivamente 20.99%, 15.80%, 13.76% e 7.89% desta. A composição e, portanto, as denominações dos fatores foram semelhantes às referidas para o PPt: F1 (9 itens, α=.91), *Desrealização e fracasso*; F2 (7 itens; α=.85), *Dificuldades de concentração e ansiedade*; F3 (5 itens; α=.86), *Ideação suicida*; F4 (3 itens; α=.83) compõe-se dos três itens relacionados com as *Dificuldades em dormir*. Onze itens ficaram de fora desta estrutura da PDSS na gravidez. Em síntese, esta estrutura não coincide com a estrutura de dimensões teóricas proposta por Beck e Gable (2000), e sustentada por análise fatorial confirmatória. Encontram-se sobreposições no que toca às dimensões/fatores relacionados com a ideação suicida e com a dificuldade em dormir, mas, de um modo geral, os fatores, particularmente os primeiros dois, são um misto de itens pertencentes a diversas dimensões teóricas. O facto de não se confirmar na totalidade a teoria que esteve na base da construção dos itens por Beck e Gable (2000), não significa que a validade de constructo seja comprometida, visto que, depois de a realizar e comparar, possuímos mais informações acerca do que a PDSS mede na nossa população, sendo constructos semelhantes no PPt e na gravidez, e organizados numa matriz que não difere grandemente das estruturas fatoriais obtidas por outros autores (Beck & Gable, 2002; Karaçam & Kitis, 2007).

Versões reduzidas preliminares

Versão reduzida com base na consistência interna. Uma das hipóteses que ensaiámos para o desenvolvimento da versão reduzida da PDSS partiu essencialmente das dimensões teóricas. O procedimento consistiu em selecionar de cada dimensão o item que apresentava o mais elevado coeficiente de correlação com o total corrigido da dimensão, visto que, para além de cumprirem este critério objetivo, pareceram-nos relevantes e pertinentes do ponto de vista clínico (Tabela I). O coeficiente α de consistência interna desta versão, de .85, foi "muito bom" e todos os itens são "bons" ($r_s \geq .30$).

Tabela I. Itens que apresentam a mais elevada correlação com o total da dimensão corrigido (Pós-parto)

Dimensão	Item com maior correlação item – total da dimensão corrigido	PPt	Gravidez
Apetite/Sono (DAS)	22. dei voltas na cama durante muito tempo a tentar adormecer	.75	.69
Ansiedade/ Insegurança (AI)	9. senti-me verdadeiramente angustiada (oprimida)	.77	.68
Labilidade emocional (LE)	24. tenho andado muito irritável	.73	.68
Confusão mental (CM)	25. tenho tido dificuldades em tomar decisões mesmo simples	.77	.71
Perda do Self (PS)	33. não me senti real	.79	.71
Culpa/ Vergonha (CV)	34. senti que não era a mãe que desejava ser	.79	.67
Pensamentos suicidas (Sui)	14. pensei que a morte seria a única solução para sair deste pesadelo	.74	.76

Com o intuito de ensaiar também uma versão reduzida da PDSS para a gravidez, partimos do mesmo critério enunciado acima, o que resultou numa versão reduzida para a gravidez constituída pelos mesmos itens listados acima. O coeficiente α de consistência interna para a gravidez, de .74, foi adequado e os sete itens foram bons representantes do constructo medido pela escala ($r_s \geq .30$).

Versão reduzida com base na análise fatorial
Desenvolvemos outras versões reduzidas da PDSS com base nas estruturas fatoriais, cujo método consistiu na seleção dos itens que apresentam pesos fatoriais elevados com o seu fator (>.60). No PPt, tal conduziu à seleção de 21 itens, o que nos levou à denominação de PDSS-21; pela mesma razão, a versão para a gravidez foi denominada de PDSS-24. No PPt, a consistência interna foi "excelente" (α=.92); todos os itens foram bons representantes da escala. Na gravidez, o coeficiente α da PDSS-24 foi também "excelente", de .91; todos os itens se correlacionaram com o total corrigido acima de .30 e contribuíram para a consistência interna da escala.

Validade concorrente da PDSS e versões reduzidas
Critério 1: pontuações totais no BDI-II. A correlação entre as pontuações totais na PDSS (M=50.86; DP=18.497; Md=44; P25=38.00; P75=58.25) e no BDI-II (M=5.42; DP=5.633; Md=3; P25=2; P75=8) foi elevada, significativa e no sentido esperado, de r_s=.63 (p>.001), sendo, portanto, favorável à validade concorrente da PDSS no PPt (Loewenthal, 2001). Os coeficientes de correlação entre as pontuações dimensionais na PDSS e o mesmo critério revelaram-se todos significativos (p≤.001) e as magnitudes de "moderadas" ($r_s \geq .30$; DAS, PS) a "elevadas" (≥.50; AI, LE, CM), à exceção da correlação com a dimensão Sui, cujo coeficiente foi baixo (r_s=.16).

Quanto à PDSS-21, o coeficiente de correlação entre as suas pontuações totais médias (M=31.22; DP=11.235; Md=27; P25=23.00; P75=36.00) e as pontuações totais médias no BDI-II, foi também elevado, de .62 (p≤.001) e no sentido esperado. Entre as pontuações fatoriais dos 4 fatores que levaram ao desenvolvimento da PDSS-21 e o mesmo critério, os coeficientes de correlação foram igualmente todos significativos, com as magnitudes a apresentarem grande variação, sendo a mais elevada de .64 (p≤.001) com o F2 e a mais reduzida de .11 (p≤.005) com o F4.

As pontuações totais médias na PDSS-7 (M=10.30; DP=4.301; Md=9.00; P25=7.00; P75=12.00) também se correlacionaram positiva e significativamente com o BDI-II (.575; p<.001) e com a soma dos restantes 28 itens da versão completa (.865; p<.001), abonando a favor da validade concorrente desta versão reduzida para o PPt.

Na gravidez, a correlação entre as pontuações totais na PDSS (M=53.30; DP=16.526; Md=49; P25=41; P75=62) e no BDI-II (M=7.36; DP=5.778; Md=6; P25=4; P75=9) foi elevada, de rS=.68 (p>.001), evidenciando a boa validade concorrente da PDSS na gravidez, que, tendo em conta este critério e método, mostra-se ligeiramente superior à obtida no PPt. Também os coeficientes de correlação entre as pontuações dimensionais na PDSS e BDI-II, a variarem de .22 (p<.001; Sui) a .65 (p<.001; LE) atestaram a boa validade concorrente das dimensões. Entre as pontuações totais médias na PDSS-24 (M=36.81; DP=11.162; Md=34.00; P25=28.00; P75=42.00) e no BDI-II, a correlação foi de .67 (p≤.001), a qual, tal como já acontecia na versão completa, é ligeiramente superior ao coeficiente relativo ao PPt. As pontuações fatoriais também apresentaram correlações com o BDI-II a variarem de .64 (p<.001; F2) a .50 (p<.001; F4). A validade concorrente da PDSS-7 para a gravidez foi também comprovada pelo coeficiente de correlação elevado (.63, p<.001) entre as suas pontuações médias (M=11.08; DP=3.91; Md=10.00; P25=8.00; P75=14.00) e as do BDI-II. Em suma, a validade concorrente da PDSS utilizando como critério o BDI-II é boa e a das versões reduzidas é muito aproximada e, para todas as versões, é mais elevada na gravidez do que no PPt.

Critério 2: diagnóstico DIGS/OPCRIT. Para a validação da PDSS, PDSS-21/ 24 e PDSS-7 utilizámos diferentes critérios baseados no diagnóstico: (1) 2 grupos: Não afetadas vs. Com Depressão *Major*/DSM-IV; (2) 2 grupos: Não afetadas vs. Com Depressão/CID-10 (inclui as seguintes categorias diagnósticas: depressão *major*/DSM-IV; Depressão ligeira, Depressão ligeira com síndroma somático, Depressão moderada, Depressão moderada com síndroma somático, Depressão grave sem sintomas psicóticos; (3) 3 grupos: (a) Não afetadas, (b) Com Depressão ligeira/moderada e (c) Com Depressão ligeira/ moderada com síndroma somático ou grave sem sintomas psicóticos/CID-10. Critério 1: Comparando as mulheres Não afetadas vs. Com Depressão major/ DSM-IV, grupos constituídos por 434 (96.0%) vs 18 (4.0%) mulheres no PPt e 435 (98.6%) vs 6 (1.4%) na gravidez, verificámos a existência de diferenças significativas entre todas as medidas, sendo as únicas exceções a pontuação fatorial F4 *Dificuldades em dormir* no PPt e a pontuação dimensional de *Perda do Self* na gravidez.

Critério 3: Quanto à constituição de grupos segundo o CID-10, as mulheres não afetadas em relação às mulheres Com Depressão/CID-10 (430, 95.1% vs 22, 4.9% no PPt e 427, 96.8% vs 14, 3.2% na gravidez) apresentaram pontuações significativamente inferiores em todas as pontuações, com a única exceção da pontuação de F4 *Dificuldades em dormir* no PPt. O facto deste fator não distinguir entre mulheres com e sem Depressão pode estar relacionado com o facto de as dificuldades em dormir serem relativamente normativas no PPt (Bernstein et al., 2008). As dificuldades em dormir parecem pois distinguir melhor mulheres grávidas com e sem depressão.

Critério 4: De forma análoga, formando três grupos com base na CID-10, mulheres não afetadas vs. com Depressão ligeira ou moderada vs. com Depressão ligeira/moderada com síndrome somático ou grave sem sintomas psicóticos (cujo tamanho foi respetivamente de 430/95.1% vs. 10/2.2% vs. 12/2.7% no PPt e de 427/96.8% vs. 6/1.4% vs. 8/1.8% na gravidez) verificámos que a maioria das medidas distingue-se significativamente entre estes. No PPt as únicas exceções foram a pontuação dimensional *Pensamentos Suicidas* e a pontuação fatorial F4 *Ideação Suicida e Estigma*, que não diferiram entre os grupos 2 e 3. Este resultado particular não foi inesperado, visto que a ideação suicida é pouco frequente no PPt (e.g., Bernstein et al., 2008), sendo que, no nosso estudo, as percentagens de respostas sintomáticas aos itens que a avaliam (sempre menos de 1%) foi bastante inferior à que obtivemos para mulheres com o diagnóstico de depressão. Na gravidez, algumas pontuações dimensionais/fatoriais não se distinguiram entre os grupos 1 vs. 2 e/ou 2 vs. 3, mas entre os grupos mais extremados, 1 vs 3, distinguiram-se em todas as pontuações.

6. Procedimentos de aplicação e correção

Como qualquer questionário de autoresposta, a aplicação e cotação da PDSS e versões reduzidas é muito simples, consistindo apenas na soma das pontuações aos itens correspondentes. Não há itens invertidos. Para o preenchimento da escala a tarefa solicitada à mulher é que faça um círculo à volta da opção de resposta que melhor descreve como se tem sentido nas duas últimas semanas, demorando apenas 5 a 10 minutos a ser preenchida. A PDSS deve ser introduzida como uma medida que contém afirmações que descrevem o modo como as recém mães podem estar a sentir-se após o nascimento dos bebés, comunicando a ideia de que é normal este período ser acompanhado por sentimentos quer positivos quer negativos, de modo a diminuir o estigma e a potenciar a honestidade.

7. Interpretações dos resultados

Dimensões avaliadas e sua explicação
Os resultados podem ser interpretados de acordo com a pontuação total, as pontuações dimensionais e/ou fatoriais e as respostas aos itens individuais. As pontuações nas escalas de sintomas permitem caraterizar o perfil individual de cada mulher, facilitando o desenvolvimento de planos terapêuticos individualizados. Se uma mulher tem uma pontuação elevada numa destas escalas, tal indica que a mesma tem mais problemas nesta área específica. Uma vez que todos os itens estão escritos no sentido da perturbação, a concordância com cada um deles indica a presença do sintoma e pode ajudar a clarificar o padrão sintomatológico da mulher (Beck & Gable, 2002).

Normas, critérios ou parâmetros
Recorremos à análise das Curvas ROC para estabelecer os pontos de corte (PCs) para a PDSS, PDSS-21/24 e PDSS-7, para comparação entre as probabilidades condicionais associadas a estes e aos PC do BDI-II e para obter a estatística AUC. Uma vez que a sensibilidade e o VPP dependem não apenas das caraterísticas psicométricas dos instrumentos, mas também da prevalência da doença na população em estudo (Smits et al., 2007), os PCs foram ajustados para a prevalência, de modo a remover o efeito da classificação artificial por assimetria entre os grupos. Foram obtidos PC e respetivos parâmetros de validade para diferentes tipos de rastreio: (1) Depressão *Major*/DSM-IV; (2) Depressão/CID-10; (3) Depressão ligeira/moderada com síndroma somático ou grave sem sintomas psicóticos/CID-10. Deste conjunto de análises apresentamos o seguinte resumo sintético:

(i) As AUC foram indicativas de precisão elevada no PPt e precisão elevada na gravidez. Verificou-se, para todos os tipos de rastreio, a sobreposição entre os respetivos intervalos de confiança de 95% das AUCs, o que indica que os quatro instrumentos não se distinguem significativamente (p<.05) uns dos outros quanto à sua acuidade geral para o rastreio, ou seja, relativamente a este parâmetro, nenhum é superior aos outros.

(ii) Os pontos de corte ajustados para a prevalência foram os seguintes: Rastreio de Depressão Major/DSM-IV – Pós-parto: PDSS, 69; BDI-II, 11; PDSS-21, 43; PDSS-7, 15; Gravidez: PDSS, 63; BDI-II, 12; PDSS-21, 44; PDSS-7, 14; Rastreio de Depressão/CID-10 - Pós-parto: PDSS, 67; BDI-II, 11; PDSS-21, 41; PDSS-7, 14; Gravidez: PDSS, 62; BDI-II, 10; PDSS-21, 43; PDSS-7, 14; Depressão ligeira/moderada com síndrome somático ou grave sem sintomas psicóticos/CID-10: Pós-parto: PDSS, 80; BDI-II, 13; PDSS-21, 49; PDSS-7, 18; Gravidez: PDSS, 67; BDI-II, 11; PDSS-21, 46; PDSS-7, 15.

(iii) Todos os instrumentos apresentam combinações de sensibilidade e especificidade razoáveis, superiores a 80%, tendo em conta os tipos de rastreio 1 e 2, e superiores a 90% considerando o tipo de rastreio 3.

(iv) Relativamente às taxas de FP e de FN para os tipos de rastreios 1 e 2 as percentagens de mulheres classificadas erradamente como tendo vs. não tendo depressão no período perinatal rondarão os 15% (ou mais, na gravidez), percentagem um pouco mais elevada se o rastreio for levado a cabo com as versões reduzidas. As taxas de FP e FN são menos problemáticas para o tipo de rastreio 3, particularmente no PPt, onde os valores são inferiores a 10%. Neste tópico, consideramos importante referir que várias investigações têm convergido na conclusão de que os FP tendem a apresentar níveis elevados de psicopatologia, sintomatologia depressiva e prejuízo funcional, justificando que sejam identificados para que lhes possa ser oferecida ajuda (Solomon et al., 2001).

(v) De um modo geral, as combinações de sensibilidade, especificidade e valor preditivo (em redor dos 20% para todos os instrumentos e para os tipos de rastreio 1 e 2 e entre os 30-60% para o tipo de rastreio 3) revelaram-se ligeiramente inferiores às reportadas por outros estudos levados a cabo com a PDSS e com o BDI-II, para rastreio de Depressão *Major*/DSM-IV. Isso pode ser explicado, pelo menos em parte, pela elevada prevalência, dado que esta influencia o VPP, fazendo-o aumentar na proporção daquela (Eberhard--Gran et al., 2001).

(vi) O BDI-II mostrou acuidade para o rastreio de depressão muito próxima da PDSS, particularmente para rastreio de Depressão *Major*/DSM-IV. Este achado não é surpreendente pois o BDI-II foi desenhado para cobrir os critérios deste sistema de classificação. Já no que toca ao rastreio de Depressão ligeira/moderada com síndroma somático ou grave sem sintomas psicóticos/CID-10, a PDSS revelou-se francamente superior ao BDI-II. Além disso, a PDSS tem a vantagem de providenciar uma avaliação de sintomas e dificuldades mais caraterísticas da vivência da doença nestes períodos específicos da vida da mulher.

(vii) As versões reduzidas mostraram-se muito equivalentes entre si em termos da sua precisão para o rastreio de depressão e apenas ligeiramente inferiores à versão completa, sendo as diferenças mais proeminentes ao nível das taxas de FP e FN. Podemos pois considerá-las alternativas viáveis à versão completa, igualmente válidas e precisas, mas mais rápidas e económicas.

(viii) A PDSS, apesar de ter sido construída para o rastreio de depressão no PPt, também revela validade para servir esta tarefa na gravidez, bem como a sua versão reduzida PDSS-24.

8. Avaliação crítica

Vantagens e potencialidades do instrumento
Desde o primeiro contacto que a nossa equipa teve com a PDSS, que os itens que a compõem nos pareceram apresentar boa validade facial, nomeadamente em comparação com os da EPDS. Consideramos que o facto de ter sido especificamente construída para avaliação da depressão perinatal constitui a principal vantagem da PDSS.

No entanto, outras potencialidades da PDSS devem ser salientadas. A possibilidade de recorrer às dimensões ou fatores facilita um perfil relativo às especificidades da sintomatologia de cada mulher. De grande utilidade são também os itens relativos a dimensão *Sui*, já que fornecem aos profissionais de saúde a oportunidade de agirem preventivamente.

Pensamos que o uso de escalas de rastreio como a PDSS pode facilitar o diálogo entre a mulher e o profissional de saúde, criando um clima de abertura no qual a mulher poderá sentir-se mais encorajada a falar das suas dificuldades e a procurar ajuda. Acreditamos ainda que a escala pode facilitar a legitimação cultural da DPP e fazer com que profissionais de saúde menos familiarizados com a doença fiquem mais atentos para o sofrimento que a mesma acarreta.

De um ponto de vista de investigação, a PDSS e as versões reduzidas podem ser muito úteis em estudos epidemiológicos, nomeadamente em estudos transculturais no espaço da Lusofonia.

Limitações

O facto de a escala ser composta por 35 itens é um aspeto menos positivo, pois um dos requisitos fundamentais de um instrumento de rastreio é que seja curto e económico. No entanto, uma alternativa a considerar em caso de falta de tempo ou de recursos será administrar as versões reduzidas PDSS-7 e PDSS-21/24 que, como referido, revelaram parâmetros de precisão e validade muito semelhantes aos da versão completa.

A administração da PDSS terá sempre a desvantagem de fazer emergir uma quantidade considerável de FN (em redor dos 15-20%). Em contrapartida, se for utilizada como primeiro passo de um processo de identificação de casos em que os positivos são posteriormente reavaliados quanto à presença de diagnóstico, o que corresponde, de resto, ao modo como devem ser abordados os instrumentos de rastreio, então os FP serão revelados como tal.

Futuros desenvolvimentos

Consideramos importante estudar a aceitabilidade da PDSS por profissionais e destinatárias, a sua aplicabilidade na prática clínica e o efeito da sua administração nas taxas de mulheres detetadas e nos *resultados* clínicos das que, nesta sequência, poderão ter acesso a intervenção. Não menos importante será a análise dos custos associados aos FN e aos FP, o que poderá melhorar a fundamentação das escolhas relativas à sensibilidade e à especificidade, no sentido de maximizar a equação de custo-eficácia.

Outro aspeto que poderá ser testado é o da administração da PDSS através da Internet. Esta ideia fundamenta-se no facto de atualmente as mulheres representarem mais de metade dos utilizadores da Internet e deste recurso ser cada vez mais promissor para a realização de atividades de investigação, avaliação, rastreio e até intervenção em perturbações depressivas (Emmelkamp, 2005).

9. Bibliografia fundamental

Almeida, L.S., & Freire T. (2008). *Metodologia da Investigação em Psicologia e Educação* (5ª Edição Revista e Ampliada). Braga: Psiquilíbrios.

Austin, M.P., & Priest, S.R. (2005). Clinical issues in perinatal mental health: new developments in the detection and treatment of perinatal mood and anxiety disorders. *Acta Psychiatrica Scandinavica, 112*, 97-104.

Azevedo, M.H.P., Dourado, A., Valente, J., Macedo, A., Coelho, I., Pato, M., & Pato, C. (1993). The Portuguese-Language version of the Diagnostic Interview for Genetic Studies. *Psychiatric Genetics, 3*, 188-194.

Azevedo, M.H.P., Soares, M.J., Coelho, I., Dourado, A., Valente, J., Macedo, A., Pato, M., & Pato, C. (1999). Using Consensus Opcrit Diagnosis: An Efficient Procedure for Best Estimate Lifetime Diagnoses. *British Journal of Psychiatry, 174*, 154-157.

Beck, A.T., Ward, C., & Mendelson, M. (1961). Beck Depression Inventory (BDI). *Archives of General Psychiatry, 4*, 561-571.

Beck, C. T., & Gable, R. K. (2002). *Postpartum Depression Screening Scale manual*. Los Angeles: Western Psychological Services.

Beck, C.T., & Gable, R.K. (2000). Postpartum Depression Screening Scale: Development and psychometric testing. *Nursing Research, 49*, 272-282.

Beck, C.T., & Gable, R.K. (2001a). Further validation of the Postpartum Depression Screening Scale. *Nursing Research, 50*, 155-164.

Beck, C.T., & Gable, R.K. (2001b). Comparative analysis of the performance of the Postpartum Depression Screening Scale with two other depression instruments. *Nursing Research, 50*, 242-250.

Bernstein, I.H., Rush, A.J., Yonkers, K., Carmody, T.J., Woo, A., McConnell, K., & Trivedi, M.H. (2008). Symptom features of postpartum depression: are they distinct? *Depression and Anxiety, 25*, 20-26.

Bos, S., Pereira, A.T., Maia, B.R., Marques, M., Soares, M.J., Gomes, A. A., & Azevedo, M. H. (2006). A *Postpartum Depression Screening Scale*. Versão experimental portuguesa. (pp. 241-249). In Machado, C., Almeida, L., Gonçalves, M., Guibade, M., Ramalho, V. (Eds.), *Actas da XI Conferência Internacional Avaliação Psicológica: Formas e Contextos*. Braga: Psiquilíbrios.

Brockington, I. (2004). Postpartum psychiatric disorders. *Lancet, 363*, 303-310.

Cantilino, A., Carvalho, J.A., Maia, A., Albuquerque, C., Cantilino G., & Sougey, E.B. (2007). Translation, validation and cultural aspects of postpartum depression screening scale in Brazilian Portuguese. *Transcultural Psychiatry, 44*, 672-684.

Coelho, R., Martins, A., & Barros, H. (2002). Clinical profiles relating gender and depressive symptoms among adolescents ascertain by the Beck Depression Inventory II. *European Psychiatry, 17*, 222-226.

Cox, J., Holden, J., & Sagovsky, R. (1987). Detection of post natal depression. Development of the 10 items EPDS. *British Journal of Psychiatry, 150*, 782-786.

Dalton, K. (1996). *Depression after delivery* (3rd ed.). Oxford, UK: Oxford University Press.

Eberhard-Gran, M., Tambs, K., Opjordsmoen, S., Skrondal, A., & Eskild, A. (2004). Depression during pregnancy and after delivery: a repeated measurement study. *Journal of Psychosomatic Obstetrics and Gynaecology, 25*, 15-21.

Emmelkamp, P.M.G. (2005). Technological innovations in clinical assessment and psychotherapy. *Psychotherapy and Psychosomatics, 74*, 336–343.

Hewitt, C., Gilbody, S., Brealey, S., Paulden, M., Palmer, S., Mann, R., Green, J., Morrell, J., Barkham, M., Light, K., & Richards, D. (2009). Methods to identify postnatal depression in primary care: an integrated evidence synthesis and value of information analysis. *Health Technology Assessment, 13*, 147-230.

Karaçam, Z., & Kitis, Y. (2007). The Postpartum depression Screening Scale: Its Relability and Validity for Turkish Population. *Turk Psikiyatri Dergisi, 18*, 1-13.

Kline, P. (2000). *The handbook of psychological testing* (2nd ed.). New York: Routledge.

Oates, M.R., Cox, J.L., Neema, S., Asten, P., Glangeaud-Freudenthal, N., Figueiredo, B., Gorman, L.L., Hacking, S., Hirst, E., Kammerer, M.H., Klier, C.M., Seneviratne, G., Smith, M., Sutter-Dallay, A.L., Valoriani, V., Wickberg, B., Yoshida, K., & TCS-PND Group (2004). Postnatal depression across countries and cultures: a qualitative study. *British Journal of Psychiatry, 46*(Suppl.), s10-6.

Pereira, A.T. (2008). *Postpartum Depression Screening Scale*. Tese de Doutoramento em Ciências Biomédicas apresentada à Faculdade de Medicina da Universidade de Coimbra.

Pereira, A.T., Bos, S.C., Marques, M., Maia, B., Soares, M.J., Valente, J., Gomes, A., Macedo, A., & Azevedo, M.H. (2011). The Portuguese version of the Postpartum Depression Screening Scale – Is it valid to screen for antenatal depression? *Archives of Women's Mental Health, 14*, 227-238.

Pereira, A.T., Bos, S., Marques, M., Maia, B.R., Soares, M.J., Valente, J., Gomes, A., Macedo, A., & Azevedo, M.H. (2010). The Portuguese version of the Postpartum Depression Screening Scale. *Journal of Psychosomatic Obstetrics and Ginecology, 31*, 90-100.

Riecher-Rossler A. (2010). Prospects for the classification of mental disorders in women. *European Psychiatry, 25*, 189-196.

Soares, M.J., Dourado, A., Macedo, A., Valente, J., Coelho, I., & Azevedo, M.H. (1997). Estudo de Fidelidade da Lista de Critérios Operacionais para Doenças Psicóticas. *Psiquiatria Clínica, 18*, 11-24.

Solomon, A., Haaga, D.A., & Arnow, B.A. (2001). Is clinical depression distinct from subthreshold depressive symptoms? A review of the continuity issue in depression research. *Journal of Nervous Mental Diseases, 189*, 498-506.

Vittayanont, A., Liabsuetrakul, T., & Pitanupong, J. (2006). Development of Postpartum Depression Screening Scale (PDSS): a Thai version for screening postpartum depression. *Journal of the Medical Association of Thailand, 89*, 1-7.

Wisner, K.L., Chambers, C., & Sit, D.K. (2006). Postpartum depression: A major public health problem. *Journal of the American Medical Association, 296*, 2616-2618.

Zubaran, C., Schumacher, M.V., Foresti, K., Thorell, M.R., Amoretti, A., & Müller, L. (2010). The Portuguese version of the Postpartum Depression Screening Scale-Short Form. *Journal Obstetric Gynaecology Research, 36*, 950-957.

10. Material
O material do teste é constituído por uma única página de resposta que inclui a sua denominação, autores e respetiva afiliação, as instruções e os itens.

11. Edição e distribuição
Os autores autorizam a utilização da escala e fornecem cópia da(s) versão(ões) portuguesa(s) e estão disponíveis para o fornecimento de informação mais detalhada em relação às normas e aos pontos de corte.

12. Contacto dos autores
Ana Telma Pereira, Instituto de Psicologia Médica, Faculdade de Medicina de Coimbra, Rua Larga, 3004-504 – Coimbra, Portugal; Telf: + 351 239 857 759; Fax: + 351 239 823170; endereço electrónico: apereira@fmed.uc.pt

NOTA: Trabalho financiado pela Fundação para a Ciência e Tecnologia, no âmbito do projeto "Depressão pós-parto e Sono" (POCI/SAU-ESP/57068). Agradecemos a todas as mulheres que aceitaram participar, oferecendo-nos o seu tempo num período tão preenchido e fatigante das suas vidas.

INVENTÁRIO DE DEPRESSÃO DE BECK (BDI-II)

Fernando Oliveira-Brochado[1], Mário R. Simões[2], & Constança Paúl[3]

1. Indicações

Dimensões avaliadas
O Inventário de Depressão de Beck, segunda edição (BDI-II; Beck, Steer, & Brown, 1996) é um inventário de autorelato, constituído por 21 itens que medem os sintomas cognitivos, afetivos e somáticos da depressão.

População-alvo
O BDI-II permite medir a presença e a gravidade da sintomatologia depressiva em adultos e adolescentes com mais de 13 anos, podendo ser administrado em populações clínicas e não-clínicas (Beck et al., 1996).

2. História

O BDI foi originalmente desenvolvido com o propósito de avaliar e registar a gravidade da depressão em populações psiquiátricas, de modo a possibilitar o estudo da evolução das alterações na sintomatologia depressiva e a análise do resultado de um dado tratamento num período de várias semanas, por parte dos terapeutas. O BDI foi desenvolvido como um instrumento para avaliar

---

[1] Bolseiro de Doutoramento da FCT. ICBAS (Universidade do Porto).
[2] Laboratório de Avaliação Psicológica, CINEICC. Faculdade de Psicologia e de Ciências da Educação da Universidade de Coimbra.
[3] Departamento de Ciências do Comportamento. ICBAS (Universidade do Porto).

o *estado* e não o *traço* depressivo ou como ferramenta de diagnóstico (Beck et al., 1961). O BDI/BDI-II é um dos instrumentos mais utilizados e extensivamente estudados, cuja utilidade está bem documentada nas numerosas investigações publicadas (Shafer, 2006).

Desde a sua versão original (Beck et al., 1961) o BDI foi sujeito a várias alterações: as mais importantes das quais deram origem ao BDI-IA (Beck & Steer, 1993) e ao BDI-II (Beck et al., 1996). Tanto o BDI-IA (a primeira revisão do BDI), como o BDI-II (segunda edição) solicitam aos participantes para escolher, em cada um dos 21 itens, a afirmação que melhor descreve o modo como se têm sentido nas '*últimas duas semanas*', incluindo o dia da administração do inventário (Beck et al., 1996).

Desde o seu desenvolvimento, o BDI-II tem sido utilizado em populações clínicas e não clínicas em várias culturas. Os estudos sobre as propriedades psicométricas do BDI-II, reforçam a ideia de validade e a fiabilidade dos resultados que é possível obter com esta nova versão. Estes estudos têm sido realizados nos EUA (e.g., Steer, Kumar, Ranieri, & Beck, 1998), no Canadá (e.g., Viljoen, Iverson, Griffiths, & Woodward, 2003) e, com menos frequência, na Europa (e.g., Arnarson et al., 2008). Existem igualmente estudos de adaptação e validação em países como o Japão (Kojima et al., 2002), China (Chang, 2005), Turquia (Kapci et al., 2008) e países do Médio-Oriente (Alansari, 2006). Existe uma versão reduzida do BDI-II (Beck et al., 2000), o *BDI FastScreen for Medical Patients* (BDI-FS), também conhecido por *BDI Primary Care* (BDI-PC) ou *BDI Short Form* (BDI-SF), contendo apenas 7 itens cognitivo-afetivos do BDI-II. Esta versão reduzida avalia a sintomatologia depressiva em indivíduos com problemas de dependência do consumo de substâncias e problemas biomédicos.

3. Fundamentação teórica

Os itens do BDI-II encontram-se refletidos nos critérios de diagnóstico da depressão *Major* descritos no DSM-IV-TR (Manual de Diagnóstico e Estatística das Perturbações Mentais, 4.ª Edição, Texto Revisto; *American Psychiatric Association* [APA], 2000; traduzido para português em 2002), a saber: 'Tristeza', 'Pessimismo', 'Fracassos Passados', 'Perda de Prazer', 'Sentimentos de Culpa', 'Sentimentos de Punição', 'Auto-Depreciação', 'Auto-Criticismo', 'Pensamentos ou Desejos Suicidas', 'Choro', 'Agitação', 'Perda de Interesse', 'Indecisão', 'Sentimentos de Inutilidade', 'Perda de Energia', 'Alterações no Padrão do Sono', 'Irritabilidade', 'Alterações no Apetite', 'Dificuldades de Concentração', 'Cansaço ou Fadiga' e 'Perda de Interesse Sexual'. A depressão é uma das perturbações psiquiátricas mais frequentes e, do ponto de vista social, uma das que tem mais impacto, interferindo em todos os níveis da experiência vivencial do indivíduo: física, cognitiva, comportamental, emocional, relacional e social.

Estudos epidemiológicos recentes demonstram que a depressão, representa já a segunda causa, entre mais de 100 patologias avaliadas, de anos vividos com incapacidade e de anos de vida com saúde perdidos, e estima-se que passará para primeira causa em 2020 (European Comission [EC], 2005) sendo mesmo comparável a doenças físicas crónicas (Merikangas et al., 2007). Ao mesmo tempo, das 10 principais causas de incapacidade em Portugal, 5 são perturbações psiquiátricas, entre as quais a perturbação depressiva (Coordenação Nacional para a Saúde Mental [CNSM], 2008). Neste contexto, e de acordo com o Inquérito Nacional de Saúde 2005/2006 (Instituto Nacional de Saúde Dr. Ricardo Jorge, & Instituto Nacional de Estatística [INSA/INE], 2009), a depressão, com 5 a 10% de prevalência, ocupa o 4.º lugar nas doenças crónicas referidas com maior frequência em Portugal, logo a seguir a tensão arterial alta (1.ª), doença reumática (2.ª) e dor crónica (3.ª). De acordo com o indicado no Plano Nacional de Saúde 2004-2010 (Direcção-Geral da Saúde [DGS], 2004), a depressão pode atingir cerca de 20% da população, tendendo a aumentar nos próximos anos. Em conjunto com a esquizofrenia, a depressão é responsável por 60% dos suicídios. Outras investigações referem que a depressão está igualmente associada ao desenvolvimento de doenças orgânicas, afetando a resistência do ser humano a essas doenças, tornando-o mais vulnerável (*e.g.*, Kroenke, 2003). A depressão é também uma perturbação bastante recorrente, com uma idade cada vez mais baixa para a ocorrência do primeiro episódio (Boland & Keller, 2009), aumentando, igualmente, a dificuldade no desempenho de diversos papéis resultando num funcionamento global 'pobre' (Wells et al., 1989), suscetível de gerar diminuição da produtividade e aumento do absentismo (*e.g.*, Merikangas et al., 2007), redução no desempenho escolar (Kessler & Frank, 1997), problemas conjugais como o aumento de conflitos, o divórcio ou a separação (Kessler & Walters, 1998), e está associada a variáveis como baixo estatuto socioeconómico, rendimentos baixos e desemprego (Danziger, Carlson, & Henly, 2001). O não tratamento da depressão gera uma procura recorrente de cuidados de saúde primários, devido a queixas vagas de sintomas físicos (i.e., somáticos) (Kroenke, 2003).

Mais recentemente, o "Estudo Epidemiológico Nacional de Morbilidade Psiquiátrica: prevalência, fatores de risco, carga social e económica e utilização de serviços" refere que Portugal é o país da Europa com a maior prevalência de doenças mentais na população (Estudo Epidemiológico Nacional de Saúde Mental cit. in Furtado, Ribeirinha, & Gaspar, 2010). No ano de 2009, um em cada cinco portugueses sofreu de uma doença psiquiátrica (23%) e, aproximadamente metade (43%) já teve uma destas perturbações durante a vida. O estudo, com uma amostra total de 3849 indivíduos adultos de 258 localidades portuguesas revelou que a perturbação depressiva atingia valores de 7.9% em 2010 (Caldas de Almeida & Xavier, 2010).

4. Estudos realizados em Portugal

Data e objetivos
Os primeiros trabalhos realizados em Portugal com o BDI original (Beck et al., 1961) foram efetuados por Vaz-Serra, em 1972, na sua tese de doutoramento e na validação do instrumento para uma amostra clínica (e.g., Vaz-Serra & Pio Abreu, 1973a; 1973b). A primeira versão disponível do BDI-II validada para Portugal (Coelho et al., 2002; Strauss, Sherman, & Spreen, 2006) foi escolhida e objeto de autorização escrita para esta investigação. A tradução portuguesa do BDI-II utilizada nesta investigação (Martins, 2000; versão portuguesa e autorizada pelo autor para a realização destes estudos) foi efetuada por dois professores de um Instituto de Inglês, de nacionalidades (e línguas mãe) portuguesa e inglesa, com base numa abordagem de tradução que combinou vários métodos ('multistep strategy'), de forma a maximizar a equivalência deste instrumento para Portugal. Os passos seguidos foram: tradução direta (inglês-português), tradução inversa (português-inglês) e, por fim, uma comparação das duas versões para verificar se existiam discrepâncias e efetuar uma correção da tradução original. Após este processo, foram considerados os mesmos itens e a cotação da escala foi a indicada pelos autores da versão original (Beck et al., 1996). O BDI-II tem vindo a ser um ins-

trumento cada vez mais utilizado em Portugal. No entanto, os nove estudos portugueses já publicados com o BDI-II têm utilizado amostras de dimensão relativamente reduzida e centram-se, especialmente, em amostras de adolescentes (e.g., Martins, Coelho, & Barros, 1997; Martins, Coelho, Ramos, & Barros, 2000; Coelho et al., 2002; Oliveira-Brochado & Oliveira-Brochado, 2008); em estudantes universitários (e.g., Campos, 2006; Campos & Gonçalves, 2011); em amostras clínicas (e.g., Campos & Gonçalves, 2009) ou em populações específicas (e.g., gravidez; Carvalho et al., 2009); como medida para examinar a validade concorrente de outro instrumento de avaliação da depressão (Pereira et al., 2011).

Amostra e procedimento
A população alvo para o presente estudo é constituída pelos indivíduos residentes em Portugal (Portugal Continental, Região Autónoma dos Açores - RAA - e Região Autónoma da Madeira - RAM), com idades compreendidas entre os 15 e os 64 anos. No estudo aqui apresentado é utilizada uma amostra não aleatória por quotas inter-relacionadas e com repartição proporcional (Vicente, Reis, & Ferrão, 2001). Foram consideradas três variáveis na definição das quotas: género (feminino e masculino), grupo etário (15-24, 25-39, 40-54 e 55-64 anos) e local (NUT II) de residência (Norte, Centro, Lisboa, Alentejo, Algarve, RAA e RAM). A escolha das variáveis género e idade decorre do seu conhecido impacto no comportamento depressivo. A inclusão da variável zona geográfica responde às propostas divulgadas na literatura (e.g., Kendler & Prescott, 2006) e é também consistente com as opções do Inquérito Nacional de Saúde (CNSM, 2008) que consideram, igualmente, a variável geográfica no plano de amostragem. O dimensionamento da amostra foi efetuado, numa primeira etapa, com recurso ao método de análise da potência e, em particular, ao método considerado em processos de amostragem aleatória estratificada (Vicente et al., 2001). Considerou-se a fórmula para a proporção num cenário pessimista (variância máxima), com um nível de confiança de 95%, um erro de precisão de 2% e correção para populações finitas. Para satisfazer estes requisitos foi necessária a obtenção de 2401 inventários válidos. Sendo aplicado um processo de amostragem por quotas proporcional, a repartição pelos grupos encontra-se na Tabela I.

Tabela I. Dimensionamento da amostra normativa, por género, faixa etária e NUT II

Grupo Etário	Norte		Centro		Lisboa		Alentejo		Algarve		R.A. Açores*		R.A. Madeira#		
	H	M	H	M	H	M	H	M	H	M	H	M	H	M	Total
15-24	81	78	47	45	50	48	14	13	8	8	6	6	6	6	416
25-39	147	148	89	87	111	110	28	26	16	15	10	10	10	10	817
40-54	134	141	82	84	93	101	26	26	15	15	8	8	8	9	750
55-64	66	73	44	49	57	65	15	16	8	9	4	4	4	4	418
Total	428	440	262	265	311	324	83	81	47	47	28	28	28	29	2401

H=Homem; M=Mulher; N=2401; *=Ilha de S.Miguel; #=Funchal. O valor de n=2401 foi obtido considerando os seguintes parâmetros: N=7.138.892; p=0,5 (cenário pessimista); Z=1,96 (nível de confiança de 95%) e B=0,02 (erro de precisão).

A recolha de dados ocorreu de Abril de 2009 a Março de 2010, nas Lojas do Cidadão (LC) e Postos de Atendimento ao Cidadão (PAC) pré-selecionados. A amostra principal acima descrita foi utilizada para o estudo das propriedades psicométricas do BDI-II: fiabilidade (consistência interna e *split-half*) e validade (análise fatorial exploratória, AFE; e análise fatorial confirmatória, AFC); capacidade preditiva, definição de pontos de corte para a população portuguesa e apresentação de um modelo compreensivo de sintomatologia depressiva. No presente trabalho recorreu-se, ainda, a um conjunto de amostras adicionais, não clínicas e clínicas, obtidas por procedimentos de amostragem não probabilísticos do tipo 'por conveniência' e utilizadas para avaliação de aspetos específicos das propriedades psicométricas do BDI-II (e.g., validade de conteúdo, fiabilidade teste-reteste, fiabilidade versões equivalentes e validade convergente e divergente).

Para a realização de um estudo de validade de conteúdo do BDI-II foi utilizado *(i)* um painel de Especialistas (N=17), i.e., académicos/profissionais que realizam investigação na área de validação de escalas/inventários em Portugal e psicólogos clínicos que trabalham no dia-a-dia com pacientes e problemas de depressão, e *(ii)* um conjunto de utentes (N=5) em consulta clínica privada que manifestavam sintomatologia depressiva medida pelo BDI-II e diagnosticados de acordo com a MINI - *Mini International Neuropsychiatric Interview* (Sheehan et al., 1998). Neste contexto, foram elaborados dois questionários para aferir a validade de conteúdo do BDI-II, seguindo a abordagem proposta por Osman e colaboradores (2004). O primeiro questionário, distribuído via *e-mail* ao painel de Especialistas, pretendia obter uma avaliação para cada um dos 21 itens do BDI-II em termos de *Relevância* (grau em que os itens do BDI-II são identificados como sintomas do Episódio Depressivo *Major*, segundo o DSM-IV-TR (APA, 2002) e de *Especificidade* (grau em que os itens do BDI-II são únicos para a avaliação da presença e gravidade da depressão). O segundo questionário, distribuído a um conjunto de indivíduos com sintomatologia depressiva e recrutados em consulta clínica privada, objetivou avaliar cada item do BDI-II em termos de *Clareza* (i.e., o grau em que cada grupo de afirmações relativo a cada item do BDI-II é fácil de ler e compreender) e em termos de *Utilidade* (i.e., o grau em que as afirmações de cada item do BDI-II corresponde ao que diria a um profissional de saúde, sobre o que sente ou tem sentido nas últimas semanas). A relevância, especificidade, clareza e utilidade foram avaliadas com base numa escala de Likert de 5 pontos.

Para a realização dos estudos de fiabilidade teste-reteste e versões equivalentes, validade convergente e divergente foi recolhida informação junto de estudantes universitários dos cursos de licenciatura e de mestrado no Porto, em Coimbra e em Lisboa. Tal corresponde a uma abordagem usual neste tipo de estudos (e.g., Beck et al., 1996; Arnarson et al., 2008).

Com o propósito de avaliação das propriedades do BDI-II (e.g., consistência interna e validade convergente e divergente) junto de populações específicas foi considerada uma amostra de adolescentes estudantes, dos 13 aos 15 anos, de uma escola no Porto e uma amostra de idosos, com mais de 65 anos, frequentadores de Centros de Dia, em Lisboa, a qual foi obtida com o apoio do Projeto Alkantara. A seleção dos idosos foi efetuada de acordo com a versão portuguesa do Índice de Barthel, de atividades básicas da vida diária (versão portuguesa: Almeida, Silveira, Winck & Rodrigues, 2002), sendo excluídos os indivíduos que não apresentaram independência nas suas atividades diárias de acordo com o referido instrumento ou que apresentavam dependência *total* ou *severa*.

Foi ainda considerada uma amostra clínica de indivíduos que recorrem aos serviços de apoio da Associação de Apoio aos Doentes Depressivos e Bipolares (ADEB), no Porto, em Coimbra e em Lisboa, e que frequentam a mesma há mais de 3 meses. Estes indivíduos foram diagnosticados nos serviços hospitalares de saúde mental, de acordo com os critérios do DSM-IV ou ICD-10, e todos os pacientes se encontram medicados de acordo com a perturbação identificada pelos profissionais de saúde mental. Assim, foi constituída a amostra clínica (N=54) para verificar as caraterísticas psicométricas do BDI-II, relativamente a fiabilidade consistência interna, e validade convergente e divergente.

Por forma a minimizar o enviesamento decorrente de sub-relato dos sintomas depressivos em amostras comunitárias, foi adotada a proposta de Hunt et al. (2003), não se identificando o BDI-II como um inventário de avaliação da sintomatologia depressiva ou não se referindo a palavra 'depressão' em nenhuma das aplicações, com amostras não clínicas. Em alternativa, o protocolo apresentava, para as amostras não clínicas, o título *Estudo sobre os Pensamentos, Comportamentos e Sentimentos dos Portugueses'*. No caso das amostras clínicas optou-se pelo título *'Estudo sobre os Pensamentos, Comportamentos e Sentimentos em adultos com Sintomatologia Depressiva'* uma vez que os indivíduos tinham conhecimento prévio do diagnóstico.

No estudo da validade convergente e divergente do BDI-II foram utilizadas as versões portuguesas dos seguintes instrumentos: *Brief Symptom Inventory* (BSI), versão portuguesa: Canavarro, 2007); *Center for Epidemiologic Studies Depression Scale* (CES-D); versão portuguesa: Gonçalves & Fagulha, 2003; *Hospital Anxiety Depression Scale* (HADS); versão portuguesa: McIntyre, Pereira, Soares, Gouveia, & Silva, 1999); *Children's Depression Inventory* (CDI), versão portuguesa: Marujo,1994) e *Geriatric Depression Scale* (GDS-30), versão portuguesa: Barreto, Leuschner, Santos, & Sobral, Grupo de Estudos de Envelhecimento Cerebral e Demências, 2008).

Com o propósito de estudar a fiabilidade *versões equivalentes* foram desenvolvidas três versões do BDI-II, a versão *em computador* (Schulenberg & Yutrzenka, 2001), uma versão em que a ordem de resposta aos 21 itens foi invertida e uma versão em que a ordem de resposta aos itens foi obtida de forma aleatória (*'randomized'*) (Dahlstrom et al., 1990). Em todos os estudos foram utilizadas amostras não aleatórias por conveniência de estudantes em que cada um respondeu à versão tradicional do BDI-II e a uma das versões alternativas. Em cada estudo metade da amostra respondeu primeiro à versão tradicional (em papel) e a outra metade primeiro à *versão equivalente,* para evitar enviesamentos decorrentes de um possível efeito de ordem de resposta resultante do conhecimento do inventário (e.g., Schulenberg & Yutrzenka, 2001).

Resultados no âmbito da precisão

As correlações entre os itens e o valor total do BDI-II são todas estatisticamente significativas, considerando um nível de significância de 1%. Os valores do coeficiente de correlação variaram entre 0.42 para o item 'Pensamentos ou Desejos Suicidas' e 0.66 para o item 'Perda de Energia'. A segunda correlação mais baixa, de 0.45, foi observada para o item 'Perda de Interesse Sexual'. O coeficiente *alpha* de Cronbach na amostra principal (N=2401) para os 21 itens foi de 0.91, na amostra complementar de estudantes (N=230) foi de 0.895 e na amostra clínica (N=54) foi de 0.925, revelando uma excelente consistência interna do instrumento de medida.

A fiabilidade do BDI-II na população portuguesa (N=2401) é igualmente suportada pelos coeficientes de correlação *split-half*. Efetivamente, o coeficiente para os primeiros 11 itens foi de 0.83 e para os restantes 10 itens foi de 0.85.

A estabilidade temporal dos resultados (teste-reteste) do BDI-II foi avaliada com base numa amostra de estudantes (N=138), com duas administrações espaçadas por três semanas. O coeficiente de correlação entre os valores do BDI-II nos dois momentos foi de 0.90, revelando elevada estabilidade temporal das pontuações da versão portuguesa.

A fiabilidade das versões equivalentes foi confirmada pela obtenção de um coeficiente de correlação entre a versão tradicional e a versão em computador de 0.985, a versão em que a ordem de resposta aos itens foi invertida de 0.97 e aquela em que a ordem de resposta aos itens foi gerada de forma aleatória de 0.96.

Resultados no âmbito da validade

Validade de conteúdo
De acordo com Beck et al. (1996), o BDI-II possui validade de conteúdo, na medida em que os 21 itens refletem, simultaneamente, os critérios constantes do DSM-IV-TR (APA, 2002) e constitui uma versão atualizada do BDI, instrumento originalmente desenvolvido com base nos sintomas reportados por pacientes psiquiátricos deprimidos. A validade de conteúdo dos 21 itens do BDI-II foi ainda suportada por um painel de Especialistas nos critérios de *Relevância* e *Especificidade* e por um painel de utentes depri-

midos, nos critérios de *Clareza* e *Utilidade* (pontuação máxima=5 valores). Em termos de *Relevância*, as pontuações médias atribuídas pelos Especialistas variaram entre 2.69 para o item 'Sentimentos de Punição' e 5.00 para o item 'Tristeza'. Quanto ao critério de *Especificidade* os itens que obtiveram maiores pontuações médias foram a 'Perda de Prazer' e 'Pensamentos ou Desejos Suicidas' (4.62) e menores o item 'Indecisão' (2.85), seguido de 'Perda de Interesse Sexual' (3.00). Relativamente ao critério *Clareza*, o item que recebeu a menor pontuação por parte dos utentes deprimidos foi o 'Auto-Criticismo' (4.10) e o que recebeu a maior foi a 'Tristeza' (4.92). Quanto ao critério de *Utilidade*, as pontuações médias variaram entre 4.03 no item 'Agitação' e 4.92 no item 'Tristeza'.

Validade fatorial
Considerando a resposta dos 2401 indivíduos da amostra comunitária aos 21 itens do BDI-II, verificou-se uma excelente adequabilidade da análise fatorial, através das correlações inter-item, do valor da estatística *Kaiser-Meyer-Olkin* (KMO=0.955) e da significância do teste de Bartlett (χ^2=16.296, gl=210, p=0,00).

A análise fatorial com base no método de componentes principais com rotação oblíqua – método *Promax* – conduziu a uma solução com dois fatores, que permitem uma melhor interpretação dos dados do inventário e oferece maior coerência ao nível dos itens explicando 42% da variância total dos resultados (Fator 1=36% e Fator 2=6%). Após a análise dos coeficientes estandardizados de regressão mais salientes (≥0,35), o Fator 1 foi designado por *Somático-Afetivo* e o Fator 2 por *Cognitivo* (modelo SA-C). A definição destes 2 fatores (SA-C) está em consonância com o descrito por Beck et al. (1996) para a amostra de população clínica de 500 doentes psiquiátricos, em detrimento da solução encontrada para a amostra de 120 estudantes universitários.

Tabela II. Resultados da análise fatorial exploratória, para solução de 2 e 3 fatores. Coeficientes estandardizados de regressão da rotação repetida *Promax* de componentes principais e comunalidades finais (h^2) do BDI-II para a amostra em estudo e por género.

AFE

Itens do BDI-II	Total (N=2401) SA	C	h^2	Masculino (N=1186) SA	C	h^2	Feminino (N=1215) SA	C	h^2
1.Tristeza		0.45	0.44		0.52	0.41		0.36	0.43
2.Pessimismo		0.45	0.34		0.39	0.35		0.33	0.31
3.Fracassos Passados		0.78	0.50		0.77	0.53		0.74	0.49
4.Perda de Prazer	0.38		0.36	0.49		0.37	0.50		0.39
5.Sentimentos de Culpa		0.69	0.37		0.60	0.32		0.78	0.45
6.Sentimentos de Punição		0.66	0.40		0.56	0.36		0.66	0.41
7.Auto-Depreciação		0.73	0.52		0.69	0.48		0.65	0.51
8.Auto Criticismo		0.68	0.42		0.71	0.40		0.75	0.47
9.Pensamentos ou Desejos Suicidas		0.62	0.37		0.65	0.39		0.55	0.34
10.Choro		0.42	0.35		0.69	0.41		0.35	0.35
11.Agitação	0.33		0.22	0.36		0.22	0.32		0.20
12.Perda de Interesse	0.53		0.51	0.53		0.53	0.68		0.54
13.Indecisão	0.35		0.37		0.45	0.40	0.48		0.33
14.Sentimentos de Inutilidade	0.58		0.48	0.57		0.50		0.56	0.50
15.Perda de Energia	0.80		0.60	0.86		0.61	0.77		0.59
16.Alterações no Padrão de Sono	0.66		0.38	0.53		0.31	0.65		0.38
17.Irritabilidade	0.54		0.42	0.52		0.42	0.52		0.44

AFE

Itens do BDI-II	Total (N=2401) SA	C	h²	Masculino (N=1186) SA	C	h²	Feminino (N=1215) SA	C	h²
18. Alterações no Apetite	**0.62**		0.35	**0.50**		0.26	**0.61**		0.34
19. Dificuldade de Concentração	**0.65**		0.50	**0.63**		0.52	**0.60**		0.47
20. Cansaço ou Fadiga	**0.89**		0.62	**0.85**		0.59	**0.89**		0.62
21. Perda de Interesse Sexual	**0.65**		0.34	**0.75**		0.41	**0.68**		0.35
Valores Próprios	7.50	1.35	8.85	7.46	1.34	8.80	7.53	1.39	8.92
Variância Explicada	36%	6%		36%	6%		36%	7%	
Correlação entre fatores									
Fator 1	1.00			1.00			1.00		
Fator 2	**0.65**	1.00		**0.66**	1.00		**0.64**	1.00	
Coeficiente *alpha* de Cronbach	0.85	0.84		0.85	0.84		0.86	0.83	
Média e Desvio-Padrão	5.89 (dp=5.05)	4.12 (dp=4.46)		4.20 (dp=4.68)	5.84 (dp=4.66)		6.91 (dp=5.24)	3.76 (dp=4.15)	
Média dos Itens	0.65	0.41		0.38	0.58		0.69	0.42	
Correlação Inter-Item	0.38	0.35		0.35	0.35		0.38	0.36	

Método de Extração: Análise de Componentes Principais. Método de Rotação: *Promax* com Normalização de Kaiser. N= 2401.

O valor do coeficiente *alpha* de Cronbach do primeiro fator foi de 0.85 e o do segundo fator foi de 0.84 (coeficiente *alpha* de Cronbach para os 21 itens foi de 0.91). A correlação entre os dois fatores foi de 0.65. A análise fatorial por género revelou um bom ajustamento do modelo SA-C. No entanto, enquanto no sexo masculino o fator 1 é o fator cognitivo e o fator 2 o somático-afetivo, no modelo fatorial para o sexo feminino o fator 1 é o somático-afetivo e o fator 2 o cognitivo. O modelo SA-C obtido na análise fatorial exploratória foi confirmado pelos resultados da análise fatorial confirmatória (e.g., χ^2=1.485.90, p=0.00; CFI=0.98; RNI=0.97; RMSEA=0.054; SRMR=0.037; ECVI=0.68; AIC=1.571.90).

Validade convergente e divergente
De forma a examinar a validade convergente e divergente das pontuações no BDI-II em amostras não clínicas foram administradas duas baterias de inventários, a duas amostras de estudantes, o BDI-II, o BSI e o CES-D, e o BDI-II, HADS e CES-D, respetivamente. A validade convergente e divergente das pontuações no BDI-II foi igualmente examinada numa amostra clínica, a quem foram administrados o BDI-II, BSI, HADS e CES-D. Foram obtidos coeficientes de correlação elevados entre o BDI-II e a escala CES-D (0.83), a subescala HADS-Depressão (0.82) e BSI-Depressão (0.75) na amostra de estudantes; e do BDI-II e a escala CES-D (0.85), a subescala BSI-Depressão (0.67) e HADS-Depressão (0.71) na amostra clínica corroborando a validade convergente do BDI-II. No que diz respeito à validade divergente, foram obtidos coeficientes de correlação com as subescalas que medem a ansiedade inferiores ao das subescalas que medem a depressão, nomeadamente, com a subescala BSI-Ansiedade (0.59) e HADS-Ansiedade (0.75), na amostra de estudantes; e BSI-Ansiedade (0.49) e HADS-Ansiedade (0.66) na amostra clínica. Com o propósito de estudar a validade convergente em populações não clínicas específicas foi ainda administrado o BDI-II e o CDI a uma amostra de adolescentes (N=78) e o BDI-II e a GDS-30 a uma amostra de adultos idosos (N=31). A correlação entre as pontuações médias totais do BDI-II e do CDI foi de 0.742 e entre o BDI-II e o GDS de 0.631, respetivamente.

Análise discriminante

Com o propósito de identificar os itens do BDI-II com maior capacidade discriminativa entre indivíduos com e sem sintomatologia depressiva (ponto de corte de 12 calculado pela Fórmula de Fisher) foi estimado um modelo de análise discriminante. As funções de classificações derivadas do modelo obtido permitem efetuar 95.5% de classificações corretas na amostra de estimação e de 96.8% na amostra de validação. Num estudo realizado com uma amostra de 1080 adolescentes no Brasil com o BDI Gorenstein et al. (2005) obtiveram uma capacidade discriminativa da função discriminante de 95.9%. Os itens com maior capacidade discriminativa são, por ordem decrescente, os itens 'Auto-Depreciação', 'Alterações no Apetite', 'Sentimentos de Punição', 'Choro', 'Perda de Interesse' e 'Alterações no Padrão de Sono'. Os itens com menor capacidade de discriminação são: 'Pensamentos ou Desejos Suicidas', 'Pessimismo', 'Fracassos Passados', 'Sentimentos de Culpa' e 'Sentimentos de Inutilidade'.

5. Procedimentos de aplicação e correção

O BDI-II requer, aproximadamente, 5 a 10 minutos de tempo de completamento (resposta). Pode ser administrado individualmente ou em grupo, por escrito ou oralmente (Beck et al., 1996). O modo de resposta a cada um dos itens tem o formato de *Guttman*, ou seja, são apresentadas 4 a 6 frases e destas o sujeito terá de escolher a que melhor descreve a forma como se tem sentido 'durante as últimas duas semanas', incluindo o dia de preenchimento do inventário. Os resultados em cada um dos 21 itens vão de 0 (baixo) a 3 (alto), refletindo, este valor, a gravidade do sintoma a ser avaliado por cada item (0 = *ausência do sintoma*; 1 = *sintomas ligeiros*; 2 = *sintomas moderados*; e 3 = *sintomas graves*). Existem métodos alternativos de administração do BDI-II. Acompanhando os novos desenvolvimentos das tecnologias de informação e comunicação e a proliferação da sua utilização foram propostas uma versão informatizada, igualmente considerada válida e estatisticamente equivalente à versão convencional (Schulenberg & Yutrzenka, 2001).

6. Interpretação dos resultados

Dimensões

No que diz respeito à estrutura fatorial do BDI-II para a população portuguesa, foi identificado o modelo Somático-Afetivo e Cognitivo (SA-C), concordante com o modelo descrito por Beck et al. (1996), Steer, Ball, Ranieri e Beck (1999) e Kacpi et al. (2008) para amostras clínicas e por Arnau et al. (2001) e Kojima et al. (2002) em amostras não clínicas de utentes de cuidados de saúde primários. Verificou-se que os coeficientes estandardizados de regressão mais salientes no Fator 1 foram dos itens 'Perda de Prazer', 'Perda de Interesse', 'Indecisão', 'Perda de Energia', 'Alterações no Padrão de Sono', 'Irritabilidade', 'Alterações no Apetite', 'Dificuldades de Concentração', 'Cansaço ou Fadiga' e 'Perda de Interesse Sexual'. O item 'Agitação' não apresentou valor de coeficiente estandardizado suficiente para pertencer ao Fator 1. Os itens 'Tristeza', 'Pessimismo', 'Fracassos Passados', 'Sentimentos de Culpa', 'Sentimentos de Punição', 'Auto-Depreciação', 'Auto-Criticismo', 'Pensamentos ou Desejos Suicidas', 'Choro' e 'Sentimentos de Inutilidade' foram classificados no Fator 2. O item 'Choro', de natureza comportamental e emocional acabou por ter um peso maior no segundo fator. Comparativamente aos resultados de Beck et al. (1996) e de Kojima et al. (2002), no presente estudo o item 'Choro' registou um peso superior no fator Cognitivo, relativamente ao Somático-Afetivo. No estudo de Arnau et al. (2001) este item pontuou igualmente mais no fator Cognitivo. Estes resultados são previstos por Beck et al. (1996, p. 33), ao sublinharem que *"individual affective symptoms, such as Sadness and Crying, may apparently shift from loading on one dimension to another according to the type of sample being study"*. Quanto ao item 'Agitação', que no presente estudo teve um peso fatorial superior no fator Somático-Afetivo, registou um maior peso fatorial no fator Somático-Afetivo do estudo de Beck et al. (1996) e de Arnau et al. (2001) e no fator Cognitivo no estudo de Kojima et al. (2002). O fator Somático-Afetivo registou um valor de coeficiente alpha de Cronbach de 0,85 e o fator Cognitivo de 0,84. As pontuações médias foram de 5.89 (*DP*=5.05) e de 4.12 (*DP*=4.46). Estes resultados suportam o interesse da análise da pontuação de subescalas do BDI-II, obtidas através da análise fatorial exploratória (e.g., Steer et al., 1999; Arnau et al., 2001; Viljoen et al., 2003; Harris & D'Eon, 2008).

Efetivamente, no caso de indivíduos com sintomatologia depressiva, indivíduos com a mesma pontuação média global no BDI-II podem diferir quanto às pontuações na componente somático-afetiva e na componente cognitiva, e justificar diferentes intervenções por parte do profissional de saúde mental/terapeuta. Deste modo, a obtenção dos valores das subescalas do BDI-II pode facilitar a interpretação da sintomatologia apresentada e a natureza e foco da intervenção posterior.

Normas

De acordo com Beck et al. (1996), considera-se para o BDI-II que as pontuações globais de 0 a 13 representam a presença de sintomatologia depressiva *'mínima'*, de 14 a 19 – *'ligeira'*, de 20 a 28 – *'moderada'*, e mais de 29 representa sintomatologia depressiva *'grave'* ou *'severa'*.

Na amostra total (N=2401), não clínica, em termos gerais foram obtidas pontuações médias globais para o BDI-II de 11.01 (*DP*=9.15; intervalo de confiança 95%=[10.65;11.38]), tendo os valores variado entre 0 e 63. A pontuação média total do BDI-II para os indivíduos do sexo feminino foi de 11.84 (*DP*=9.33) e para os indivíduos do sexo masculino de 10.03 (*DP*=8.63) sendo a diferença de pontuações estatisticamente significativas, de acordo com o teste ANOVA (*F*=17.60, *p*=0.00).

Considerando os pontos de corte do BDI-II propostos por Beck et al. (1996), observou-se que 70% dos indivíduos registou depressão *mínima* [0,13], 15% depressão *ligeira* [14;19], 9% depressão *moderada* [20;28] e 6% depressão *severa* [29;63]. No total da amostra (N=2401), 30% dos indivíduos apresentam sintomatologia depressiva de *ligeira* a *severa*; e 15% de *moderada* a *severa*.

Os resultados revelaram que a percentagem de indivíduos com depressão *mínima* são semelhantes nas várias NUT II, a saber: Norte, Centro e Algarve - 30%, Lisboa e RAA 29%, RAM 31% e Alentejo 32%. A NUT II com maior percentagem de depressão *moderada* é o Alentejo (14%) e a com maior presença de sintomatologia depressiva *severa* é o Algarve (11%). Relativamente ao género, a sintomatologia depressiva de *ligeira* a *severa* dos indivíduos do sexo masculino e do sexo feminino foi de 26 e 34%, respetivamente. Observou-se que o grupo com maior presença de depressão *severa* em termos relativos é o dos 15 aos 24 anos (7.5%). Na amostra complementar de 230 estudantes (utilizada nos estudos de validade convergente e divergente do BDI-

-II) de universidades do Porto, Coimbra e Lisboa (com 30% de indivíduos do sexo masculino e idade média de 24 anos com desvio-padrão de 7.77) foi obtido um valor médio total no BDI-II de 9.45 (*DP*=7.50). Na amostra clínica (N=54) foram obtidas pontuações médias globais para o BDI-II de 21.06 (*DP*=11.38; intervalo de confiança 95%=[17.31;24.15]), tendo os valores variado entre 2 e 53.

Pontos de Corte (cut-off scores)
Na análise dos pontos de corte do BDI-II foram utilizados dois conjuntos de dados. No primeiro estudo considerou-se a amostra principal, de 2401 indivíduos. No segundo e terceiro estudos considerou-se a amostra clínica e um conjunto de indivíduos pertencentes à amostra principal. Em termos de abordagem para a determinação dos pontos de corte consideraram-se 3 métodos: a Fórmula de Fisher (Angoff, 1971), o Índice de Younden e os valores do teste do Qui-quadrado. Com base nas análises efetuadas é possível concluir que os indivíduos ao preencherem o BDI-II e que obtenham um valor igual ou superior a 12 podem ser considerados como estando sob a presença de sintomatologia depressiva. A curva ROC que gerou um maior AUC de 0.886 e um Índice de Younden (Y=0.70) é maximizado para o ponto de corte 12 (Sensibilidade=83%; Especificidade=87%). Foram obtidos os pontos de corte através dos valores da estatística do teste Qui-quadrado: 0-11 – depressão *mínima*, 12-18 – depressão *ligeira*, 19-24 – depressão *moderada* e >25 – depressão *grave ou severa* que oferecem a melhor interpretação das pontuações totais obtidas no BDI-II, para a população portuguesa.

6. Avaliação crítica

Vantagens e potencialidades
O presente estudo evidenciou presença de boas propriedades psicométricas (fiabilidade e validade) da versão portuguesa do BDI-II. Os estudos já publicados (e citados na bibliografia) com a versão portuguesa do BDI-II por diferentes equipas de investigação proporcionam uma base adicional substantiva para o uso deste instrumento de aplicação fácil e rápida. Com base no seu perfil de resultados, o BDI-II poderá ser útil para: (i) identificar a presença e severidade dos sintomas depressivos (cognitivos, emocionais

ou somáticos); (ii) definir prioridades e planificar o uso de técnicas e programas de intervenção médico-farmacológica ou psicológica; (iii) mensurar a eficácia da intervenção, ao longo do tempo; (iv) reavaliação da sintomatologia depressiva no acompanhamento dos indivíduos após a intervenção (período de *follow-up*).

Limitações
A pontuação no BDI-II não autoriza a formulação de um diagnóstico formal conclusivo. Alguns autores criticam o uso de inventários de autorelato para a avaliação e diagnóstico de perturbações de humor (Zimmerman & Coryell, 1994), porque os indivíduos deprimidos tendem a encarar-se a si próprios, aos outros e ao mundo de forma negativa e sem esperança e o seu autorelato pode igualmente ser enviesado pelo desinteresse no preenchimento, apesar da gravidade do seu estado. A aplicação a indivíduos com doença física deve também ser considerada com atenção dado que os valores do BDI-II podem ser inflacionados pelos itens somáticos (e.g., ´Cansaço ou Fadiga´, ´Perda de Energia´, ´Alterações no Padrão de Sono´) que estão, nestes casos, mais relacionados com a doença de que padecem e não, propriamente, com a sintomatologia depressiva. Outros limites são genéricos ao uso da metodologia de inventário por autorelato: as tendências para os indivíduos minimizarem ou exagerarem a percepção sintomática no momento da administração do BDI-II ou para responderem de acordo com aquilo que é socialmente correcto e esperado (efeito de desejabilidade social).

Desenvolvimentos futuros
Em futuras investigações é pertinente considerar a utilização complementar de uma entrevista clínica, estruturada de acordo com os critérios de diagnóstico do DSM-IV-TR (e.g., SCID; First, Spitzer, Gibbon & Williams, 1995; 2001, ou MINI; Sheehan et al., 1998), para um melhor controlo da minimização ou exagero dos sintomas e pontuações no BDI-II. É necessário estudar o impacto do efeito de desejabilidade social (e.g., Escala de Desejabilidade Social de Marlowe-Crowne) nas respostas ao BDI-II (embora a garantia de confidencialidade e anonimato nas nossas investigações possa ter minimizado este efeito).
O presente estudo revelou o potencial de aproveitamento dos desenvolvimentos tecnológicos através da utilização de uma versão *em computador* do BDI-II

num estudo de fiabilidade *versões equivalentes* com uma amostra de estudantes e *online*. Importará implementar o mesmo estudo em populações específicas (clínicas, mais idosos, indivíduos com incapacidades, diferentes níveis de habilitações), controlando variáveis como a experiência ou a aversão aos computadores. Este trabalho evidenciou bons resultados em termos de estabilidade temporal do BDI-II em amostras de estudantes. Será necessário estudar a fiabilidade teste-reteste em amostras clínicas. O BDI-II poderá igualmente ser utilizado para o estudo da eficácia de diferentes intervenções (e.g., psicoterapia e psicofarmacoterapia). Poderão ser consideradas as pontuações obtidas nas suas duas dimensões (*Somático-Afetiva* e *Cognitiva*) na comparação do sucesso destas diferentes formas de intervenção.

Tendo presente que o BDI-II não contem um número igual de itens para cada um dos sintomas depressivos listados no DSM-IV/DSM-IV-TR (por exemplo, o sintoma do DSM-IV-TR 'diminuição do interesse ou prazer' corresponde a três itens do BDI-II (itens 4, 12 e 21) e muitos dos critérios do DSM-IV/DSM-IV-TR correspondem a um ou dois itens do BDI-II), estudos futuros poderão comparar alternativas à estrutura atual do inventário ou desenvolver versões reduzidas.

7. Bibliografia fundamental

Alansari, B. M. (2006). Internal consistency of an Arabic adaptation of the Beck Depression Inventory-II with college students in eighteen Arab countries. *Social Behavior and Personality, 34*(4), 425-430.

Almeida, J., Silveira, F., Winck, J., & Rodrigues, G. (2002). Avaliação sociológica de doentes com esclerose lateral amiotrófica. *Revista Portuguesa de Pneumologia, VIII*(6), 645-53.

American Psychiatric Association (2002). DSM-IV-TR – Manual de diagnóstico e estatística das perturbações mentais (4.ª Edição - Texto Revisto). Lisboa: Climepsi Editores.

Angoff, W. H. (1971). Scales, norms and equivalent scores. In R. L. Thorndike (Ed.), *Educational measurement* (pp. 588-600). Washington: American on Education.

Arnarson, T. O., Olason, D. T., Smári, J., & Sigurethsson, J. F. (2008). The Beck Depression Inventory Second Edition (BDI-II): Psychometric properties in Icelandic student and patient populations. *Nordic Journal of Psychiatry, 62*(5), 360-365.

Arnau, R. C., Meagher, M. W., Margaret, P. N., & Bramson, R. (2001). Psychometric evaluation of the Beck Depression Inventory-II with primary care medical patients. *Health Psychology, 20*(2), 112-119.

Beck, A. T., & Steer, R. A. (1993). *Manual for the Beck Depression Inventory*. San Antonio, TX: Psychological Corporation.

Beck, A. T., Steer, R. A. & Brown, G. K. (1996). *Manual for the Beck Depression Inventory*-II. San antonio, TX: Psychological Corporation.

Beck, A. T., Steer, R. A., & Brown, G. K. (2000). *BDI-II fast screen for medical patients manual*. London: The Psychological Corporation.

Beck, A. T., Ward, C. H., Mendelson, M., Mock, J. E., & Erbaugh, J. (1961). An inventory for measuring depression. *Archives of General Psychiatry, 4*, 561-571.

Boland, R. J., & Keller, M. B. (2009). Course and outcome of depression. In Ian H. Gotlib, & Constance L. Hammen (Eds.), *Handbook of depression* (pp. 23-43). New York: Guilford.

Caldas de Almeida, S. M., & Xavier, M. (2010). Comunicação apresentada na FCM-UNL. Lisboa.

Campos, R. C. (2006). 'Depressivos somos nós': *Um estudo de conceptualização e avaliação da personalidade depressiva e da depressão*. Dissertação de Doutoramento em Psicologia, Universidade de Évora.

Campos, R. C., & Gonçalves, B. (2009). Avaliação de sintomas depressivos numa amostra portuguesa de pacientes com perturbação depressiva. *Revista de Psiquiatria do Centro Hospitalar Psiquiátrico de Lisboa, 22*, 93-100.

Campos, R. C., & Gonçalves, B. (2011). The Portuguese version of Beck Depression Inventory-II (BDI-II): Preliminary psychometric data with two non clinical samples. *European Journal of Psychological Assessment, 27*(4), 258-264.

Canavarro, M. C. (2007). Inventário de sintomas psicopatológicos (BSI). Uma revisão crítica dos estudos realizados em Portugal. In M. R. Simões, C. Machado, M. M. Gonçalves, & L. S. Almeida (Coords.), *Avaliação psicológica: Instrumentos validados para a população portuguesa* (Vol. III, pp. 305-331). Coimbra: Quarteto.

Carvalho, B. S., Pereira, A. T., Marques, M., Maia, B., Soares, M. J., Valente, J., Gomes, A., Macedo, A., & Azevedo, M. H. (2009). The BDI-II fator structure in pregnancy and postpartum: Two or three fators? *European Psychiatry, 24*, 334-340.

Chang, H. (2005). Dimensions of the Chinese Beck Depression Inventory-II in a university sample. *Individual Differences Research, 3*(3), 193-199.

Coelho, R., Martins, A., & Barros, H. (2002). Clinical profiles relating gender and depressive symptoms among adolescents ascertained by the Beck Depression Inventory II. *European Psychiatry, 17*(4), 222-226.

Dahlstrom, W. G., Brooks, J. D., & Peterson, C. D. (1990). The Beck Depression Inventory: Item order and the impact of response sets. *Journal of Personality Assessment, 55*(1-2), 224-33.

Danziger, S. K., Carlson, M. J., & Henly, J. R. (2001). Post-Welfare employment and psychological well-being. *Women Health, 32*(1-2), 47-78.

European Commission (2005). Green Paper: Improving the mental health of the population. Towards a strategy on mental health for the European Union. Luxemburg: European Communities.

First, M. B., Spitzer, R. L., Gibbon, M., & Williams, J. B. W. (1995). Structured clinical interview for DSM-IV: Axis I disorders. New York: Biometrics Research Unit, New York Psychiatric Institute.

First, M. B., Spitzer, R. L., Gibbon, M., & Williams, J. B. W. (2001). Structured clinical interview for DSM-IV-TR Axis I Disorders, non-patient edition (SCI-I/NP-2/2001). New York: Biometrics Research Unit, New York Psychiatric Institute.

Furtado, C. Ribeirinho, M., & Gaspar, M. (2010). *Análise da evolução da utilização de psicofármacos em Portugal Continental entre 2000 e 2009*. Observatório do medicamento e produtos de saúde. Direcção de Economia do Medicamento e Produtos de Saúde. Infarmed: Lisboa.

Gonçalves, B., & Fagulha, T. (2003). Escala de depressão do centro de estudos epidemiológicos (CES-D). In M. M. Gonçalves, M. R. Simões, L. S. Almeida, & C. Machado (Coords.), *Avaliação psicológica: Instrumentos validados para a população portuguesa* (Vol. I, pp. 33-43). Coimbra: Quarteto.

Gorenstein, C., Andrade, L., Vieira, A. H., Tung, T. C. & Artes, R. (1999). Psychometric properties of the portuguese version of the Beck Depression Inventory on Brazilian college students. *Journal of Clinical Psychology, 55*(5), 553-562.

Grupo de Estudos de Envelhecimento Cerebral e Demência, GEECD. (2008). *Escalas e testes na demência* (2.ª ed.). Lisboa: Novartis.

Harris, C. A., & D'Eon, J. L. (2008). Psychometric properties of the Beck Depression Inventory-Second Edition (BDI-II) in individuals with chronic pain. Pain, 137, 609-622.

Hunt, M., Auriemma, J., & Cashaw, A. C. (2003). Self-report bias and underreporting of depression on the BDI-II. *Journal of Personality Assessment, 80*(1), 26-30.

Instituto Nacional de Saúde Dr. Ricardo Jorge, I. P., & Instituto Nacional de Estatística, I. P. (Eds.) (2009). *4º Inquérito Nacional de Saúde 2005/2006*. Lisboa: INSA/INE.

Kapci, E. G., Uslu, R., Turkcapar, H., & Karaoglan, A. (2008). Beck Depression Inventory II: Evaluation of the psychometric properties and cut-off points in a Turkish adult population. *Depression and Anxiety, 25*(10), E104-E110.

Kendler, K. S., & Prescott, C. A. (2006). *Genes, environment, and psychopathology: Understanding the causes of psychiatric and substance use disorders*. New York: Guilford Press.

Kessler, R. C., & Walters, E. E. (1998). Epidemiology of DSM-III-R major depression and minor depression among adolescents and young adults in the National Comorbidity Survey. *Depression and Anxiety*, 7, 3-14.

Kessler, R. C., & Frank, R. G. (1997). The impact of psychiatric disorders on work loss days. *Psychological Medicine, 27*(4), 861-73.

Kojima, M., Furukawa, T. A., Takahashi, H., Kawai, M., Nagaya, T., & Tokudome, S. (2002). Cross cultural validation of the Beck Depression Inventory-II in Japan. *Psychiatry Research, 110*, 291-299.

Kroenke, K. (2003). Patients presenting with somatic complaints: Epidemiology, psychiatric comorbidity and management. *International Journal of Methods in Psychiatric Research, 12*(1), 34-43.

Martins, A. (2000). *As manifestações clínicas da depressão na adolescência*. Dissertação de Mestrado. Porto: Faculdade de Medicina do Porto.

Martins, A., Coelho, R., & Barros, H. (1997). Impacte do stress da época de exames e sintomatologia depressiva numa amostra de estudantes universitários. *Revista de Psiquiatria da Faculdade de Medicina do Porto*, (XIX)3-4, 35-39.

Martins, A., Coelho, R., Ramos, E., & Barros, H. (2000). Administração do BDI-II a adolescentes portugueses: Resultados preliminares. *Revista Portuguesa de Psicossomática, 2*(1), 123-132.

Marujo, H. M. A. (1994). *Síndromas depressivos na infância e na adolescência*. Dissertação de

Doutoramento. Lisboa: Universidade de Lisboa.

McIntyre, M. T., Pereira, G., Soares, V., Gouveia, J., & Silva, S. (1999). *Escala de Ansiedade e Depressão Hospitalar. Versão portuguesa de investigação.* Braga: Departamento de Psicologia, Universidade do Minho.

Merikangas, K. R., Ames, M., Cui, L., Stang, P. E., Ustun, T. B., von Korff, M., & Kessler, R. C. (2007). The impact of comorbidity of mental and physical conditions on role disability in the US adult household population. *Archives of General Psychiatry, 64*(10), 1180-1188.

Ministério da Saúde, Alto Comissariado da Saúde, Coordenação Nacional para a Saúde Mental (2008). *Plano Nacional de Saúde Mental 2007-2016 — Resumo Executivo.* Lisboa: Coordenação Nacional para a Saúde Mental. Julho de 2008. In http://www.acs.min--saude.pt/.

Ministério da Saúde, Direcção Geral da Saúde (2004). *Plano Nacional de Saúde 2004-2010. Volume 1. Prioridades e Volume 2. Orientações estratégicas.* Julho de 2004. In http://www.dgs.pt/.

Oliveira-Brochado, F., & Oliveira-Brochado, A. (2008). Estudo da presença de sintomatologia depressiva na adolescência. *Revista Portuguesa de Saúde Pública, 26*(2), 27-36.

Osman, A., Kopper, B. A., Barrios, F., Gutierrez, P. M., & Bagge, C. L. (2004). Reliability and validity of the Beck Depression Inventory-II with adolescent psychiatric inpatients. *Psychological Assessment, 16*(2), 120-132.

Pereira, A. T., Bos, S. C., Marques, M., Maia, B. R., Soares, M. J., Valente, J., Gomes, A. A., Macedo, A., & de Azevedo, M. H. (2011). The postpartum depression screening scale: Is it valid to screen for antenatal depression? *Archives of Women's Mental Health, 14*(3), 227-238.

Schulenberg, S. E., & Yutrzenka, B. A. (2001). Equivalence of computerized and conventional versions of the Beck Depression Inventory-II (BDI-II). *Current Psychology, 20*(3), 216-230.

Shafer, A. B. (2006). Meta-analysis of the fator structures of four depression questionnaires: Beck, CES-D, Hamilton, and Zung. *Journal of Clinical Psychology, 62*(1), 123-146.

Sheehan, D. V., Lecrubier, Y., Sheehan, K. H., Amorim, P., Janavs, J., Weiller, E., Hergueta, T., Baker, R., & Dunbar, G. C. (1998). The MINI-International Neuropsychiatric Interview (MINI): The development and validation of a structured diagnostic psychiatric interview for DSM-IV and ICD-10. *Journal of Clinical Psychiatry, 59*(20), 22-33.

Steer, R. A., Ball, R., Ranieri, W. F., & Beck, A. T. (1999). Dimensions of the Beck Depression Inventory-II in clinically depressed outpatients. *Journal of Clinical Psychology, 55*, 117-128.

Steer, R. A., Kumar, G., Ranieri, W.F., & Beck, A.T. (1988). Use of Beck Depression Inventory-II with adolescent psychiatric outpations. *Journal of Psychopathology, 2nd Behavioural Assessment, 20*(2), 127-137.

Strauss, E., Sherman, E. M. S., & Spreen, O. (2006). Assessment of mood, personality and adaptative functions. In Esther Strauss, Elisabeth M. S. Sherman, Otfried Spreen (Eds.), *Compendium of Neuropsychological Tests: Administration, norms and commentary* (3rd ed.) (pp. 1084-1090). New York: Oxford University.

Vaz-Serra, A. & Pio Abreu, J. L. (1973a). Aferição dos quadros clínicos depressivos. I –

Ensaio de aplicação do Inventário Depressivo de Beck a uma amostra portuguesa de doentes deprimidos. *Coimbra Médica, XX*, 623-644.

Vaz-Serra, A. & Pio Abreu, J. L. (1973b). Aferição dos quadros clínicos depressivos. II – Estudo preliminar de novos agrupamentos sintomatológicos para complemento do Inventário Depressivo de Beck. *Coimbra Médica, XX*, 713-736.

Vicente, P., Reis, E. & Ferrão, F. (2001). *Sondagens: A amostragem como fator decisivo de qualidade* (2.ª Ed). Lisboa: Edições Sílabo.

Viljoen, J. L., Iverson, G. L., Griffiths, S., & Woodward, T. S. (2003). Fator structure of the Beck Depression Inventory-II in a medical outpatient sample. *Journal of Clinical Psychology in Medical Settings, 10*(4), 197-204.

Wells, K. B., Stewart, A., Hays, R. D., Burnam, M. A., Rogers, W., Daniels, M., Berry, S., Greenfield, S., & Ware, J. (1989). The functioning and well-being of depressed patients: Results from the Medical Outcomes Study. *Journal of the American Medical Association, 262*(7), 914-9

Zimmerman, M., & Coryell, W. (1994). Screening for major depressive disorder in the community: A comparison of measures. *Psychological Assessment, 6*, 71-74.

8. Contacto dos autores

Fernando Brochado-Oliveira. Departamento de Gestão. ISEG-Instituto Superior de Economia e Gestão. Universidade de Lisboa. Rua Miguel Lupi, 20 - 1279-078 Lisboa.

Mário R. Simões. Laboratório de Avaliação Psicológica. CINEICC. Faculdade de Psicologia e de Ciências da Educação da Universidade de Coimbra. Rua do Colégio Novo, Apartado 6153. 3001-802 Coimbra. Endereço eletrónico: simoesmr@fpce.uc.pt.

Constança Paúl. Departamento de Ciências do Comportamento. Instituto de Ciências Biomédicas Abel Salazar da Universidade do Porto. Endereço eletrónico: paul@icbas.up.pt.

Agradecimento especial aos Prof. Doutor Adriano Vaz Serra, Prof. Doutor Amadeu Quelhas Martins, Prof. Doutor Rui C. Campos, Prof. Doutora Maria Cristina Canavarro, Prof. Doutora Marina Carvalho, Prof. Doutora Maria do Céu Salvador, Prof. Doutor Rui Paixão, Prof. Doutora Ana Isabel Sani, Prof. Doutora Ana Rosa Tapadinhas, Prof. Doutora Ana Valente, Prof. Doutora Rute F. Meneses, Prof. Doutora Inês Gomes, Dra. Joana Veloso Gomes, Dr. Pedro Miguel Dias e Dr. Jorge Andrez Malveiro que colaboraram enquanto Especialistas no estudo da validade de conteúdo dos 21 itens do BDI-II (critérios de *Relevância* e *Especificidade*).

QUESTIONÁRIO DE PERSONALIDADE DE EYSENCK FORMA REVISTA (EPQ-R)

Pedro Armelim Almiro[1] & *Mário R. Simões*[2]

1. Indicações

Dimensões avaliadas

O Questionário de Personalidade de Eysenck – Forma Revista (EPQ-R; designação original inglesa, *Eysenck Personality Questionnaire – Revised*), construído por S. Eysenck, H. Eysenck e Barrett em 1985, é um instrumento de avaliação da personalidade, reconhecido internacionalmente, e utilizado em diversos contextos (e.g., clínico, forense, saúde, militar, organizacional, educacional) (Barrett, Petrides, S. Eysenck, & H. Eysenck, 1998; Furnham, S. Eysenck, & Saklofske, 2008; Lynn, 1981; Nyborg, 1997). Este questionário, cuja versão original é inglesa, baseia-se no denominado Modelo P-E-N (*Big Three*) de H. Eysenck e avalia as três dimensões fundamentais da personalidade: Psicoticismo (P), Extroversão (E) e Neuroticismo (N). A versão portuguesa do EPQ-R é composta por 70 itens, dicotómicos (Sim/Não), cotados de modo direto ou inverso, distribuídos por quatro escalas: N (23 itens), E (20 itens), P (9 itens), e uma escala de Mentira/Desejabilidade Social, L (*Lie*, 18 itens).

---

[1] Bolseiro de Doutoramento da Fundação para a Ciência e Tecnologia (SFRH/BD/37970). Faculdade de Psicologia e de Ciências da Educação da Universidade de Coimbra.
[2] Laboratório de Avaliação Psicológica. CINEICC. Faculdade de Psicologia e de Ciências da Educação da Universidade de Coimbra.

População-alvo

O EPQ-R pode ser aplicado a sujeitos com mais de 16 anos (adolescentes, adultos e idosos), para fins de investigação e avaliação psicológica na comunidade e nos contextos clínicos e forenses.

2. História

O EPQ-R resulta do desenvolvimento e aperfeiçoamento, ao longo de mais de cinco décadas, de vários instrumentos de avaliação da personalidade elaborados por H. Eysenck (Furnham, S. Eysenck, & Saklofske, 2008). Para definir as dimensões essenciais na descrição da personalidade e do temperamento, H. Eysenck efetuou em 1944 um estudo no Mill Hill Emergency Hospital (Londres) com 700 militares que sofriam de perturbações neuróticas e verificou que as dimensões N e E são fundamentais (H. Eysenck, 1998). O primeiro questionário de personalidade construído pelo autor foi o *Maudsley Medical Questionnaire* (MMQ), de 1952, cujo objetivo era medir as dimensões N e E. Apesar de ser útil na discriminação entre grupos normativos e doentes neuróticos, a avaliação realizada pela dimensão E era desajustada para diferenciar as perturbações distímicas das perturbações histéricas (designações de H. Eysenck baseadas numa perspetiva dimensional, e não categorial, da psicopatologia). As perturbações distímicas remetem para a personalidade neurótica introvertida: no Eixo I do DSM-IV-TR, Perturbações do Humor (Depressivas) e Perturbações da Ansiedade, e no Eixo II, Perturbações da Personalidade Cluster-C. As perturbações histéricas dizem respeito à personalidade neurótica extrovertida: no Eixo I do DSM-IV-TR, Perturbações Somatoformes e Perturbações Dissociativas, e no Eixo II, Perturbações da Personalidade Cluster-B (excepto Antisocial). Posteriormente, em 1959, surgiu o *Maudsley Personality Inventory* (MPI; versão portuguesa, Vaz Serra, & Allen Gomes, 1973), que avaliava as mesmas dimensões, incluindo os itens do MMQ e alguns itens do *Guilford-Zimmerman Temperament Survey* (GZTS; Guilford, & Zimmerman, 1956). Neste questionário, as dimensões N e E tinham uma correlação negativa, o que contrariava o princípio de ortogonalidade (Vaz Serra, Ponciano, & Fidalgo Freitas, 1980). Para colmatar a referida limitação, H. Eysenck e S. Eysenck desenvolveram, em 1964, o *Eysenck Personality Inventory* (EPI; Inventário de Personalidade de Eysenck; forma A e B; versão portuguesa, Vaz Serra, Ponciano, & Fidalgo Freitas, 1980), cujas dimensões

N e E eram independentes. O EPI possuía melhores qualidades psicométricas do que o MPI e surgiu com uma nova escala de mentira (Lie), a escala L (H. Eysenck, & S. Eysenck, 2008).

O EPQ-R é a versão revista do *Eysenck Personality Questionnaire* (EPQ; Questionário de Personalidade de Eysenck; versão portuguesa, Castro Fonseca, S. Eysenck, & A. Simões, 1991), que foi elaborado por H. Eysenck e S. Eysenck, em 1975, e no qual foi integrada uma nova escala para medir a dimensão P (fundamentada em estudos realizados com doentes bipolares, psicóticos e psicopatas; cf. H. Eysenck, & M. Eysenck, 1985), mantendo a escala L. O EPQ-R (100 itens; S. Eysenck, H. Eysenck, & Barrett, 1985) surgiu para contornar as limitações da escala P do EPQ (precisão reduzida, baixa amplitude, distribuição inadequada).

3. Fundamentação teórica

A personalidade é definida por H. Eysenck como uma organização mais ou menos estável e perdurável do "caráter", do "temperamento" e dos "aspetos intelectuais" e "físicos" de um sujeito, que determina o seu ajustamento único ao meio ambiente; o "caráter" reflete o sistema comportamental volitivo (vontade); o "temperamento", o sistema comportamental afetivo (emoção); os "aspetos intelectuais", o sistema comportamental cognitivo (inteligência); e os "aspetos físicos", a configuração corporal e neuroendócrina do sujeito (H. Eysenck, & M. Eysenck, 1985). As dimensões de personalidade, enquadradas no modelo hierárquico de H. Eysenck, constituem os elementos basilares da estrutura de personalidade e consistem, essencialmente, nos fatores disposicionais que a determinam de modo constante e persistente. As dimensões englobam quatro níveis distintos de organização (ascendente) do comportamento humano: no primeiro nível, encontram-se as respostas específicas, que se referem aos comportamentos cuja ocorrência não depende das caraterísticas estruturais, manifestando-se em função da especificidade da situação; no segundo, as respostas habituais, que dizem respeito aos comportamentos ou respostas específicas que são recorrentes em circunstâncias similares; no terceiro, os traços de personalidade que consistem nas construções teóricas que derivam das intercorrelações observadas entre as respostas habituais; no quarto nível, os tipos de personalidade, que remetem para as organizações resultantes das intercorrelações entre traços, formando constelações, e que originam um constructo de ordem superior.

As dimensões de personalidade podem ser estudadas através da análise fatorial, sendo que os fatores de primeira-ordem correspondem aos traços de personalidade e os fatores de segunda-ordem aos tipos de personalidade (H. Eysenck, 1998). A dimensão N organiza-se num continuum entre a personalidade neurótica (ou emocionalmente instável) – que engloba traços como a emotividade, ansiedade, depressão, hiper-preocupação, irritabilidade fácil, sentimentos de culpa, baixa auto-estima, timidez, entre outros – e a personalidade estável – caracterizada pelos traços opostos, como a serenidade, controlo, boa disposição, entre outros. A dimensão E também se organiza num continuum, que abrange num pólo a personalidade extrovertida – englobando traços como a sociabilidade, vivacidade, atividade, assertividade, dominância, espontaneidade, espírito de aventura, otimismo, entre outros – e no outro a personalidade introvertida – reunindo traços como a cautela, introspeção, inibição, baixa sociabilidade, pessimismo, entre outros. A dimensão P, que se estabelece num continuum entre normalidade e psicopatologia, caracteriza os sujeitos que são criativos, egocêntricos, pouco empáticos, desconfiados, rígidos, desajustados, impulsivos, hostis e agressivos, entre outros traços (H. Eysenck, & S. Eysenck, 2008).

De acordo com H. Eysenck (1990a, 1990b), as diferenças individuais na personalidade são influenciadas por fatores psicobiológicos (fisiológicos, neurológicos, bioquímicos) geneticamente determinados. Na dimensão E, as diferenças resultam do nível de atividade do Sistema Activador Reticular Ascendente (SARA), que estimula o córtex cerebral, através da formação reticular, provocando maior ou menor excitabilidade cortical (*arousal* cortical): os introvertidos têm um SARA mais activo e um limiar de excitação mais baixo do que os extrovertidos; ao invés, os extrovertidos possuem um limiar de excitação mais elevado e por isso procuram a estimulação externa para atingirem o nível ótimo de *arousal*. Na dimensão N, as diferenças dependem da actividade do Sistema Nervoso Autónomo (SNA) e da sua interacção com o Sistema Límbico (SL) na regulação das emoções (*arousal* límbico): nos sujeitos neuróticos os circuitos neuronais do SNA/SL encontram-se mais ativos e o seu limiar de excitação é mais baixo do que nos sujeitos emocionalmente estáveis. Na dimensão P, existem diferenças bioquímicas e fisiológicas verificadas entre sujeitos saudáveis e doentes, e que estão associadas ao elevado nível de testosterona (agressividade), às baixas concentrações de 5-HIAA e

MAO (impulsividade), à maior concentração de HLA-B27 (sistema imunológico) e ao processo dissociativo que ocorre nestes doentes, ao nível do Sistema Nervoso Central (SNC), entre a ativação emocional e os *inputs* sensoriais. Contudo, o autor considerou os dados relativos a P insuficientes e menciona os estudos desenvolvidos por Zuckerman, sobre os marcadores biológicos, como uma base explicativa plausível (cf. H. Eysenck, 1990a). A comprovação das influências genéticas presentes nas dimensões de personalidade definidas no modelo de H. Eysenck (P, E, N) surgiu com as diversas investigações realizadas (gémeos monozigóticos e dizigóticos) em Inglaterra, na Austrália, na Finlândia e na Suécia (cf. H. Eysenck, 1990b). As pesquisas mais recentes também têm confirmado estes dados (e.g., Gillespie et al., 2008).

4. Estudos realizados em Portugal

Data e objetivos
O presente estudo do EPQ-R teve início em 2007, com o objetivo de adaptar, validar e aferir este instrumento para a população portuguesa, estabelecer as normas para a interpretação dos resultados e explorar as suas potencialidades em contextos clínico e forense.

Amostra e metodologia
A investigação das propriedades psicométricas do EPQ-R, no âmbito da Teoria Clássica dos Testes (TCT) e da Teoria da Resposta ao Item (TRI), e o estabelecimento de normas, efetivaram-se com o recurso a uma amostra nacional representativa (género e idade), constituída por 1689 sujeitos (783 homens e 906 mulheres; idades entre 16 e 60 anos, M=32.34 e DP=11.22; grupos etários, 16-20, 21-30, 31-40, 41-50, 51-60) e geograficamente distribuída por NUTS (Norte, Centro, Lisboa, Alentejo, Algarve, Açores, Madeira). Na TCT, foi examinada a validade de constructo, a validade de critério concorrente e a precisão. Na TRI, a qualidade dos itens (validade e precisão) foi estimada através do Modelo de Rasch (1PL). Os dados foram analisados nos programas SPSS (17.0), EQS (6.1) e WINSTEPS (3.69). No contexto normativo (amostras independentes), foram ainda definidas normas específicas para idosos (N=205; idade superior a 60 anos) e militares (N=568). O EPQ-R foi também validado no contexto clínico (N=207; Perturbações Depressivas, Ansiedade, Bipolares,

Psicóticas, Comportamento Alimentar, Personalidade) e no contexto forense (N=85; processos de Violência Doméstica, Promoção e Proteção, Regulação das Responsabilidades Parentais).

Resultados relativos à validade

No que concerne à validade de constructo do EPQ-R, na TCT, recorreu-se à Análise Fatorial Exploratória (AFE) e à Análise Fatorial Confirmatória (AFC) para examinar os dados (N=1689; tamanho da amostra apropriado, excedendo o mínimo de 10:1, recomendado por Nunnally, 1978). Na AFE, utilizou-se o método de análise em componentes principais (ACP), com rotação fatorial *direct oblimin*, conforme foi implementado no estudo do EPQ-R original (S. Eysenck, H. Eysenck, & Barrett, 1985). A adequação da amostra foi confirmada pelo KMO (.88) e pelo teste de esfericidade de Bartlett (χ^2=24433.60; df=2415; p=.000). Os preceitos adotados na extração dos fatores consistiram, por um lado, no critério de Kaiser-Guttman, e por outro, no *scree test* de Cattell (cf. Nunnally, 1978). A solução de quatro fatores obtida – N, E, L, P –, que replica a estrutura original, é a mais adequada e consistente. Os *eigenvalues* assumiram valores superiores a 2.0. Kline (1994) sugere que as saturações iguais ou superiores a .30 devem ser consideradas significativas e este foi o critério igualmente utilizado no estudo do instrumento original (S. Eysenck, H. Eysenck, & Barrett, 1985). Na AFE foram retidos 70 itens, distribuídos pelos quatro fatores: o primeiro fator (N, 23 itens; *eigenvalue*=7.27) explica 10.39% da variância total (saturações entre .69 e .38; média .50); o segundo fator (E, 20 itens; *eigenvalue*=4.90) explica 7.00% da variância (saturações entre .67 e .33; média .49); o terceiro fator (L, 18 itens; *eigenvalue*=3.75) explica 5.35% da variância (saturações entre .61 e .35; média .45); e o quarto fator (P, 9 itens; *eigenvalue*=2.24) explica 3.20% da variância (saturações entre .59 e .28; média .39; foi mantido na estrutura um item com saturação .28 por possuir outros índices adequados de precisão e validade na TCT e na TRI). As correlações (r de Pearson; critério de Cohen, 1988) entre os fatores do EPQ-R são fracas ou nulas (entre -.20 e .23), o que indica que estes são independentes. O princípio da ortogonalidade foi confirmado. Quanto à reduzida percentagem de variância explicada, vários estudos apresentam dados similares, com valores a oscilarem entre 20% e 30%, quer com versões do EPQ-R (e.g., Alexopoulos, & Kalaitzidis, 2004), quer com outros instrumentos de personalidade como o

NEO-PI-R (Lima, & Simões, 1997) ou o ZKPQ-III-R (e.g., Gomà-i-Freixanet, Valero, Puntí, & Zuckerman, 2004).

Na AFC, testou-se o ajustamento da estrutura fatorial do EPQ-R obtida pela AFE, através do método de estimação de máxima verosimilhança, a partir da matriz de covariância. Para o efeito, consideraram-se quatro indicadores de ajustamento: rácio qui-quadrado/graus de liberdade (χ^2/df), *Comparative Fit Index* (CFI), *Standardized Root Mean Square Residual* (SRMR) e *Root Mean Square Error of Approximation* (RMSEA).

Tal como na pesquisa de Dazzi (2011), a AFC do modelo global do EPQ-R foi efetuada mediante o parcelamento dos itens, pelo método *item-to-construct balance*. Os 70 itens do instrumento foram agregados em parcelas, definindo 18 indicadores para analisar as quatro variáveis latentes constituintes do modelo (5 parcelas para os fatores N, E e L, em cada, e 3 parcelas para o fator P). Assim, o modelo global do EPQ-R, para o qual os fatores introduzidos foram correlacionados entre si e não foram estabelecidas covariâncias entre os erros, revela um bom ajustamento: $\chi^2(129)=533.786$, p<.001; $\chi^2/df=4.13$; CFI=.96; SRMR=.042; RMSEA=.043 – rácio$\chi^2/df<5$, índice CFI>.95, índice SRMR<.08, índice RMSEA<.06 (cf. Schumacker, & Lomax, 2004). As parcelas apresentam cargas fatoriais adequadas: N, entre .80 e .74; E, entre .78 e .68; P, entre .63 e .51; L, entre .70 e .59. Por conseguinte, estes dados, obtidos na AFC (Figura 1), confirmam que a estrutura fatorial do EPQ-R (N, E, P, L) é adequada e robusta e constituem uma importante evidência da sua validade de constructo.

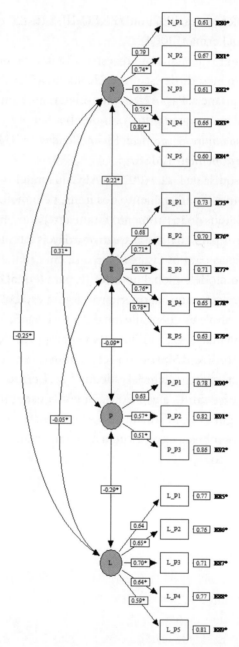

Figura 1 – EPQ-R: estrutura fatorial obtida pela AFC

No âmbito da TRI, testou-se a unidimensionalidade das escalas do EPQ-R, através do método de Análise de Componentes Principais dos Resíduos (ACPR): o componente principal de N explica 33.0% da variância, com *eigenvalue* 11.3, e o seu primeiro contraste (unidade de variância residual)explica 6.3% da variância, com *eigenvalue* 2.2; o componente principal de E explica 34.2% da variância, com *eigenvalue* 10.4, e o primeiro contraste explica 6.1%, com *eigenvalue* 1.9; o componente principal de P explica 17,4% da variância, com *eigenvalue* 1.9, e o primeiro contraste explica 14.9%, com *eigenvalue* 1.6; o componente principal de L explica 36.2% da variância, com *eigenvalue* 10.2, e o primeiro contraste explica 5.5%, com *eigenvalue* 1.5. Deste modo, as escalas E e L preenchem na totalidade o critério de Linacre (1999) – variância explicada pelo componente principal da dimensão superior a 20% e *eigenvalue* do primeiro contraste inferior a 2.0. Na escala N, apesar da variância explicada pelo componente principal cumprir o critério, o *eigenvalue* do primeiro contraste excede ligeiramente 2.0; contudo, no critério de Fisher (2007), se a variância explicada pelo primeiro contraste for baixa, entre 5% e 10%, considera-se que existe unidimensionalidade. A escala P não cumpre nenhum dos critérios.

No exame da validade de constructo, a TRI confirma os resultados alcançados na TCT, sugerindo que as escalas N, E e L são unidimensionais; contudo, o mesmo não se verifica relativamente à escala P, cujas limitações psicométricas verificadas na análise dos seus itens (TRI) terão influenciado os resultados. Em oposição, na AFC, o ajustamento (ao nível dos itens) do modelo do fator P é adequado [$\chi^2(25)=69.158$, p<.001; $\chi^2/df=2.76$; CFI=.96; SRMR=.028; RMSEA=.032], evidenciando a sua unidimensionalidade (cf. Almiro, 2013).

No que se refere à validade concorrente, foram efetuados vários estudos com o EPQ-R, utilizando como critério de validação externo os resultados obtidos em alguns dos mais importantes instrumentos de avaliação clínica e da personalidade (Tabela I, r de Pearson): o Inventário Depressivo de Beck II (BDI-II; versão portuguesa, Martins, 2000), que avalia a depressão (N=103); o Inventário de Estado-Traço de Ansiedade (STAI; versão portuguesa, Silva, 2006), que mede a ansiedade (estado e traço) (Ans-E, N=81, Ans-T, N=292); o Inventário de Sintomas Psicopatológicos (BSI; versão portuguesa, Canavarro, 2007), que avalia nove grupos de sintomas psicopatológicos (N=304); a *Escala de Desejabilidade Social de Marlowe-Crowne* (MCSDS; versão preliminar portuguesa, Almiro, Simões, & Sousa, 2012), que é uma medida de desejabilidade social (N=254); a *Escala de Avaliação da Vulnerabilidade ao Stress* (23 QVS; Vaz Serra, 2000), que avalia a vulnerabilidade do sujeito ao *stress* e a sua propensão para desenvolver psicopatologia (N=116); e o *Inventário dos Cinco Fatores* (NEO-FFI; versão portuguesa, Lima, 2008), que mede cinco fatores de personalidade (N=112).

Tabela I. EPQ-R: dados dos estudos de validade concorrente (BDI-II, STAI, BSI, MCSDS, 23QVS, NEO-FFI)

Instrumentos de Avaliação		EPQ-R			
		N	E	P	L
BDI-II		.70**	-.31**	.30**	
STAI	Ansiedade-Estado (Ans-E)	.54**	-.24*	.39**	
	Ansiedade-Traço (Ans-T)	.71**	-.22**	.36**	-.24**
BSI	Índice Geral de Sintomas (IGS)	.68**	-.14*	.31**	-.20**
	I. Somatização	.51**		.21**	
	II. Obsessões-Compulsões	.53**	-.13*	.15**	-.26**
	III. Sensibilidade Interpessoal	.56**	-.20**	.14*	-.13*
	IV. Depressão	.63**	-.19**	.22**	-.17**
	V. Ansiedade	.63**		.26**	-.18**
	VI. Hostilidade	.60**		.42**	-.33**
	VII. Ansiedade Fóbica	.44**	-.14*	.28**	
	VIII. Ideação Paranóide	.48**		.34**	-.13*
	IX. Psicoticismo	.60**		.25**	-.25**
MCSDS		-.26**		-.17**	.74**
23 QVS		.74**	-.43**		
NEO-FFI	Neuroticismo (N)	.80**	-.44**	.46**	
	Extroversão (E)	-.50**	.75**		
	Abertura à Experiência (O)	-.35**	.24**	-.32**	
	Amabilidade (A)	-.36**	.24**	-.40**	.31**
	Conscienciosidade (C)	-.21*		-.19*	.36**

[* p<.05; ** p<.01].

Os elevados coeficientes de correlação alcançados (critério de Cohen, 1988) são comprovativos da enorme proximidade que existe entre o constructo de Neuroticismo, mensurado pelo EPQ-R, e os constructos de depressão do BDI-II (r=.70), de ansiedade-traço (r=.71) e de ansiedade-estado (r=.54) do STAI [no estudo militar (N=530, subamostra), a correlação entre a escala N e a ansiedade-traço foi de .66], de vulnerabilidade ao *stress* da 23 QVS (r=.74) e das dimensões psicopatológicas do BSI (r=.68) [no estudo clínico (N=131, subamostra de pacientes), a correlação entre a escala N e o BSI (índice geral de sintomas) foi de .64]. Os dados demonstram também que existe uma forte relação entre o constructo de Neuroticismo do EPQ-R e o constructo de neuroticismo medido pelo NEO-FFI (r=.80), bem como entre o constructo de Extroversão do EPQ-R e o constructo de extroversão avaliado pelo NEO-FFI (r=.75). No EPQ-R, o constructo de Mentira/Desejabilidade Social analisado pela escala L possui uma enorme proximidade com a desejabilidade social da MCSDS (r=.74) [no estudo forense (N=85), a correlação entre a escala L e a MCSDS foi de .70].

Resultados relativos à precisão
Na precisão do EPQ-R, foram obtidos os seguintes alfas de Cronbach (método da consistência interna): N (.87), E (.83), P (.55) e L (.78). Segundo o critério de DeVellis (1991), os coeficientes de precisão de N e E são considerados "muito bons", o de L é "respeitável" e o de P é "inaceitável". Na precisão teste-reteste (N=124; estabilidade temporal entre 4 a 8 semanas), os coeficientes atingiram os seguintes valores: N (.86), E (.89), P (.72) e L (.86). Os índices de N, E e L são "muito bons" e o valor de P é "respeitável" (valores superiores a .70). O baixo coeficiente alfa obtido para P (.55) deverá ter sido influenciado pelo reduzido número de itens da escala (cf. Nunnally, 1978), uma vez que o índice de precisão teste-reteste (.72) é adequado. À exceção das limitações de P, os índices de precisão das escalas N, E e L do EPQ-R são elevados.

Análise dos itens
Na TCT, foi primeiramente estudada uma versão experimental do EPQ-R com 123 itens (AFE, N=671); a versão final ficou com 70 itens (AFE e AFC, N=1689). Na TRI, com a aplicação do Modelo de Rasch, procedeu-se ao estudo do EPQ-R, através da análise do índice de dificuldade dos itens ("acertos"

e "erros") e da sua adequabilidade para avaliar o nível do atributo nos sujeitos (medição conjunta dos itens e dos sujeitos na escala *logit*). No contexto da avaliação da personalidade, o índice de dificuldade deve ser interpretado do seguinte modo: no atributo medido, o sujeito "acerta" o item quando está de acordo com seu conteúdo (indica que o traço de personalidade está presente no sujeito) ou "erra" quando está em desacordo. Como o EPQ-R avalia três dimensões independentes da personalidade (N, E, P) e contém uma escala de validade (L), a análise de cada uma das escalas foi efetuada em separado; os sujeitos com pontuações extremas foram eliminados desta análise. Na estatística *infit* e *outfit*, considera-se que existe ajuste (itens e sujeitos) quando os índices oscilam entre .50 e 1.50 (média 1.00); os índices próximos de 1.00 revelam ajuste perfeito; acima de 1.50, desajuste moderado; acima de 2.00, desajuste severo; abaixo de .50, "sobreajuste"; o *infit* constitui o melhor indicador de ajuste (Linacre, 1999).

Nas escalas N, E, P e L, todos os itens apresentam bons índices de ajuste *infit* (no global: mínimo .76 e máximo 1.22; média entre .99 e 1.00) e de ajuste *outfit* (no global: mínimo .58 e máximo 1.47; média entre .98 e 1.01) (Tabela 2), cumprindo assim o critério de Linacre (1999). Em relação aos sujeitos, verifica-se que na escala N, para *infit* (média .99), 0.72% dos sujeitos revelam desajuste moderado, e para *outfit* (média .98), 6.48% têm desajuste moderado e 1.44% desajuste severo; na escala E, para *infit* (média 1.00), 1.88% dos sujeitos mostram desajuste moderado e 0.06% desajuste severo, e para *outfit* (média .98), 5.99% têm desajuste moderado e 4.60% desajuste severo; na escala P, para *infit* (média 1.00), 1.35% dos sujeitos revelam desajuste moderado, e para *outfit* (média .99), 11.01% têm desajuste moderado e 4.83% desajuste severo; e na escala L, para *infit* (média 1.00), 4.94% dos sujeitos mostram desajuste moderado e 0.18% desajuste severo, e para *outfit* (média 1.01), 7.59% têm desajuste moderado e 5.67% desajuste severo.

Em todas as escalas do EPQ-R, os valores da medida (localização na escala *logit*) para os itens assumem o ponto médio .00, como é desejável (Tabela II). Na calibração entre itens/sujeitos, N (.00/-.25) e L (.00/.22) apresentam um ajuste muito bom entre o índice de dificuldade dos itens e o nível do atributo avaliado nos sujeitos, medindo convenientemente os níveis baixos, médios e elevados do atributo; na escala E (.00/.81), os itens são relativamente "fáceis" para os sujeitos avaliados, sendo que estes medem melhor os níveis médios e elevados do atributo do que os níveis baixos (sujeitos tendencialmente extrovertidos); e na escala P (.00/-.160), os itens são muito "difíceis" para os sujeitos, o que significa que a sua medição só se ajusta aos níveis baixos do atributo (escala patológica).

Tabela II. EPQ-R: valores da parametrização dos itens e dos sujeitos e valores da precisão estimados no âmbito da TRI e da TCT.

N	Itens				Sujeitos				Precisão		
	M	DP	Mín.	Máx.	M	DP	Mín.	Máx.	PSI	PSS	α
Medida	.00	.91	-2.01	1.39	-.25	1.40	-3.50	3.40			
Infit	1.00	.10	.76	1.12	.99	.18	.56	1.84	1.00	.83	.87
Outfit	.98	.15	.63	1.21	.98	.38	.23	4.36			
EP	.06	.00	.06	.07	.54	.13	.45	1.05			

E	Itens				Sujeitos				Precisão		
	M	DP	Mín.	Máx.	M	DP	Mín.	Máx.	PSI	PSS	α
Medida	.00	1.22	-2.81	1.82	.81	1.37	-3.72	3.43			
Infit	.99	.12	.79	1.22	1.00	.21	.38	2.08	1.00	.78	.83
Outfit	.98	.25	.58	1.47	.98	.60	.16	8.93			
EP	.07	.02	.06	.12	.60	.14	.50	1.10			

P	Itens				Sujeitos				Precisão		
	M	DP	Mín.	Máx.	M	DP	Mín.	Máx.	PSI	PSS	α
Medida	.00	.78	-1.08	1.65	-1.60	.82	-2.29	2.32			
Infit	1.00	.07	.90	1.08	1.00	.18	.61	1.60	.98	.00	.55
Outfit	.99	.10	.83	1.14	.99	.67	.47	5.83			
EP	.10	.02	.07	.16	.93	.15	.71	1.10			

L	Itens				Sujeitos				Precisão		
	M	DP	Mín.	Máx.	M	DP	Mín.	Máx.	PSI	PSS	α
Medida	.00	1.28	-2.15	2.40	.22	1.26	-3.47	3.49			
Infit	.99	.08	.86	1.10	1.00	.28	.43	2.15	1.00	.74	.78
Outfit	1.01	.16	.70	1.31	1.01	.66	.21	9.90			
EP	.06	.01	.06	.08	.61	.10	.55	1.07			

[M (média), DP (desvio-padrão), Mín. (valor mínimo), Máx. (valor máximo), EP (erro padrão), PSI (precisão da separação dos itens), PSS (precisão da separação dos sujeitos)]

Na precisão, os índices examinados pelo Erro Padrão (EP) e pela Precisão da Separação dos Itens (PSI) comprovam a boa qualidade da medição efetuada pelos itens; o índice de Precisão da Separação dos Sujeitos (PSS) das escalas N (.83), E (.78) e L (.74) é bom, mas o valor para p é nulo – apesar da boa qualidade dos itens da escala P, o seu nível de dificuldade é elevado, o que se repercute na sua inadequação para avaliar as caraterísticas dos sujeitos da amostra normativa. Numa análise DIF (Funcionamento Diferencial dos Itens), para o género e a idade, verificou-se que embora alguns itens (poucos) tenham apresentado DIF do Tipo C (preenchendo os dois critérios: contraste DIF associado ao valor t de Welch significativo e o critério de Mantel-Haenszel com p significativo), o seu índice de dificuldade é na generalidade equiparado (em cada variável); estes itens não produzem, por isso, enviesamentos significativos na medida (cf. Almiro, 2013).

5. Procedimentos de aplicação e correção

A aplicação do EPQ-R pode ser individual ou coletiva (questionário de auto-resposta). O tempo médio de administração individual, em contexto normativo, é de 10 a 15 minutos. Para cada questão (item), o sujeito deve assinalar "Sim" ou "Não", de acordo com a sua maneira habitual de ser, pensar e sentir. Nas quatro escalas, a correção das respostas (itens diretos e itens que invertem) realiza-se mediante uma chave de cotação e a pontuação obtida é independente das restantes.

6. Interpretação dos resultados

As normas para a interpretação do EPQ-R foram estabelecidas através de médias e desvios-padrão (Tabela III), para o género e para a idade, conforme o estudo da versão original (S. Eysenck, H. Eysenck, & Barrett, 1985). Este instrumento, embora tenha uma reconhecida aplicabilidade clínica e forense (cf. Lynn, 1981; Nyborg, 1997), foi construído para avaliar o funcionamento normal da personalidade. Por isso, a interpretação das pontuações obtidas (N, E, P, L) deve ter como referência a amostra normativa nacional (N=1689). A avaliação da personalidade efetuada pelo EPQ-R resulta da descrição das caraterísticas emocionais e comportamentais (relacionadas com o caráter, o temperamento e os aspetos intelectuais e físicos) do sujeito, em função das dimensões N, E e P, que são integradas num sistema compreensivo de análise dos traços. A avaliação da escala L, como uma medida de Mentira/Desejabilidade Social, constitui um elemento essencial na apreciação da personalidade do sujeito e do seu nível de sinceridade a responder ao questionário (trata-se de uma escala de validade).

Tabela III. EPQ-R: normas de interpretação para os contextos normativos, clínico e forense

Amostras		N	E	P	L
Normativa (N=1689)	M (DP)	10.44 (5.53)	12.61 (4.43)	1.01 (1.31)	9.68 (3.72)
Idosos (Normativa) (N=205)	M (DP)	11.83 (5.69)	11.01 (4.45)	0.81 (1.15)	13.01 (3.42)
Militares (N=568)	M (DP)	8.01 (5.56)	14.81 (3.92)	1.28 (1.47)	10.16 (3.77)
Clínica (N=207)	M (DP)	16.96 (5.15)	9.58 (4.91)	1.42 (1.53)	9.99 (3.66)
Forense (N=85)	M (DP)	8.22 (6.38)	13.09 (3.92)	0.93 (1.20)	12.82 (3.68)

[M (média), DP (desvio-padrão)]

Através da aplicação do Teste t (p<.001) verificou-se que na amostra normativa (16-60), as mulheres pontuam mais nas escalas N [t(1562.271)=-6.982] e L [t(1562.303)=-5.241] e os homens mais na escala P [t(1564)=7.367]; os sujeitos mais novos (16-30) pontuam mais nas escalas N [t(1686.593)=3.583], E [t(1683.418)=3.945] e P [t(1687)=5.475], enquanto que os sujeitos mais velhos (31-60) mais na escala L [t(1686.992)=-12.331]. Em comparação com a amostra normativa, os idosos pontuam mais na escala L (várias comparações, e.g., com o grupo 21-30 [t(407.875)=13.567]) e menos na escala E (várias comparações, e.g., com o grupo 21-30 [t(406.164)=-4.346], os militares pontuam mais nas escalas E [t(1062)=6.905] e L [t(1057.510)=8.147] e menos na escala N [t(1060.717)=-6.531], a amostra clínica pontua mais nas escalas N [t(408.181)=11.657] e P [t(412)=2.747; p<.01] e menos na escala E [t(411.170)=-5.682], e a amostra forense pontua mais na escala L [t(167.412)=6.487].

No contexto clínico, além da descrição da personalidade do sujeito em função das três dimensões avaliadas, a aplicabilidade do EPQ-R centra-se na dimensão N, que reflete as suas potencialidades na avaliação do funcionamento psicopatológico e/ou da propensão para o desenvolvimento de perturbações emocionais. A dimensão N permite discriminar entre sujeitos doentes e saudáveis, por meio do ponto-de-corte indicado de 14 pontos (73.9% de probabilidade de identificar os sujeitos doentes e 72.0% de excluir os sujeitos saudáveis) e a associação entre N e E é fulcral para a definição do perfil de personalidade – personalidade neurótica introvertida (distimia) (N+, E–) e personalidade neurótica extrovertida (histeria) (N+, E+).

A escala L assume um papel fulcral no âmbito forense, uma vez que permite discriminar entre sujeitos com perfil de elevada dissimulação e sujeitos com nível "normal" de desejabilidade social. Nesta distinção, o ponto-de-corte proposto é de 12 pontos (70.0% de probabilidade de identificar os sujeitos que dissimulam e 67.8% de excluir os que são sinceros). Os pontos-de-corte foram obtidos utilizando a fórmula de Fisher (cf. Almiro, 2013).

7. Avaliação crítica

A investigação das propriedades psicométricas do EPQ-R (Almiro, 2013; Almiro, & M.R. Simões, 2007), desenvolvida no âmbito da TCT e da TRI, sugere, na generalidade, bons índices de precisão e de validade. A estrutura fatorial – N, E, P, L – do instrumento original (S. Eysenck, H. Eysenck, & Barrett, 1985) foi replicada no contexto português, o que comprova a robustez e a adequabilidade das dimensões de personalidade avaliadas. Os estudos de validade concorrente realizados evidenciam também a proximidade existente entre N e a depressão, a ansiedade, a vulnerabilidade ao stress e os sintomas psicopatológicos.

Apesar das escalas N, E e L apresentarem excelentes índices de precisão, a escala P revela algumas limitações ao nível da consistência interna e da PSS. No Modelo de Rasch, constata-se que os seus itens possuem um elevado nível de dificuldade, o que os torna inadequados para medir convenientemente o atributo – Psicoticismo – nos sujeitos normativos. Recomenda-se por isso precaução na interpretação das pontuações obtidas na escala P.

A análise das qualidades psicométricas da escala P requer estudos com o EPQ-R no contexto clínico, em amostras mais numerosas de doentes bipolares e psicóticos (as amostras destes doentes avaliadas no estudo clínico são reduzidas), e no contexto forense (psicologia criminal), em amostras de reclusos e de sujeitos com personalidade anti-social.

O EPQ-R é adequado para avaliar a personalidade nos diversos contextos normativos (nomeadamente, organizacional, educacional, vocacional, saúde, entre outros), possuindo normas específicas para a população idosa e militar.

Considerando a comprovada utilidade do EPQ-R nos domínios de intervenção psicológica estudados (normativo, clínico, forense), seria desejável alargar os estudos de validação deste instrumento de modo a obter normas de interpretação específicas para outros contextos e populações.

8. Bibliografia fundamental

Alexopoulos, D.S., & Kalaitzidis, I. (2004). Psychometric properties of Eysenck Personality Questionnaire-Revised (EPQ-R) Short scale in Greece. *Personality and Individual Differences, 37*, 1205-1220.

Almiro, P.A. (2013). *Adaptação, validação e aferição do EPQ-R para a população portuguesa: Estudos em contextos clínico, forense e na comunidade.* Dissertação de Doutoramento, Faculdade de Psicologia e de Ciências da Educação da Universidade de Coimbra, Coimbra.

Almiro, P.A., & Simões, M.R. (2007). *Questionário de Personalidade de Eysenck – Forma Revista (EPQ-R): Estudos para uma nova adaptação portuguesa.* Poster apresentado no X Congresso Internacional e Multidisciplinar do Centro de Psicopedagogia da Universidade de Coimbra "Igualdade para todos: Contributos da Educação e da Psicologia", 29-30 de Maio, Coimbra.

Almiro, P.A., & Simões, M.R. (2008). Estudo exploratório com a Versão Experimental Portuguesa do Questionário de Personalidade de Eysenck – Forma Revista (EPQ-R). *Actas da XIII Conferência Internacional "Avaliação Psicológica: Formas e Contextos"* (artigo, 13 páginas).

Almiro, P.A., & Simões, M.R. (2011). Questionário de Personalidade de Eysenck – Forma Revista (EPQ-R): Breve revisão dos estudos de validade concorrente. *Revista Portuguesa de Psicologia, 42*, 101-120.

Almiro, P.A., Simões, M.R., & Moura, O. (2012). Questionário de Personalidade de Eysenck – Forma Revista(EPQ-R): Estrutura fatorial. Em preparação.

Almiro, P.A., Simões, M.R., & Sousa, L. (2012). Escala de Desejabilidade Social de Marlowe-Crowne (versão 33 itens): Estudos de adaptação e validação para a população portuguesa. Em preparação.

Barrett, P.T., Petrides, K.V., Eysenck, S.B., & Eysenck, H.J. (1998). The Eysenck Personality Questionnaire: An examination of the fatorial similarity of P, E, N, and L across 34 countries. *Personality and Individual Differences, 26*, 805-819.

Canavarro, M.C. (2007). Inventário de Sintomas Psicopatológicos (BSI). In M.R. Simões, C. Machado, M.M. Gonçalves, & L.S. Almeida (Eds.), *Avaliação psicológica: Instrumentos validados para a população portuguesa* (Vol. III; pp.305-331). Coimbra: Quarteto.

Castro Fonseca, A., Eysenck, S.B., & Simões, A. (1991). Um estudo intercultural da personalidade: Comparação de adultos portugueses e ingleses no EPQ. *Revista Portuguesa de Pedagogia, 25*, 187-203.

Cohen, J. (1988). *Statistical power analysis for the behavioral sciences* (2nd ed.). New Jersey: Erlbaum.

Dazzi, C. (2011). The Eysenck Personality Questionnaire – Revised (EPQ-R): A confirmation of the fatorial structure in the Italian context. *Personality and Individual Differences, 50*, 790-794.

DeVellis, R.F. (1991). *Scale development: Theory and applications*. London: SAGE.
Eysenck, H.J. (1990a). Biological dimensions of personality. In L.A. Pervin (Ed.), *Handbook of personality: Theory and research* (pp.244-276). New York: The Guilford Press.
Eysenck, H.J. (1990b). Genetic and environmental contributions to individual differences: The three major dimensions of personality. *Journal of Personality, 58*, 245-261.
Eysenck, H.J. (1998). *Dimensions of personality*. New Brunswick: Transaction Publishers.
Eysenck, H.J., & Eysenck, M.W. (1985). *Personality and individual differences: A natural science approach*. New York: Plenum Press.
Eysenck, H.J., & Eysenck, S.B. (1975). *Manual of the Eysenck Personality Questionnaire (Junior & Adult)*. London: Hodder & Stoughton.
Eysenck, H.J., & Eysenck, S.B. (2008). *EPQ-R: Cuestionario revisado de personalidad de Eysenck: Versiones completa (EPQ-R) y abreviada (EPQ-RS)* (3ª ed.). Madrid: TEA Ediciones.
Eysenck, S.B., Eysenck, H.J., & Barrett, P.T. (1985). A revised version of the Psychoticism scale. *Personality and Individual Differences, 6*, 21-29.
Fisher, W.P. (2007). Rating scale instrument quality criteria. *Rasch Measurement Transactions, 21*, 1095.
Furnham, A., Eysenck, S.B., & Saklofske, D.H. (2008). The Eysenck personality measures: Fifty years of scale development. In G.J. Boyle, G. Matthews, & D.H. Saklofske (Eds.), *The SAGE handbook of personality theory and assessment: Vol. 2 – Personality measurement and testing* (pp.199-218). London: SAGE.
Gillespie, N.A., Zhu, G., Evans, D.M., Medland, S.E., Wright, M.J., & Martin, N.G. (2008). A genome-wide scan for eysenckian personality dimensions in adolescent twin sibships: Psychoticism, Extraversion, Neuroticism, and Lie. *Journal of Personality, 76*, 1415-1446.
Gomà-i-Freixanet, M., Valero, S., Puntí, J., & Zuckerman, M. (2004). Psychometric properties of the Zuckerman-Kuhlman Personality Questionnaire in a Spanish sample. *European Journal of Psychological Assessment, 20*, 134-146.
Kline, P. (1994). *An easy guide to fator analysis*. London: Routledge.
Lima, M.P. (2008). *NEO-FFI – Versão portuguesa*. Poster apresentado na XIII Conferência Internacional "Avaliação Psicológica: Formas e Contextos", 2-4 de Outubro, Braga.
Lima, M.P., & Simões, A. (1997). O Inventário da Personalidade NEO-PI-R: Resultados da aferição portuguesa. *Psychologica, 18*, 25-46.
Linacre, J.M. (2009). *WINSTEPS 3.68.0: Rasch measurement computer program*. Chicago: Winsteps.com. Lynn, R. (Ed.) (1981). *Dimensions of personality: Papers in honour of H.J. Eysenck*. Oxford: Pergamon Press.
Martins, A. (2000). *As manifestações clínicas da depressão na adolescência*. Dissertação de Mestrado, não publicada, Faculdade de Medicina da Universidade do Porto, Porto.
Nunnally, J.C. (1978). *Psychometric theory* (2nd ed.). New York: McGraw-Hill.
Nyborg, H. (Ed.) (1997). *The scientific study of human nature: Tribute to Hans J. Eysenck at eighty*. Oxford: Pergamon.
Schumacker, R.E., & Lomax, R.G. (2004). *A beginner's guide to structural equation modeling* (2nd ed.). New Jersey: Lawrence Erlbaum Associates.
Silva, D.R. (2006). O Inventário de Estado-Traço de Ansiedade (STAI). In M.M. Gonçalves, M.R. Simões, L.S. Almeida, & C. Machado (Eds.), *Avaliação psicológica: Instrumentos validados para a população portuguesa* (Vol. I, 2ª ed., pp.45-60). Coimbra: Quarteto.

Vaz Serra, A. (2000). Construção de uma escala para avaliar a vulnerabilidade ao stress: a 23QVS. *Psiquiatria Clínica, 21,* 279-308.

Vaz Serra, A., Ponciano, E., & Fidalgo Freitas, J. (1980). Resultados da aplicação do Eysenck Personality Inventory a uma amostra de população portuguesa. *Psiquiatria Clínica, 1,* 127-132.

9. Material

O questionário (contém as instruções de aplicação), a chave de cotação e as normas.

10. Edição e distribuição

O EPQ-R pode ser cedido para investigação mediante pedido formal aos autores.

11. Contacto dos autores

Pedro Armelim Almiro. Bolseiro de Doutoramento da FCT (SFRH/BD/37970/2007). Endereço eletrónico: psi.armelim22@yahoo.com.

Mário R. Simões. Laboratório de Avaliação Psicológica. CINEICC. Faculdade de Psicologia e de Ciências da Educação da Universidade de Coimbra. Rua do Colégio Novo, Apartado 6153. 3001-802 Coimbra. Endereço eletrónico: simoesmr@fpce.uc.pt.

ESCALAS DE AVALIAÇÃO DO DOMÍNIO MATERIAL (EADM)

Liliana Sousa[1,2] *e Marta Patrão*[1,3]

1. Indicações

Dimensões avaliadas
A vida pode ser organizada em domínios (Sirgy, 1998): o domínio material é o espaço dos bens materiais (incluindo dinheiro), envolvendo a ideologia (valores, afetos e crenças) e os comportamentos associados ao uso dos bens materiais. Neste capítulo apresentamos três escalas sob a designação de Escalas de Avaliação do Domínio Material que avaliam constructos complementares ou aspetos interligados do domínio material da vida: i) Escala de Valores Materiais (*Material Values Scale* - MSV, versão reduzida de 9 itens, de Richins & Dawson, 1992), que avalia o materialismo enquanto valor (crença acerca do papel que a posse e aquisição dos bens materiais desempenha na prossecução de objetivos e finalidades de vida) e envolve três dimensões (sucesso, centralidade e felicidade); ii) Escala de Ética Monetária (*Money Ethic Scale* - MES, versão reduzida de 12 itens, de Tang, 1995), que avalia as atitudes em relação ao dinheiro, considerando a componente cognitiva (sucesso e liberdade), comportamental (gestão do orçamento) e afetiva (depreciação); iii) Escala de Comportamentos Monetários (adaptada de *Money Beliefs and Behavior Scale*, MBBS, de Furnham, 1984), que avalia os comportamentos em relação ao dinheiro

---

[1] Universidade de Aveiro.
[2] UNIFAI.
[3] GOVCOPP - Unidade de Investigação em Governança, Competitividade e Políticas Públicas.

(ansiedade, poupança e não-generosidade). A Tabela I apresenta as dimensões avaliadas por cada escala, bem como o número de itens que as integram.

Tabela I. Dimensões avaliadas pelas Escalas de Avaliação do Domínio Material

Escala	Dimensões avaliadas
Escala de Valores Materiais	Sucesso: a aquisição e posse dos bens materiais representam conquistas e realização na vida (itens 1 a 3)
	Centralidade: a aquisição e posse de bens materiais são centrais na vida (itens 4 a 6)
	Felicidade: a aquisição e posse de bens materiais contribuem para a felicidade (itens 7 a 9)
Escala de Ética Monetária	Sucesso: o dinheiro representa poder e realização (itens 1 a 5);
	Liberdade: o dinheiro representa autonomia e independência (itens 6 a 8)
	Gestão do orçamento: o dinheiro deve ser utilizado de forma cuidadosa (itens 9 a 10)
	Depreciação (afetos negativos associados ao dinheiro): o dinheiro representa algo mau ou perverso (itens 11,12)
Escala de Comportamentos Monetários	Ansiedade: preocupações relativas ao dinheiro (itens 1, 2)
	Poupança: hábitos de poupança e habilidade para gerir o dinheiro (itens 3,4)
	Não-Generosidade: comportamentos de baixa generosidade associados à retenção ou conservação do dinheiro (itens 5,6)

População-alvo

As três escalas que integram as Escalas de Avaliação do Domínio Material aplicam-se a indivíduos adultos de todas as idades, excluindo pessoas com problemas cognitivos ou doenças mentais.

2. História

Os instrumentos que apresentamos neste artigo foram validados inicialmente no âmbito de um projeto de investigação sobre implicações dos valores emocionais e relacionais dos bens (heranças) nas relações familiares na velhice. Neste projeto foi desenvolvido um quadro conceptual que incluía a influência dos valores associados aos bens materiais no uso e gestão dos bens e heranças entre doadores e herdeiros. Daí resultou a necessidade de aprofundar o conhecimento sobre o domínio material da vida: valores, crenças e comportamentos associados às experiências e uso dos bens materiais e do dinheiro. Atendendo à ausência de instrumentos de avaliação que contemplassem os valores emocionais e comportamentos monetários, devidamente validados no contexto português, procedemos à seleção de instrumentos que abarcassem o domínio material da vida (valores, atitudes e comportamentos monetários), com vista à sua validação para a amostra em estudo. Após revisão da literatura elaborada em contextos de investigação semelhantes, optámos por integrar os três instrumentos atrás referidos. Apresentamos seguidamente uma breve revisão histórica de cada um destes instrumentos.

Escala de Valores Materiais

Os estudos sobre materialismo abordam o constructo em torno de três orientações: i) medir traços de personalidade associados ao materialismo (cf. Belk, 1984); ii) avaliar o materialismo através da importância que lhe é atribuída nos ideais sociais e políticos dos sujeitos (cf. Inglehart, 1981); e iii) avaliar atitudes relacionadas com o materialismo (cf. Richins & Dawson, 1992). Estes estudos deram um elevado contributo conceptual para o aprofundamento do conceito de materialismo e para a compreensão do seu papel no funcionamento psicológico individual e sua relação com a vida profissional e social, mas os instrumentos de avaliação desenvolvidos apresentavam limitações: os níveis de precisão eram pouco adequados e/ou a validade de constructo era baixa (Richins & Dawson, 1992). Assim, a construção da primeira versão da Escala de Valores Materiais (Richins & Dawson, 1992) procurou desenvolver um instrumento com critérios psicométricos válidos e que avaliasse diretamente o materialismo. Na seleção dos itens para a construção desta escala os autores recorreram a três fontes: estudos sobre atitudes, caracterização do materialismo na literatura e adaptação de itens de outros estudos. Este procedimento gerou 120 itens que foram objeto de refinamento, dando origem a uma nova versão com 30 itens, tendo sido submetidos a análise fatorial e da consistência interna. Daqui resultou uma escala de 18 itens (bons índices de precisão e validade), abrangendo três componentes interligadas do materialismo: centralidade (6 itens), sucesso (6 itens) e felicidade (6 itens). Mais recentemente, Richins (2004) realizou um estudo para reavaliar o conceito e o instrumento de medida original e desenvolver uma versão reduzida que facilitasse o uso em investigação. Este estudo deu origem a uma versão melhorada e revista com 15 itens e uma versão reduzida com 9 itens. Na versão reduzida de 9 itens, os itens estão agrupados, tal como na escala original, nos fatores *Sucesso* (3 itens), *Centralidade* (3 itens) e *Felicidade* (3 itens) (foram selecionados aqueles com correlações superiores). Esta versão tem a vantagem de, com um número menor de itens, abranger as três dimensões da escala original e constituir uma medida de avaliação fiável do materialismo.

Escala de Ética Monetária

A versão original da Escala de Ética Monetária foi desenvolvida por Tang (1992), na continuidade de estudos sobre atitudes e comportamentos monetários (cf. Furnham, 1984). Tang (1992) desenvolveu esta escala com o objetivo de avaliar atitudes em relação ao dinheiro em contextos laborais e utilizou-a para estudar variáveis relacionadas com o contexto laboral, como a satisfação com o trabalho. Para a construção dos itens apoiou-se na revisão da literatura e em estudos e instrumentos de avaliação anteriores, em particular na escala de Yamauchi e Templer (1982). A versão final compreende 30 itens agrupados em seis fatores, categorizados em três componentes: afetiva (o dinheiro é bom ou mau), cognitiva (sucesso, liberdade e poder) e comportamental (gestão do orçamento). Posteriormente, Tang (1995) desenvolveu uma versão reduzida para facilitar a sua aplicação em contextos de investigação. Selecionou para cada fator os dois itens com a correlação mais elevada com a escala global, resultando uma versão reduzida de 12 itens, agrupados em 3 fatores: *Sucesso* (8 itens), *Gestão do orçamento* (2) e *Depreciação* (2). A escala tem sido utilizada para estudar fatores subjacentes às atitudes perante o dinheiro, implicações na satisfação com o trabalho e satisfação com a vida (Tang, 1995) e variações com variáveis demográficas como sexo, idade, nível de escolaridade ou nível de rendimentos (Lim & Teo, 1997).

Escala de Comportamentos Monetários

A versão original da Escala de Crenças e Comportamentos Monetários (ECCM) foi desenvolvida por Furnham (1984), com base em três instrumentos: i) *Money Attitudes Scale* (MAS) (Yamauchi & Templer, 1982); ii) *Midas Scale* (Rubenstein, 1981); e iii) questões utilizadas por Goldberg e Lewis (1978). A ECCM compreende 60 itens, agregados em 6 fatores: i) *Obsessão* (focalização em pensamentos relacionados com obter dinheiro), ii) *Poder/gasto* (o dinheiro como fonte de poder), iii) *Inadequação* (sentimento de insuficiência financeira); iv) *Restrição* (desconforto ou insegurança em gastar dinheiro); v) *Segurança/conservador* (uso muito prudente do dinheiro); e vi) *Esforço/capa-*

cidade (associação do dinheiro a competência pessoal). Estudos posteriores com esta escala revelaram uma organização mais parcimoniosa dos itens em 8 fatores: obsessão, poder, poupança, realização, avaliação, ansiedade, retenção e não generosidade (Lim & Teo, 1997).

A componente que avalia as crenças monetárias não foi considerada na adaptação para Portugal, pois é repetitiva em relação à Escala de Ética Monetária que apresenta melhores valores psicométricos. Assim, desta escala adaptou-se a componente comportamental, representada pelos fatores: *Poupança* (hábitos de poupança e capacidade de gestão do dinheiro), *Ansiedade* (pensar e preocupar-se com as questões financeiras) e *Não generosidade* (indisponibilidade para emprestar dinheiro/contribuir para instituições de caridade). Para cada fator selecionaram-se os dois itens com saturação mais elevada.

3. Fundamentação teórica

As posses materiais (conteúdos do domínio material) foram tradicionalmente um campo de estudo da Economia, abordadas numa perspetiva utilitária e de rentabilidade económica. Recentemente, a Psicologia e a Sociologia começaram a interessar-se por esta área de estudo, enfatizando os significados emocionais e relacionais associados aos bens materiais. De facto, o domínio material tem impacto na vida individual e influi nas interações entre os indivíduos, em contextos diversos como a vida profissional, o ambiente laboral ou as relações familiares. A forma como essa influência ocorre depende de ideologias associadas aos bens materiais (valores que orientam a relação com os bens materiais e o papel que lhes é atribuído pelo indivíduo); atitudes e comportamentos associados à gestão e uso do dinheiro (atitudes e comportamentos monetários).

Materialismo e Valores Materiais

A investigação sobre o materialismo tem-se debatido com a natureza multidimensional do conceito e sua relação com constructos afins, como atitudes e crenças em relação dinheiro ou traços e personalidade. Assim, uma das preocupações dominantes dos autores neste domínio tem sido a definição de um quadro conceptual. Uma retrospetiva sobre o estudo do materialismo revela três grandes orientações teóricas: pós-materialismo, traço de personalidade e valor. A conceção do pós-materialismo (Inglehart, 1981) assenta na hierarquia das necessidades de Maslow, associando maior materialismo (importância e apego aos bens materiais) a experiências precoces de privação económica. Belk (1984) conceptualizou o materialismo como um conjunto de traços de personalidade (inveja, possessividade e não-generosidade). O autor encontrou uma correlação negativa entre esses traços de personalidade e a perceção de satisfação (felicidade) com a vida. Mais recentemente, o materialismo foi definido como um valor pessoal, salientando a importância de possuir e/ou adquirir bens materiais como forma de alcançar a felicidade, demonstrar o sucesso aos outros, ou evidenciar o papel nuclear dos bens na vida pessoal (Richins, 2004). A Escala de Valores Materiais (Richins & Dawson, 1992, 2004) adota esta conceção do materialismo como um sistema de valores em relação à posse e aquisição de bens materiais.

Na sociedade contemporânea tem-se assistido a um interesse (científico e social) crescente no materialismo, sobretudo pelas implicações no bem-estar subjetivo. A investigação (Richins & Dawson, 1992) sugere que as pessoas menos materialistas estão mais orientados para os valores simbólicos e relacionais dos bens e para o potencial hedónico; as mais materialistas tendem a valorizar os aspetos utilitários (como a aparência ou o estatuto social associado aos bens), a atribuir maior importância à segurança financeira e menor às relações interpessoais, a preferir gastar mais consigo do que com os outros e sentirem-se menos satisfeitas com a vida. Os estudos sugerem (cf. Sirgy et al, 1998) que o materialismo se relaciona negativamente com a felicidade, bem-estar e satisfação com a vida. Parece também associar-se a comportamentos desadaptivos familiares como o endividamento ou o consumo compulsivo (Rindfleisch, Burroughs & Denton, 1997). Contudo, também pode ter um valor adaptativo (Rindfleisch, Burroughs & Denton, 1997; Richins & Dawson, 1992): na construção da identidade, salientando-se o contributo para a construção e manutenção de sentimentos positivos; e, para o ajustamento a crises acidentais e de transição na vida familiar, operando como um mecanismo de *coping*.

Atitudes e Comportamentos Monetários

A investigação sobre atitudes e comportamentos monetários assenta numa perspetiva psicossocial do dinheiro, tomando como referência os contextos sociais e culturais em que é utilizado e os processos de significação (coletivos e individuais) associados (tais como os valores, atitudes e normas culturais) (Furnham, 1984). Esta perspetiva sugere que a relação com o dinheiro é multideterminada, apresentando três componentes interligadas que descrevem a relação do indivíduo com o dinheiro: i) simbólica (cognitiva) que envolve os significados atribuídos ao dinheiro (reconhecimento e realização, estatuto e respeito, liberdade e controlo e poder); ii) afetiva que caracteriza os valores emocionais (sentimentos) com que o indivíduo investe o dinheiro (algumas pessoas veem-no como bom, valioso e atrativo, outras consideram-no mau, desonesto ou perverso); iii) comportamental que caracteriza comportamentos monetários, centrando-se na gestão do orçamento (consoante os valores afetivos e simbólicos as pessoas podem valorizar mais a poupança ou o investimento, reter ou gastar mais o dinheiro, ficar mais ou menos ansiosas). As diferenças interindividuais nestas três componentes associam-se a diversos fatores (Furnham, 1984; Tang, 1992): normas e valores sociais e culturais; personalidade; experiências precoces e relações familiares; ou variáveis demográficas como o sexo, contexto de residência ou idade.

Vários estudos (e.g. Lim & Teo, 1997; Ahuvia & Friedman, 1998; Tatzel, 2002) têm demonstrado as implicações das crenças e atitudes e dos comportamentos monetários na satisfação com a vida. Sugerem que as pessoas que retêm mais o dinheiro apresentam menos autoestima, são mais ansiosas, pessimistas, controladoras e insatisfeitas com a situação financeira e com a vida. Comportamentos que impliquem consumo e gastos excessivos emergem associados a baixa autoestima e sentimentos de culpa e à diminuição do bem-estar subjetivo. Aprofundar o conhecimento sobre as atitudes e comportamentos monetários permite compreender melhor os fatores que influenciam os comportamentos monetários e o uso dos bens materiais, bem como a sua influência no bem-estar subjetivo e satisfação com a vida.

4. Estudos realizados em Portugal

Data e objetivos
No contexto da investigação sobre os valores envolvidos nas heranças familiares na velhice (2006-2010), as Escalas para Avaliação do Domínio Material foram validadas para Português e depois usadas em dois estudos: Patrão e Sousa (2008) e Sousa, Pereira, Grave, Rua e Ferreira (2008). Patrão e Sousa

(2008) procuraram aprofundar a experiência emocional dos bens materiais, explorando o sistema de valores de doadores e herdeiros em relação aos bens materiais e suas implicações na gestão da herança material. Sousa et al. (2008) centraram-se na caracterização do perfil do domínio material em idosos (mais de 64 anos), que vivem sozinhos (fator de vulnerabilidade), analisando como esse perfil influencia a sua satisfação com a vida. Em ambos os estudos foram analisadas as qualidades psicométricas dos instrumentos (Tabela II), mas as amostras eram reduzidas. Por isso decidimos realizar um novo estudo, abrangendo todos os sujeitos dos estudos anteriores, para analisar especificamente as qualidades psicométricas das escalas.

Tabela II. Estudos anteriores: qualidades psicométricas das Escalas de Avaliação do Domínio Material

	Instrumentos	Solução Fatorial	Qualidades psicométricas — Consistência interna por fator (*alfa* de Cronbach)
Patrão & Sousa (2008) (n=100)	Escala de Valores Materiais	Semelhante à escala original	Escala global = 0.67 Sucesso = 0.50 Centralidade = 0.51 Felicidade = 0.69
	Escala de Ética Monetária	Semelhante à escala original	Escala global = 0.75 Sucesso = 0.74 Gestão do orçamento = 0.74 Perverso = 0.84
	Escala de Comportamentos Monetários	Semelhante à escala original	Escala global = 0.71 Poupança = 0.56 Ansiedade = 0.87 Não-Generosidade = 0.61
Sousa et al. (2008) (n=96)	Escala de Valores Materiais	Semelhante à escala original	Escala global = 0.78 Sucesso = 0.69 Centralidade = 0.63 Felicidade = 0.79
	Escala de Ética Monetária	Semelhante à escala original	Escala global = 0.65; Sucesso = 0.79 Gestão do orçamento = 0.81 Perverso = 0.82
	Escala de Comportamentos Monetários	Semelhante à escala original	Escala global = 0.65 Poupança = 0.71 Ansiedade = 0.66 Não-generosidade = 0.50

Amostras e metodologia

A amostra deste estudo resulta da integração dos participantes nos dois estudos anteriores. Foram recolhidas junto de instituições que prestam serviços a pessoas idosas, a partir de um procedimento de amostragem por conveniência (Tabela III).

Tabela III. Caraterísticas das amostras dos estudos anteriores

Patrão e Sousa, 2008	n=100 50 doadores; 50 herdeiros A idade dos doadores (M= 77,78; DP=8,59) é significativamente superior à dos herdeiros (M= 44,34; DP=8,47) (t=19,60; p=0,000)
Sousa et al, 2008	n=96 32 de classe baixa e média-baixa (16 homens e 16 mulheres); 32 de classe média (16 homens e 16 mulheres); 32 de classe alta e média-alta, (17 mulheres e 15 homens) Idade média da amostra = 75,2 anos (DP=7,11), similar entre homens (75,7; DP=7,45) e mulheres (74,8; DP=6,92); os participantes da classe alta (71,6; DP=5,23) são significativamente mais novos que os membros da classe média (76,4; DP=7,33; t=-3,065; p=0,0033) e da classe baixa (77,6; DP=7,34; t=3,828; p=0,000) Homens e mulheres distribuem-se de forma similar em termos de escolaridade, local de residência e estado civil (p<0,01)

A amostra global compreende 196 participantes, 59.2% mulheres. A idade média dos sujeitos é de 67.9 anos (desvio-padrão = 15.96), variando entre 23 e 94 anos. Note-se que a amostra engloba, em geral, sujeitos com mais de 64 anos (constituem 74.5% da amostra), pois foram recolhidos: no estudo de Sousa et al. (2008), em que todos têm mais de 64 anos; e no estudo de Patrão e Sousa (2008) em que 50 sujeitos (metade) têm mais de 64 anos. As médias etárias de homens (68.33; DP=16.37) e mulheres (67,51; DP=15.44) são estatisticamente similares (t=0.339; p=0.7351). Quanto ao estado civil verifica-se que: 51.3% são viúvos, 23% casados, 15.3% solteiros e 10.2% divorciados. Refira-se que o estudo de Sousa et al. (2008) incide em pessoas idosas que vivem sós, daí (e também por serem pessoas idosas) que exista um elevado número de viúvos, solteiros e divorciados. Em termos de habilitações académicas observa-se que: 37.8% tem 4 anos de escolaridade; 24% tem o ensino secundário ou equivalente; 12.2% apresenta 9 anos de escolaridade; 10.2% tem 6 anos de escolaridade; 8.2% não frequentou o sistema de ensino formal; e 7.7% frequentou o ensino superior.

Dados qualitativos e quantitativos dos itens

Realizou-se o estudo das medidas de tendência central para as três escalas: Escala de Valores Materiais (mediana = 2.4; média = 2.5); Escala de Ética Monetária (mediana = 3.25; média = 3.24) e Escala de Comportamentos Monetários (mediana = 3.42; média = 3.37).

Em todas as escalas o nível de significância obtido no teste de Kolmogorov-Smirnov é superior a 0.05, indicando uma distribuição normal dos resultados. Cada uma das três escalas apresenta uma pontuação mínima de 1 e a máxima 5, sendo o ponto médio 2.5. Verifica-se, por isso que a tendência central se encontra no centro da escala.

A comparação das médias na variável sexo não revelou diferenças estatisticamente significativas na Escala de Valores Materiais (média feminina = 2.47, DP = 0.54; média masculina = 2.59; DP = 0.59; t= -1.44; p = 0.152) nem na Escala de Comportamentos Monetários (média feminina = 3.30, DP = 0.66; média masculina = 3.45, DP = 0.81; t= -1.382; p=0.1698). Apenas na Escala de Ética Monetária (média feminina = 3.18; DP=0.46; média masculina = 3.33, DP=0.48; t = -2.038; p = 0.0428) se encontram diferenças significativas quanto ao género, indiciando que os homens têm atitudes mais positivas em relação ao dinheiro.

Resultados no âmbito da precisão

Para estudar a coerência e uniformidade das respostas, ou seja a consistência interna da análise, foi calculado o *alfa* de Cronbach (normalizado) para cada escala. A Tabela IV apresenta os valores de *alfa* obtidos neste estudo, comparando-os com os valores obtidos para as escalas originais.

ESCALAS DE AVALIAÇÃO DO DOMÍNIO MATERIAL (EADM)

Tabela IV. Consistência interna dos itens das Escalas de Avaliação do Domínio Material

	Valores de alfa de Cronbach	Valores de alfa de Cronbach na escala original
Escala de Valores Materiais	Sucesso = 0.61 Centralidade = 0.57 Felicidade = 0.75 Escala global = 0.74	Sucesso = 0.76 Centralidade = 0.67 Felicidade = 0.78 Escala global = 0.82 (Richins, 2004)
Escala de Ética Monetária	Sucesso = 0.76 Gestão do orçamento = 0.75 Depreciação = 0.75 Liberdade = 0.56 Escala global = 0.74	Sucesso = 0.76 Gestão do orçamento = 0.83 Depreciação = 0.66 Escala global = 0.82 (Tang, 1995)
Escala de Comportamentos Monetários	Poupança = 0.45 Ansiedade = 0.75 Não-generosidade = 0.51 Escala global = 0.71	Poupança = 0.79 Ansiedade = 0.66 Não-generosidade = 0.60 (Lim & Teo, 1997)

Escala de Valores Materiais

Os valores de alfa para a escala global e para a dimensão felicidade são bons, mas os restantes são moderados, tendo em conta os padrões psicométricos tradicionais (Nunnally, 1978). Em geral, os valores de consistência interna obtidos no nosso estudo são ligeiramente inferiores aos obtidos com a escala original mas mantêm a mesma tendência (sucesso e centralidade apresentam os alfas mais baixos).

Escala de Ética Monetária

O *alfa* de Cronbach é bom (superior a 0.70) (à exceção da dimensão liberdade), neste estudo, quando comparado com os valores obtidos com a escala original, o valor do *alfa* na escala global e no fator gestão do orçamento é inferior, idêntico no fator Sucesso e superior no fator Depreciação.

Escala de Comportamentos Monetários

Os *alfas* de Cronbach são, em geral, baixos ou moderados (inferiores a 0.70) à exceção da Escala global. No estudo original os valores tendem a ser ligeiramente superiores, à exceção do que ocorre no fator ansiedade, ligeiramente melhor neste estudo.

À semelhança de resultados e qualidades psicométricas encontradas noutros estudos com estas escalas (Tang, 1995; Lim & Teo, 1997; Richins, 2004;

Hoon & Lim, 2001; Tang, Kim, & Tang, 2002; Tang, Luna-Aroca, Sutarno & Tang, 2004) os valores de alfa tendem a variar significativamente entre estudos, mantendo-se tendencialmente baixos a moderados para os padrões psicométricos tradicionais (Nunnally, 1978). Salienta-se, por isso, a necessidade de proceder a interpretações cuidadosas dos resultados obtidos. Os valores de alfa encontrados neste estudo poderão estar associados ao número reduzido de itens incluídos em cada uma das escalas (Maroco & Garcia-Marques, 2006). Note-se que a Escala de Valores Materiais e a Escala de Ética Monetária são versões reduzidas e que a Escala de Comportamentos Monetários resultou da seleção dos 2 itens com saturação mais elevada nos respetivos fatores. Este padrão psicométrico poderá refletir a multidimensionalidade dos constructos avaliados, que incluem dimensões cognitivas, afetivas e comportamentais, sujeitas a forte influência cultural, situacional e até mesmo linguística (Hoon & Lim, 2001; Tang, Kim, & Tang, 2002; Tang, Luna-Aroca, Sutarno, & Tang, 2004).

Resultados no âmbito de validade de constructo
A validade de constructo foi estudada através da Análise em Componentes Principais (ACP). As três escalas que aqui abordamos foram desenvolvidas nos EUA (Estados Unidos da América) e referem-se a constructos com forte influência social e cultural. Por isso, torna-se pertinente saber se apresentam uma dimensionalidade similar na população Portuguesa. A ACP foi realizada seguindo a indicação dos autores das escalas originais: *eigenvalues* superiores a 1, rotação *varimax* com normalização de *Kaiser*.

Escala de Valores Materiais
Os itens estão em termos médios moderadamente correlacionados, os valores variam entre 0.036 e 0.759. A existência de valores mais baixos nas correlações não prejudica a análise pois revela associações entre grupos de itens indicando que a ACP é relevante para identificar as dimensões. Os 9 itens foram submetidos a ACP e extraíram-se 3 fatores que explicam 60.8% da variância. Na Tabela V apresenta-se a contribuição de cada item para cada fator.

Tabela V. Escala de Valores Materiais: contribuições das variáveis para cada fator

	Fator 1 Sucesso	Fator 2 Centralidade	Fator 3 Felicidade
1. Aprecio as pessoas que têm casa, carros e roupas caras	0.830	0.157	0.046
2. As coisas que possuo dizem muito sobre como me estou a sair na vida	0.825	-0.008	0.112
3. Gosto de ter coisas que impressionem os outros	0.853	0.394	0.384
4. Tento manter a minha vida simples em relação aos bens materiais	-0.142	0.624	0.254
5. Comprar coisas dá-me muito prazer	0.189	0.671	0.025
6. Gosto de estar rodeado de bens luxuosos	0.112	0.813	0.120
7. A minha vida seria muito melhor se tivesse determinados bens materiais	0.125	0.120	0.853
8. Seria mais feliz se pudesse ter mais bens materiais do que tenho	0.123	0.083	0.899
9. Por vezes aborrece-me não poder comprar todas as coisas que me apetece	-0.007	0.164	0.611

Os fatores emergentes nesta análise seguem a estrutura fatorial da escala original. Por isso, na interpretação das contribuições de cada item para cada fator optou-se por manter as designações originais: fator 1 – *Sucesso*; fator 2 – *Centralidade*; fator 3 – *Felicidade*.

Escala de Ética Monetária
Os itens estão em termos médios moderadamente correlacionados, os valores variam entre 0.051 e 0.713. Os 12 itens foram submetidos a ACP e extraíram-se 4 fatores que explicam 66.2% da variância. A Tabela VI apresenta a contribuição de cada item para cada fator.

Tabela VI. Escala de Ética Monetária: saturações fatoriais

Itens	Fator 1 Sucesso	Fator 2 Liberdade	Fator 3 Gestão do orçamento	Fator 4 Depreciação
1. O dinheiro representa sucesso.	0.801	-0.006	0.001	-0.074
2. O dinheiro ajuda-nos a exprimir as nossas capacidades	0.732	0.242	0.024	0.000
3. O dinheiro representa a realização pessoal de cada um	0.830	0.063	0.108	-0.008
4. Dou muito valor ao dinheiro	0.599	0.179	0.301	0.037
5. O dinheiro faz com que a comunidade nos respeite	0.506	0.387	-0.210	0.014
6. O dinheiro dá-nos oportunidade de sermos quem quisermos	0.152	0.754	0.033	0.000
7. O dinheiro proporciona liberdade e autonomia	-0.031	0.831	0.009	-0.009
8. O dinheiro é importante na vida das pessoas	0.305	0.518	0.236	-0.056
9. Administro muito bem o meu dinheiro	0.135	-0.036	0.850	-0.103
10. Uso o meu dinheiro com muita cautela	0.098	0.018	0.868	-0.200
11. O dinheiro é a raiz de todo o mal	0.010	-0.001	-0.215	0.899
12. O dinheiro é mau/prejudicial	-0.053	-0.018	-0.077	0.925

Esta estrutura fatorial apresenta uma diferença em relação à escala original: na original o fator *Sucesso* incluía os itens 1 a 8; neste estudo esses itens dão origem a 2 fatores, o fator 1 *Sucesso* (itens 1 a 5) e fator 2 *Liberdade* (itens 6 a 8). De facto, a definição original do sucesso inclui a associação do dinheiro a liberdade e autonomia. Na população Portuguesa a estrutura de 4 fatores adequa-se melhor aos dados.

Escala de Comportamentos Monetários

Os itens estão em termos médios moderadamente correlacionados, os valores variam entre 0.080 e 0.605. Os 6 itens foram submetidos a ACP e extraíram-se 3 fatores que explicam 78.1% da variância. A Tabela VII apresenta a contribuição de cada item para cada fator.

Tabela VII - Escala de Comportamentos Monetários: saturações fatoriais

	Fator 1 Poupança	Fator 2 Ansiedade	Fator 3 Não-generosidade
1. Orgulho-me da minha capacidade para poupar dinheiro	0.965	0.071	0.091
2. Prefiro poupar dinheiro porque nunca sei se poderei vir a precisar dele	0.767	0.262	0.338
3. Acho que penso mais sobre dinheiro do que a maioria das pessoas que conheço	-0.040	0.878	0.075
4. Preocupo-me com a minha situação financeira a maior parte do tempo	0.068	0.865	-0.070
5. Prefiro não emprestar dinheiro	0.319	0.228	0.689
6. Costumo contribuir para instituições de caridade	-0.064	-0.038	0.895

5. Procedimentos de aplicação e correção

Os instrumentos são respondidos numa escala tipo Likert de 5 pontos (1 – *discordo totalmente*, 2 – *discordo*, 3 – *concordo um pouco*, 4 – *concordo*, 5 – *concordo totalmente*). As três escalas podem ser aplicadas a pessoas adultas de todas as idades, de ambos os géneros e com qualquer nível escolar. As escalas são de autopreenchimento, mas podem ser aplicadas em situação de entrevista (o que deverá ser a opção no caso de pessoas com baixos níveis de literacia). Recomenda-se a aplicação individual, pois alguns itens desencadeiam questões morais e de desejabilidade social. A aplicação em grupo pode também ser ponderada. Para pessoas com baixos níveis de literacia e/ou pouco familiarizadas com este tipo de resposta pode apresentar-se uma régua que através de aspetos visuais permita compreender melhor o contínuo das respostas (por exemplo, uma régua com rostos que exibam expressões de discordância / concordância). As escalas são de rápida aplicação (cerca de 15 minutos para os três instrumentos).

6. Interpretação dos resultados

Dimensões e interpretação

Escala de Valores Materiais
Nesta escala considera-se a pontuação global (obtido pela soma da pontuação em todos os itens, com a inversão do item 4, dividido pelo número de itens) que corresponde ao nível de materialismo do respondente (a devoção

em relação à aquisição e posse de bens materiais): quanto maior a pontuação mais materialista é o sujeito. A escala mede três componentes do materialismo (Richins & Dawson, 1992): *Sucesso* (soma dos itens 1 a 3, divididos pelo número de itens) em que a aquisição e posse de bens define as conquistas e realização na vida; *Centralidade* (soma dos itens 4 a 6, com inversão do item 4, divididos pelo número de itens) em que a aquisição e posse de bens é central na vida; *Felicidade* (soma dos itens 7 a 9, divididos pelo número de itens) em que a aquisição e posse de bens contribui para a felicidade.

Escala de Ética Monetária
A *pontuação* global (soma de todos os itens, com inversão dos 11 e 12, e divisão pelo número de itens) indica as atitudes em relação ao dinheiro: pontuações mais elevadas revelam atitudes mais positivas. A escala apresenta 4 dimensões: i) *Sucesso* (soma dos itens 1 a 5 e divisão pelo número de itens) que revela que o dinheiro representa poder e realização); ii) *Liberdade* (soma dos itens 6 a 8 e divisão pelo número de itens) que indica que o dinheiro representa autonomia e independência; iii) *Gestão do orçamento* (soma dos itens 9 e 10 e divisão pelo número de itens) que indica a atitude de usar o dinheiro de forma cuidadosa; iv) *Depreciação* (soma dos itens 11 e 12 e divisão pelo número de itens) que indica o quanto para o sujeito o dinheiro representa algo mau e/ou perverso.

Escala de Comportamentos Monetários
A *pontuação* global mede a ênfase colocada nos comportamentos monetários avaliados. É obtido pela soma de todos os itens (item 6 invertido), e pontuações mais elevadas indicam que os indivíduos valorizam mais estes comportamentos monetários. A escala avalia 3 dimensões: i) *Poupança* (soma dos itens 1 e 2 e divisão pelo número de itens) reflete hábitos de poupança e a habilidade para gerir o dinheiro; ii) *Ansiedade* (soma dos itens 3 e 4 e divisão pelo número de itens) indica a preocupação em relação ao dinheiro; iii) *Não-generosidade* (soma dos itens 5 e 6 e divisão pelo número de itens) sugere comportamentos de baixa generosidade associados à retenção ou conservação do dinheiro, como não emprestar dinheiro ou não contribuir para instituições de caridade.

Normas, critérios ou parâmetros
Os resultados do estudo realizado com estas escalas não permite o estabelecimento de normas, uma vez que as amostras são diminutas e não abrangem os diversos grupos etários. Contudo, os dados obtidos indiciam que os resultados tendem a variar com a classe socioeconómica e com a idade dos sujeitos.

7. Avaliação crítica

Vantagens e potencialidades
As três escalas apresentadas avaliam constructos complementares, são instrumentos curtos e de fácil aplicabilidade e análise. Num contexto de investigação podem facilmente ser utilizados com outros instrumentos, pois não necessitam de muito tempo de administração e os sujeitos tendem a sentir-se confortáveis a responder.

O interesse crescente da Psicologia pelos bens materiais e pelo seu impacto na qualidade de vida e satisfação com a vida, justifica cada vez mais a utilização destas medidas em protocolos de avaliação psicológica. Conhecer as atitudes e comportamentos monetários permitirá perceber valores e significados subjacente às vivências pessoais dos bens materiais (domínio material da vida) em situações tão diversificadas como os contextos profissionais, vocacionais ou familiares. Permitirá compreender melhor como a relação com os bens materiais (em particular com o dinheiro) influencia, entre outros aspetos, as relações interpessoais, profissionais e familiares, o bem-estar subjetivo, a satisfação profissional e/ou salarial, a adaptação e ajustamento ao mundo do trabalho ou a competência e a literacia financeira.

Limitações
Este estudo recorreu a uma amostra muito específica e com problemas de representatividade: procedimento de amostragem por conveniência, dimensão reduzida, centrada em adultos idosos (74.5% dos sujeitos têm mais de 64 anos). Os resultados devem por isso ser considerados e utilizados como indicadores preliminares e interpretados com precaução. São necessários mais estudos de validação, designadamente que diversifiquem e alarguem a investigação a outros grupos etários e socioeconómicos, contextos de residência e situação profissional.

Os resultados obtidos com este estudo sugerem-nos que as escalas têm qualidades psicométricas para serem utilizadas em investigação exploratória/preliminar (Nunnally, 1978), mas a sua utilização em investigação de base e aplicada exige um refinamento dos estudos psicométricos, em particular em termos de precisão, recorrendo a diferentes amostras e em diferentes contextos de aplicação/investigação.

Desenvolvimentos e estudos futuros
Estes estudos de validação representam um primeiro esforço de validação e utilização na população portuguesa. Os resultados alcançados com a versão portuguesa apoiam a necessidade de realizar estudos futuros, considerando: i) o efeito nos resultados de variáveis como idade, sexo, escolaridade, classe socioeconómica, rendimento mensal, situação perante a profissão e profissão, e contexto de residência; ii) a relação do domínio material com satisfação com a vida, satisfação profissional e/ou salarial, literacia financeira ou atitudes perante o trabalho e o lazer; iii) a utilização combinada com metodologias de natureza qualitativa de modo a aprofundar os processos de significação envolvidos.

8. Bibliografia fundamental
Ahuvia, A. & Wong, N. (2002). Personality and values based materialism: Their relationship and origins. *Journal of Consumer Psychology*, 12(4), 389-402.
Belk, R. (1984). Three scales to measure constructs related to materialism: Reliability, validity and relationships to measures on happiness. *Advances in Consumer Research*, 12, 265-280.
Furnham, A. (1984). Many sides of the coin: The psychology of money usage. *Personality and Individual Differences*, 5, 501-509.
Goldberg, H. & Lewis, R. T. (1978). *Money madness: The psychology of saving, spending, loving and hating money*. New York: William Morrow.
Hoon, L. & Lim, V. (2001). Attitudes towards Money and work. Implications for asian management style following the economic crisis. *Journal of Managerial Psychology*, 16(2), 159-172.
Inglehart, R. (1981). Post-materialism in a environment of insecurity. *American Political Science Review*, 75, 880-900.
Lim, V. & Teo, T. (1997). Sex, money and financial hardship. *Journal of Economic Psychology*, 18, 369-386.
Maroco, J. & Garcia-Marques, T. (2006). Qual a fiabilidade do alfa de Cronbach? Questões antigas e soluções modernas? *Laboratório de Psicologia*, 4(1), 65-90.
Nunnally, J. C. (1978). *Psychometric theory*. New York: McGraw-Hill.
Patrão, M. & Sousa, L. (2008). *Validação de escalas de materialismo e comportamentos e ética monetária*. Aveiro: Universidade de Aveiro.

Richins, M. & Dawson, S. (1992). A consumer values orientation for materialism and its measurement: Scale development and validation. *Journal of Consumer Research, 19*, 303-317.

Richins, M. (2004). The Material Values Scale: Measurement properties and development of a short form. *Journal of Consumer Research, 31*, 209-219.

Rindfleisch, A., Burroughs, J. & Denton, F. (1997). Family structure, materialism, and compulsive consumption. *Journal of Consumer Research, 23*, 312-325.

Rubenstein, C. (1981). Money and self-esteem, relationships, secrecy, envy, satisfaction. *Psychology Today, 15*(5), 29-44.

Sirgy, M. (1998). Materialism and quality of life. *Social Indicators Research, 43*, 227-260.

Sousa, L., Pereira, G., Grave, R., Rua, S., & Ferreira, O. (2008). Domínio material da vida e satisfação com a vida: idosos que vivem sós. Aveiro: Universidade de Aveiro.

Tang, T. (1992). The meaning of money revisited. *Journal of Organizational Behavior, 13*, 197-202.

Tang, T. (1995). The development of a short money ethic scale: Attitudes toward money and pay satisfaction revisited. *Personality and Individual Differences, 19*(6), 809-816.

Tang, T, Kim, J. & Tang, T. (2002). Endorsement of the money ethic, income, and life satisfaction. A comparison of full-time employees and non employed university students. *Journal of Managerial Psychology, 17*(6), 442-467.

Tang, T, Luna-Arocas, R., Sutarso, T. & Tang, T. (2004). Does the love of Money moderate na mediate income-pay satisfaction relationship? *Journal of Managerial Psychology, 19*(2), 111-135.

Tatzel, M. (2002). Money worlds and well-being: An integration of money dispositions, materialism and price-related behavior. *Journal of Economic Psychology, 23*, 103-126.

Yamauchi, K. & Templer, D. (1982). The development of a money attitude scale. *Journal of Personality Assessment, 46*, 522-528.

9. Material

A versão portuguesa das escalas, para a qual não existe ainda manual disponível, é composta por folhas de respostas e instruções de preenchimento.

10. Edição e distribuição

A versão portuguesa das provas pode ser enviada mediante contacto com os autores.

11. Contacto dos autores

Liliana Sousa, Universidade de Aveiro, Campus Universitário de Santiago, 3810-193 Aveiro [Endereço eletrónico: lilianax@ua.pt].

Marta Patrão, Universidade de Aveiro, Campus Universitário de Santiago, 3810-193 Aveiro [Endereço eletrónico: a37471@ua.pt].

MONTREAL COGNITIVE ASSESSMENT (MoCA)

Sandra Freitas[1], Mário R. Simões[2], & Isabel Santana[3]

1. Indicações
O *Montreal Cognitive Assessment* (MoCA; Nasreddine et al., 2005) é um teste de rastreio cognitivo breve, especificamente desenvolvido para a avaliação das formas mais ligeiras de declínio cognitivo. Os resultados neste teste constituem um método rápido, prático e eficaz na diferenciação entre alterações cognitivas resultantes do processo de envelhecimento normal e défices cognitivos patológicos.

Dimensões avaliadas
O MoCA avalia seis domínios cognitivos. As Funções Executivas são avaliadas através de uma tarefa adaptada do *Trail Making Test* B (1 ponto), de uma prova de fluência verbal fonémica (1 ponto) e de dois itens de análise de semelhanças para a avaliação da capacidade de abstração (2 pontos). A cópia do cubo (1 ponto) e o desenho do relógio (3 pontos) permitem o exame da Capacidade Visuoespacial. A Memória a curto prazo é avaliada através da aprendizagem de

---

[1] Laboratório de Avaliação Psicológica. Faculdade de Psicologia e de Ciências da Educação, Universidade de Coimbra. Centro de Investigação do Núcleo de Estudos e Intervenção Cognitivo Comportamental (CINEICC), Universidade de Coimbra.
[2] Laboratório de Avaliação Psicológica. Faculdade de Psicologia e de Ciências da Educação, Universidade de Coimbra. Centro de Investigação do Núcleo de Estudos e Intervenção Cognitivo Comportamental (CINEICC), Universidade de Coimbra.
[3] Serviço de Neurologia, Centro Hospitalar da Universidade de Coimbra. Faculdade de Medicina, Universidade de Coimbra.

uma lista de 5 palavras em dois ensaios, não pontuáveis, com subsequente evocação diferida após 5 minutos (5 pontos). A Atenção, Concentração e Memória de trabalho são examinadas através da repetição de uma sequência numérica em sentido direto (1 ponto) e em sentido inverso (1 ponto), de uma tarefa de cancelamento (1 ponto), e ainda de uma tarefa de subtração em série (3 pontos). A nomeação de três animais pouco familiares (3 pontos), a repetição de duas frases sintaticamente complexas (2 pontos) e a prova de fluência verbal fonémica (1 ponto) contribuem para a mensuração das aptidões de Linguagem. Por fim, quatro itens de orientação no tempo e dois itens de orientação no espaço compõem o domínio da Orientação temporal e espacial.

Populações-alvo
Diversos estudos têm corroborado as boas propriedades psicométricas do MoCA e a sua elevada sensibilidade na identificação precoce de pacientes com Défice Cognitivo Ligeiro (DCL) e Doença de Alzheimer (DA) (Freitas, Simões, Alves, & Santana, 2012a; Koski, Xie, & Finch, 2009; Nasreddine et al., 2005; Rahman & Gaafary, 2009). No entanto, ainda que tenha sido originalmente desenvolvido para a avaliação cognitiva global destas populações clínicas, a sua precisão na identificação do declínio cognitivo mais ligeiro e os resultados consistentemente melhores do que o *Mini Mental State Examination* (MMSE; Folstein, Folstein, & McHugh, 1975) instigaram o uso cada vez mais generalizado do MoCA, e a multiplicação e o alargamento dos estudos de validação a outros grupos clínicos: p. ex., Défice Cognitivo Vascular (Hachinski et al., 2006) e outras condições clínicas cerebrovasculares (Aggarwal & Kean, 2010); Doença de Parkinson (Hoops et al., 2009); Doença de Huntington (Videnovic et al., 2010); perturbações do sono (Gagnon, Postuma, Joncas, Desjardins, & Latreille, 2010); população oncológica (Olson et al., 2010); HIV (Koski et al., 2011); perturbações de abuso de substâncias (Copersino et al., 2009); défice visual (Wittich, Phillips, Nasreddine, & Chertkow, 2010).

2. História e fundamentação teórica
Os dados demográficos disponíveis indicam que Portugal segue a preocupante tendência de envelhecimento progressivo da população observada nos países desenvolvidos. A idade tem sido considerada como o principal fator de risco para o desenvolvimento de demência, nomeadamente da DA

(Seshadri et al., 1997) e, mais recentemente, do DCL (Luck, Luppa, Briel, & Riedel-Heller, 2010). Numerosos estudos epidemiológicos indicam um aumento da incidência da DA com a idade e um padrão aproximadamente exponencial das taxas de prevalência, que duplicam a cada cinco anos após os 60 anos. Deste modo, aos 60 anos a taxa de prevalência estimada é cerca de 0.7%, alcançando os 38.6% aos 90 anos (Ferri et al., 2005). A enorme relevância deste espectro patológico em termos assistenciais e de saúde pública tem sido amplamente reportada (Comas-Herrera et al., 2011), tornando-se imperativo que o diagnóstico precoce do declínio cognitivo e da demência se imponha como uma prioridade, um objetivo essencial à obtenção de resultados terapêuticos mais positivos.

Os testes neuropsicológicos de rastreio cognitivo breve são o método mais útil para a deteção precoce das condições clínicas com défice cognitivo, incluindo os estados pré-demenciais (Cullen, O'Neill, Evans, Coen, & Lawlor, 2007). Deste modo, reveste-se de especial importância a existência de instrumentos de avaliação cognitiva breve adaptados, validados e normalizados para a população portuguesa, que sejam sensíveis e precisos na distinção entre o declínio cognitivo associado ao envelhecimento normal e as alterações cognitivas patológicas.

O MMSE (Folstein et al., 1975) constitui o instrumento de rastreio cognitivo breve mais utilizado em contexto clínico e de investigação e o mais referenciado na literatura. Na década de 70, esta prova constituiu um incontestável avanço, comparativamente aos testes de rastreio até então existentes, continuando atualmente a ser muito utilizada e a representar uma linguagem comum na comunicação entre técnicos de saúde. Contudo, muitas são as limitações apontadas ao MMSE na literatura, designadamente: a baixa sensibilidade aos estádios de declínio cognitivo mais ligeiros, o que conduz a uma elevada taxa de falsos negativos e a uma relativa insensibilidade aos quadros clínicos de DCL; a reduzida complexidade de muitas das tarefas incluídas na prova, o que gera um frequente efeito teto dos desempenhos, sobretudo nos indivíduos com escolaridade mais elevada; a relativa incapacidade para diferenciar distintas condições clínicas; e, finalmente, a ausência de tarefas para a avaliação das funções executivas, o que compromete a sua sensibilidade na identificação de condições clínicas como a demência Frontotemporal (DFT) ou de origem vascular (Freitas, Santana, & Simões, 2010; Naugle & Kawczak, 1989; Wind et al., 1997).

Comparativamente ao MMSE, o MoCA alarga o número de funções cognitivas examinadas, incluindo a avaliação das funções executivas, e apresenta itens mais exigentes e com maior nível de complexidade. Por exemplo, na avaliação da memória a curto prazo, o MoCA inclui mais palavras e maior intervalo de tempo precedente à evocação; as tarefas dirigidas às aptidões linguísticas são também mais complexas (p. ex., menor familiaridade na nomeação, maior complexidade sintática na repetição e inclusão da prova de fluência fonémica), o mesmo ocorrendo relativamente ao processamento visuoespacial (p. ex., cópia de desenho tridimensional e inclusão do desenho do relógio por instrução verbal), e da atenção, concentração e memória de trabalho (p. ex., inclusão da repetição das sequências numéricas e da prova de cancelamento). Deste modo, o MoCA proporciona uma avaliação simultaneamente mais completa e exigente das funções cognitivas, potenciando a sensibilidade dos seus resultados aos estádios de défice mais ligeiros e uma melhor adequação ao rastreio cognitivo dos indivíduos com escolaridade mais elevada (Freitas, 2011).

O reconhecimento das vantagens do MoCA face ao MMSE, a par da utilidade e eficácia corroboradas pelos diversos estudos, impulsionaram a rápida disseminação internacional do MoCA que se encontra atualmente adaptado e validado em 36 países. Para além disso, a importância do MoCA tem ainda sido regularmente realçada em vários estudos comparativos entre instrumentos de avaliação neuropsicológica (p. ex., Lerch, Decker-Maruska, & Fleck, 2010; Zhao et al., 2011); estudos de revisão (p. ex., Ismail, Rajji, & Shulman, 2010; Lonie, Tierney, & Ebmeier, 2009); e destacada em *guidelines* relativas ao DCL e DA (Chertkow et al., 2007; Gauthier et al., 2006, 2011) e a outras condições clínicas, nomeadamente ao Défice Cognitivo Vascular (Hachinski et al., 2006) ou a patologias cardiovasculares (Arnold et al., 2007). Deste modo, o MoCA parece assumir um papel de relevo enquanto teste de rastreio cognitivo breve, estando *"em boa posição para se impor uma vez que recolhe a informação necessária através de um instrumento de rastreio eficaz e prático"* (Ismail & Shulman, 2006, p.525). Em Portugal, importa ainda sublinhar que a recente Norma da Direção Geral de Saúde [053/2011; "Abordagem Terapêutica das Alterações Cognitivas"] e as recomendações da Liga

Portuguesa Contra a Epilepsia recomendam a utilização da versão portuguesa do MoCA para a avaliação cognitiva.

3. Estudos realizados em Portugal

Data e objetivos
O presente trabalho sintetiza alguns dos principais resultados obtidos no conjunto dos estudos realizados com o MoCA na população portuguesa. Este programa de investigação pretendeu-se sistemático e teve como objetivo geral o desenvolvimento dos estudos de adaptação, de validação psicométrica e clínica e de normalização do MoCA para a população portuguesa. Cada um dos estudos atendeu a objetivos mais específicos que no seu todo se complementaram e articularam coerentemente, de modo a proporcionar as condições necessárias para a utilização rigorosa deste instrumento em contexto clínico e em projetos de investigação clínica e epidemiológica a desenvolver na população portuguesa. A possibilidade de colmatar uma reconhecida necessidade no âmbito da avaliação neuropsicológica contribuindo, deste modo, para um diagnóstico mais precoce do declínio cognitivo e da demência na nossa população, configurou-se como a principal motivação para o desenho e consecução deste plano de estudos.

O início deste projeto foi contingente à apresentação do MoCA como um instrumento sensível às formas mais ligeiras de declínio cognitivo (Nasreddine et al., 2005). A autorização para a realização dos estudos para a população portuguesa foi solicitada e concedida pelos autores da prova em 2006. A tradução para português da prova e do respetivo manual de instruções de administração e cotação (Versão Experimental Portuguesa) foi realizada nesse mesmo ano. A Versão Experimental Portuguesa do MoCA foi alvo de diversos estudos em 2007 e 2008 (Duro, 2008; Duro, Simões, Ponciano, & Santana, 2009; Freitas, Simões, & Santana, 2008; Martins, 2007) que procuraram analisar a aplicabilidade da prova na população portuguesa, respetivas qualidades psicométricas e capacidade diagnóstica, bem como identificar aspetos passíveis de aperfeiçoamento. A Versão Final portuguesa do MoCA (Simões et al., 2008) foi concluída em 2008, tendo os estudos com a versão final do instrumento, sintetizados neste trabalho, decorrido nos anos de 2008-2011.

Estudos de adaptação transcultural para a população portuguesa
O processo de adaptação transcultural do MoCA para a população portuguesa (Freitas, Simões, Martins, Vilar, & Santana, 2010) constituiu a primeira etapa deste plano de estudos. A utilização de um instrumento numa determinada população sem a conveniente adaptação coloca em risco a validade e precisão dos resultados obtidos. A procura do máximo de equivalência entre o instrumento original e a versão portuguesa e a preocupação com a validade ecológica da prova na população portuguesa conduziram este longo processo, do qual resultou a versão final portuguesa do MoCA e do respetivo manual de administração e cotação (Simões et al., 2008).

A adaptação do MoCA para a nossa população seguiu as orientações metodológicas propostas na literatura (p. ex., Hambleton, 2005; Herdman, Fox-Rushby, & Badia, 1998; International Test Commission, 2001; Vijver & Poortinga, 2005): tradução, retroversão, realização das correções necessárias na primeira adaptação linguística do instrumento, contactos com especialistas na área da Psicologia, Neurologia, Psiquiatria e Linguística (com experiência nas áreas da adaptação e validação de testes neuropsicológicos e/ou do envelhecimento), estudos com a primeira versão resultante da adaptação, aplicação do teste a uma amostra representativa das populações alvo, análise das caraterísticas psicométricas do instrumento na nova população, revisão e novos ajustamentos necessários para finalizar o instrumento, e análise da equivalência (conceptual, de item, semântica, operacional, de mensuração e funcional) entre a versão original e a versão adaptada (Freitas et al., 2010).

Figura 1. Etapas do processo de adaptação do MoCA para a população portuguesa.

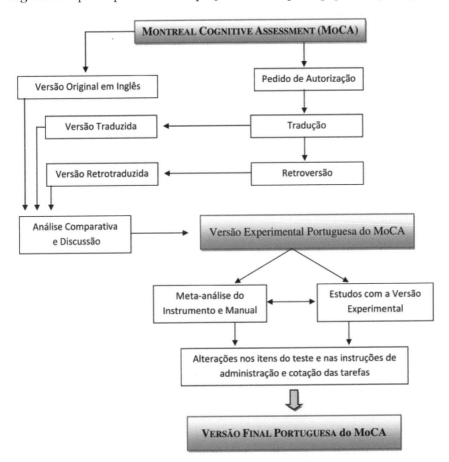

De referir a existência de diferenças importantes entre a versão experimental e a versão final portuguesa do MoCA, nomeadamente, nalguns itens da prova (p. ex., lista de palavras e frases), para além das diversas alterações efetuadas no manual do MoCA, ao nível das instruções de administração e cotação das tarefas.

Amostra e metodologia
Este programa de investigação contemplou uma amostra normativa ($n = 650$) e diversos grupos clínicos: (i) DCL ($n = 90$); (ii) DA ($n = 90$); (iii) DFT ($n = 50$); (iv) Demência Vascular (DV; $n = 34$).

Amostra Normativa

A amostra normativa é composta por 650 adultos e idosos cognitivamente saudáveis, com 25 ou mais anos, residentes em todas as regiões geográficas de Portugal continental. A estratificação foi elaborada de acordo com as seguintes variáveis sociodemográficas: (i) idade [subgrupos: 25 – 49; 50 – 64; 65 ou mais anos]; (ii) género; (iii) escolaridade [subgrupos: 1 – 4 anos; 5 – 9 anos; 10 – 12 anos; mais de 12 anos]; (iv) região geográfica [subgrupos (classificação: NUTS II; INE, 2010): Norte; Centro; Lisboa; Alentejo e Algarve]; (v) localização geográfica [subgrupos: Litoral e Interior]; e (vi) área de residência [subgrupos (classificação: Tipologia das Áreas Urbanas; INE, 2010): áreas predominantemente urbanas (APU); áreas moderadamente urbanas (AMU); e áreas predominantemente rurais (APR)]; resultando numa amostra normativa representativa da distribuição observada na população portuguesa (Freitas, Simões, Alves, & Santana, 2011).

Os participantes foram recrutados ao nível dos cuidados de saúde primários do sistema nacional de saúde e de Centros de Dia, tendo em conta os seguintes critérios de inclusão: (i) idade igual ou superior a 25 anos; (ii) português como língua nativa e escolaridade realizada em Portugal; (iii) ausência de défices motores, visuais e auditivos que pudessem influenciar o desempenho nos testes; e para assegurar que os participantes eram cognitivamente saudáveis: (iv) desempenho "normal" nas provas integradas na bateria de avaliação do estudo; (v) autonomia nas atividades de vida diária; (vi) ausência de história de alcoolismo e abuso de substâncias; (vii) ausência de patologia neurológica e psiquiátrica, bem como de patologia sistémica crónica com possível impacto na cognição; (viii) ausência de sintomatologia depressiva significativa; e (ix) ausência de medicação com possível impacto na cognição (p. ex., medicação psicotrópica e psico-activa). Todos os participantes foram avaliados por uma de duas psicólogas com experiência em avaliação neuropsicológica, respondendo a uma entrevista estruturada (que incluía um questionário sociodemográfico, um inventário do estado clínico atual e um inventário da história clínica e hábitos anteriores; no caso dos participantes idosos, esta informação foi sempre confirmada junto do clínico geral e/ou de um informador próximo) e a uma bateria de avaliação que incluía, para além do MoCA, os seguintes instrumentos: (i) MMSE (Folstein et al., 1975; Guerreiro, 1998); (ii) *Clinical Dementia Rating scale* (CDR; Hughes, Berg, Danziger,

Coben, & Martin, 1982; Garret et al., 2008) (apenas administrada em participantes com 50 ou mais anos); (iii) Teste de Leitura de Palavras Irregulares (TeLPI; Alves, Simões, & Martins, 2009, para o exame da inteligência pré--mórbida); (iv) Escala de Queixas Subjectivas de Memória (SMC; Schmand, Jonker, Hooijer, & Lindeboom, 1996; Ginó et al., 2008); (v) Escala de Depressão Geriátrica (GDS-30; Yesavage et al., 1983; Barreto, Leuschner, Santos, & Sobral, 2008). Foram excluídos do estudo os participantes com pontuação no MMSE sugestiva de declínio cognitivo (Guerreiro et al., 1998), CDR > 0 pontos, ou GDS ≥ 20 pontos (Freitas et al., 2011). Os grupos controlo utilizados em todos os estudos clínicos resultaram de uma seleção de entre os participantes da amostra normativa, de modo a assegurar o emparelhamento com os pacientes quanto ao género, idade e escolaridade.

Grupo Défice Cognitivo Ligeiro (DCL)
O grupo clínico DCL inclui 90 pacientes com DCL amnésico (domínio único ou múltiplos domínios), cujo diagnóstico foi estabelecido por consenso da equipa multidisciplinar com base nos critérios internacionais (Petersen, 2004, 2007). Todos os pacientes realizaram uma avaliação clínica completa com estabelecimento de diagnóstico diferencial, uma avaliação neuropsicológica compreensiva, exames laboratoriais de genotipagem Apolipoproteína E (APOE) e estudo de neuroimagem estrutural (CT e/ou MRI) e funcional (SPECT), tendo o recurso ao PET e à análise do líquido cefalorraquidiano sido restrito aos pacientes mais jovens. A bateria de avaliação neuropsicológica compreensiva dos pacientes incluiu, pelo menos, os seguintes instrumentos: (i) MMSE (Folstein et al., 1975; Guerreiro, 1998); (ii) *Alzheimer's Disease Assessment Scale* (ADAS; Rosen, Mohs, & Davis, 1984; Guerreiro, Fonseca, Barreto, & Garcia, 2008), (iii) *Clinical Dementia Rating scale* (Hughes et al., 1982; Garret et al., 2008); (iv) TeLPI (Alves et al., 2009); (v) Escala de Queixas Subjectivas de Memória (SMC; Schmand et al., 1996; Ginó et al., 2008); (vi) Escala de Depressão Geriátrica (GDS-30; Yesavage et al., 1983; Barreto et al., 2008). Todos os participantes foram recrutados, entre Setembro de 2008 e Julho de 2010, no Serviço de Neurologia dos Hospitais da Universidade de Coimbra. Para o efeito da presente investigação, foram avaliados com o MMSE e o MoCA, numa única sessão, por uma psicóloga com experiência em avaliação neuropsicológica. Apenas os pacientes com avaliação clínica completa e

com o diagnóstico diferencial bem estabelecido, com uma classificação de 0,5 na CDR (Hughes et al., 1982; Garret et al., 2008), com uma condição clínica estável (sem comorbilidades psiquiátricas significativas e sem alterações de terapêutica farmacológica nos 6 meses anteriores), e sem défices motores, visuais e auditivos que pudessem influenciar o desempenho nos testes, foram considerados elegíveis para este estudo (Freitas et al., 2012a).

Grupo Doença de Alzheimer (DA)
O grupo clínico DA inclui 90 pacientes com DA provável, tendo o diagnóstico sido estabelecido por consenso da equipa multidisciplinar com base nos critérios internacionais (APA, 2000/2002; McKhann et al., 1984). Todos os pacientes foram sujeitos ao mesmo procedimento que o grupo DCL, tendo sido recrutados no mesmo período de tempo. Foram selecionados para este estudo apenas os pacientes com avaliação clínica completa e com o diagnóstico diferencial bem estabelecido, com um nível de severidade ligeiro a moderado (CDR ≤ 2 e MMSE ≥ 12 pontos), com uma condição clínica estável (sem comorbilidades psiquiátricas significativas, sem alterações de terapêutica farmacológica nos 6 meses anteriores), e sem défices motores, visuais e auditivos que pudessem influenciar o desempenho nos testes (Freitas et al., 2012a).

Grupo Demência Frontotemporal (DFT)
O grupo clínico DFT inclui apenas pacientes ($n = 50$) com a variante comportamental da DFT (DFTvc), tendo o diagnóstico sido estabelecido por consenso da equipa multidisciplinar com base nos critérios internacionais (Neary et al., 1998). Todos os pacientes com síndromes afásicos da DFT ou com síndromes clínicos mistos foram excluídos do estudo. A elegibilidade para o estudo foi restrita a pacientes com avaliação clínica completa e diagnóstico diferencial bem estabelecido, avaliação neuropsicológica compreensiva (Bateria de Lisboa para a Avaliação de Demência – BLAD; Garcia, 1984) e investigação bioquímica e de imagem estrutural e funcional (MRI e SPECT e/ou PET). Adicionalmente, todos os participantes foram ainda submetidos a uma extensa bateria de avaliação neuropsicológica específica para a DFTvc (cf., Freitas, Simões, Alves, Duro, & Santana, 2012).

Todos os participantes foram recrutados, entre Janeiro de 2009 e Junho de 2011, no Serviço de Neurologia dos Hospitais da Universidade de Coimbra.

No âmbito da presente investigação, uma psicóloga com experiência em avaliação neuropsicológica administrou o MMSE e o MoCA, numa única sessão, a todos os pacientes. Os critérios de inclusão considerados foram: (i) avaliação clínica completa e diagnóstico diferencial bem estabelecido; (ii) nível de severidade ligeiro a moderado (CDR ≤ 2 e MMSE ≥ 12 pontos); (iii) condição clínica estável (sem comorbilidades psiquiátricas significativas e sem alterações de terapêutica farmacológica nos 6 meses anteriores); (iv) ausência de défices motores, visuais e auditivos com possível influência no desempenho nos testes (Freitas, Simões, Alves, Duro, & Santana, 2012).

Grupo Demência Vascular (DV)
O grupo clínico DV inclui 34 pacientes com diagnóstico de DV, tendo o diagnóstico sido estabelecido por consenso da equipa multidisciplinar com base nos critérios internacionais (Román et al., 1993). Todos os pacientes realizaram uma avaliação clínica completa para o estabelecimento do diagnóstico diferencial (tendo sido excluídos do estudo os pacientes com DCL de etiologia vascular ou com uma condição de demência mista), uma avaliação neuropsicológica compreensiva e investigação bioquímica e de imagem estrutural (CT e/ou MRI) e funcional (SPECT e/ou PET). Os estudos de imagem estrutural são fundamentais para o estabelecimento do diagnóstico diferencial, tendo, neste âmbito, sido estabelecidos diversos critérios de inclusão/exclusão (Freitas, Simões, Alves, Vicente, & Santana, 2012). Neste grupo clínico foi utilizada a mesma bateria de avaliação neuropsicológica descrita para os grupos clínicos DCL e DA e considerados os mesmos critérios de inclusão descritos para o grupo DFTvc.

Os participantes foram recrutados, entre Janeiro de 2009 e Junho de 2011, no Serviço de Neurologia dos Hospitais da Universidade de Coimbra. No âmbito da presente investigação, uma psicóloga com experiência em avaliação neuropsicológica administrou o MMSE e o MoCA, numa única sessão, a todos os pacientes.

Após terem sido explicados, por um dos elementos da equipa de investigação, os objetivos, procedimentos e requisitos de confidencialidade dos estudos, foi obtido o consentimento informado por parte de todos os participantes, ou por um representante legal (no caso dos participantes sem tal capacidade). O presente programa de investigação cumpriu todas as orientações éticas estabelecidas pela Declaração de Helsínquia e foi aprovado pela comissão de ética dos Hospitais da Universidade de Coimbra, pela Fundação para a Ciência e Tecnologia e pelo Conselho Científico da Faculdade de Psicologia e de Ciências da Educação da Universidade de Coimbra.

Análise dos itens

Com recurso a uma amostra emparelhada de 360 participantes (90 DCL, 90 DA e 180 controlos emparelhados quanto ao género, idade e escolaridade com os pacientes), foi analisada a distribuição das respostas em cada item, tendo-se encontrado uma elevada taxa de acerto nos itens *contorno, leão, lugar* e *localidade* (respetivamente: 97.8; 90.3; 96.7; 99.2), o que sugere um menor nível de dificuldade destes itens. Por outro lado, a tarefa de Fluência Verbal Fonémica surge como o item com menor taxa de acerto (26.9%) (Freitas, Simões, Marôco, Alves, & Santana, 2012).

Resultados no âmbito da precisão

O *alpha de Cronbach*, enquanto indicador da consistência interna da prova, revelou, em todas as amostras estudadas, valores adequados e sistematicamente superiores aos identificados para o MMSE. Os valores de *alpha* variaram entre .723 (n = 90 DCL; Freitas et al., 2012a) e .908 (n = 102: 34 DV, 34 DA e 34 controlos; Freitas, Simões, Alves, Vicente, & Santana, 2012). Estes resultados são equiparáveis aos do estudo original (α = .83; Nasreddine et al., 2005), bem como dos estudos internacionais realizados com o MoCA. Foi ainda possível concluir pela adequação global dos itens, não se verificando um incremento significativo da consistência interna da prova com a eliminação de qualquer dos seus itens.

Na medida em que as populações clínicas estudadas podem manifestar declínio cognitivo num curto espaço de tempo, a estabilidade temporal dos resultados obtidos com o MoCA apenas foi estudada em indivíduos cognitivamente saudáveis: 60 controlos (30 com *follow-up* de 3 meses e 30 com *follow-up* de 18 meses). Em ambos os casos, o MoCA revelou uma excelente estabilidade temporal dos resultados (respetivamente, .909 e .877), significativamente mais elevada do o MMSE (respetivamente, .755 e .665) (Freitas et al., 2012a). Nasreddine e colaboradores (2005) encontraram uma estabilidade temporal de .92 numa amostra heterogénea de 26 participantes (controlos, DCL e DA), num intervalo temporal de 35.0 ± 7.6 dias.

Foram ainda obtidos excelentes resultados no grau de acordo entre avaliadores: .988 numa amostra heterogénea (*n* = 60; Freitas et al., 2012a) e .976 numa amostra de 30 DFTvc (Freitas, Simões, Alves, Duro, & Santana, 2012). O menor acordo ocorreu no item correspondente aos *números do desenho do relógio* e nos dois itens de *semelhanças*. No entanto, a ausência de estudos congéneres não permite a comparação destes resultados. Não obstante, consideramos que a existência do *Manual* com instruções pormenorizadas para a administração e cotação das tarefas potencia a estandardização dos procedimentos e, deste modo, o excelente acordo encontrado.

Resultados relativos à validade

Validade de constructo
Com recurso a uma amostra emparelhada de 360 participantes (90 DCL, 90 DA e 180 controlos emparelhados quanto ao género, idade e escolaridade com os pacientes), foram calculadas as correlações entre cada item e a pontuação total no MoCA, cada item e os seis domínios cognitivos e entre os domínios cognitivos e a pontuação total na prova. Cada um dos 32 itens revelou uma correlação positiva significativa ($p < .001$) com a pontuação total no MoCA, verificando-se correlações mais baixas para os itens *contorno, leão, lugar* e *localidade* (respetivamente: .168, .344, .277, .257), que correspondem aos itens com maior taxa de acertos. Para além disso, todos os itens revelaram coeficientes de correlação significativamente mais elevados com o domínio a que pertencem do que com qualquer um dos restantes domínios; com exceção para os itens *contorno, lugar* e *localidade* que apresentaram baixas correlações com todos os domínios (Freitas, Simões, Marôco et al., 2012).

Entre cada domínio cognitivo e a pontuação total do MoCA foram encontradas correlações positivas e estatisticamente significativas, com valores entre .711 e .801 (Tabela I), sendo estes resultados sugestivos de validade de constructo. Adicionalmente, verifica-se que cada domínio cognitivo apresenta uma correlação significativamente mais elevada com a pontuação total na prova do que com qualquer outro domínio, o que reflete a capacidade discriminante dos domínios cognitivos (Freitas, Simões, Marôco et al., 2012).

Tabela I. Coeficientes de correlação entre os domínios cognitivos e a pontuação total no MoCA

	Total	FE	CV	Ling	Mem	ACMt	Ori
Total	-						
FE	.757	-					
CV	.752	.655	-				
Ling	.767	.638	.549	-			
Mem	.711	.418	.372	.369	-		
ACMt	.801	.537	.569	.552	.427	-	
Ori	.745	.420	.442	.478	.513	.515	-

Abreviaturas: Mem: Memória; FE: Funções Executivas; CV: Capacidade Visuospacial; Ling: Linguagem; ACMt: Atenção, Concentração e Memória de trabalho; Ori: Orientação.
Nota: Todos os coeficientes de correlação apresentaram um nível de significância < .001

Não obstante, foi realizado um estudo mais específico e sistemático para examinar a validade de constructo do MoCA, através do estabelecimento da respetiva validade fatorial, convergente e divergente (Freitas, Simões, Marôco et al., 2012). Este estudo foi realizado numa amostra de 830 participantes (650 controlos, 90 DCL e 90 DA), tendo sido testados diversos modelos com recurso à Análise Fatorial Confirmatória: (i) um modelo de seis fatores, conceptualmente proposto pelos autores do MoCA (Nasreddine et al., 2005); (ii) um modelo de dois fatores, sugerido por Duro e colaboradores (2010); (iii) um modelo de fator único de segunda ordem ("Cognição"). Ainda que todos os modelos testados tenham revelado bons índices de ajustamento (Tabela II), o modelo de seis fatores revelou um ajustamento significativamente melhor do que o modelo de dois fatores ($\chi^2(15) = 269.165, p < .001$) e o modelo de um fator de segunda ordem ($\chi^2(9) = 128.703, p < .001$). Os valores dos *standardized fator weights* e das *item's squared multiple correlations* são sugestivos de validade fatorial do modelo de seis fatores do MoCA (cf. Freitas, Simões, Marôco et al., 2012). Seguindo a metodologia proposta por Fornell e Larcker (1981): (i) os índices de fiabilidade compósita para cada fator latente indicaram boa validade convergente, (ii) os resultados das variâncias extraídas médias (VEM) sugeriram validade convergente dos seis fatores, e (iii) a comparação do valor VEM com o quadrado da correlação entre fatores foi sugestiva de validade discriminante para todos os fatores, exceto no caso das Funções Executivas e da Linguagem, que partilham a variância do item de Fluência Verbal Fonémica (Freitas, Simões, Marôco et al., 2012). Em suma, estes resultados estabelecem a validade fatorial, convergente e discriminante, fornecendo boa evidência de validade de constructo dos resultados no MoCA, e legitimam a análise de perfis cognitivos com base nas (seis) dimensões subjacentes, facilitando a clínicos e investigadores uma interpretação mais compreensiva das funções cognitivas com base numa avaliação breve.

Tabela II. Análise Fatorial Confirmatória: índices de ajustamento dos modelos

Modelos	χ^2	d.f.	p	$\chi^2/d.f.$	CFI	TLI	RMSEA
6 Fatores	708.877	448	<.001	1.582	.981	.978	.026
2 Fatores	1045.867	463	<.001	2.259	.956	.953	.039
1 Fator segunda ordem	872.094	457	<.001	1.908	.969	.966	.033

Abreviaturas: χ^2: Chi-square test statistic; d.f.: degrees of freedom; $\chi^2/d.f.$: relative Chi-square; CFI: Comparative Fit Index; TLI: Tucker-Lewis Index; RMSEA: Root Mean Square Error of Approximation.

Validade relativa a critérios externos

De um modo consistente e transversal a todos os estudos realizados na população portuguesa, os resultados obtidos no MoCA correlacionaram-se positiva e significativamente com os resultados obtidos no MMSE. À semelhança do estudo original de Nasreddine e colaboradores (2005) onde foi encontrado um coeficiente de correlação de .87, nos nossos estudos os valores variaram entre .60 (n = 90 controlo; Freitas et al., 2012a) e .85 (n = 360: 90 DCL, 90 DA e 180 controlos; Freitas et al., 2012a), sugerindo a existência de validade concorrente do teste.

Validade discriminativa

A capacidade do MoCA para distinguir entre adultos e idosos cognitivamente saudáveis e indivíduos com declínio cognitivo foi analisada com recurso a diversos grupos clínicos (DCL, DA, DFT e DV). A caracterização dos grupos é sumariada na Tabela III. Cada grupo clínico foi emparelhado quanto ao género, idade e escolaridade com um grupo controlo de igual dimensão, extraído da amostra normativa. As diferenças entre grupos são apresentadas na Tabela IV.

Tabela III. Caraterização dos grupos

	n	Género	Idade	Educação	MMSE	MoCA
Amostra Normativa	650	408 (62.8)	55.84 ± 15.12	8.16 ± 4.72	28.89 ± 1.33	24.70 ± 3.67
DCL	90	55 (61.1)	70.52 ± 7.95	6.50 ± 4.57	27.08 ± 2.40	18.31 ± 3.87
DA	90	52 (57.8)	74.22 ± 8.21	6.23 ± 4.12	20.88 ± 4.09	10.06 ± 4.41
DFTvc	50	25 (50.0)	67.96 ± 7.69	6.18 ± 3.71	23.86 ± 4.76	13.34 ± 5.03
DV	34	12 (35.3)	73.21 ± 7.85	4.97 ± 2.75	24.06 ± 4.01	13.06 ± 4.62

Nota 1: O género é caracterizado pelo número de participantes femininos e respetiva percentagem. As restantes variáveis são apresentadas com os valores de média ± desvio padrão.

Tabela IV. Diferenças entre grupos

Grupos	t/F
DCL vs Controlo [1]	$t(178) = 10.050, p < .001$ (diferença média = 5.333 ± .531)
DA vs Controlo [1]	$t(178) = 20.756, p < .001$ (diferença média = 12.278 ± .592)
DCL vs DA [1]	$F(1,177) = 160.052, p < .001$ (diferença média = 7.930 ± .627)
DFTvc vs Controlo vs DA [2]	$F(2,147) = 96.700, p < .001$ Controlo > DFT > DA
DV vs Controlo vs DA [3]	$F(2,99) = 78.121, p < .001$ Controlo > DV = DA

[1] Freitas et al., 2012a; [2] Freitas, Simões, Alves, Duro, & Santana, 2012 [3] Freitas, Simões, Alves, Vicente, & Santana, 2012

As análises entre grupos demonstram a eficácia do MoCA na distinção entre as condições saudáveis e patológicas, tendo sido observadas diferenças estatisticamente significativas entre os grupos controlos e os grupos clínicos, em todas as análises. Adicionalmente, o instrumento revelou ainda poder discriminativo entre situações clínicas distintas, nomeadamente entre os pacientes com DCL e os doentes de Alzheimer, o que evidencia a capacidade do instrumento para diferenciar situações clínicas com diferentes níveis de severidade, e entre os pacientes com DA e DFT, apesar do emparelhamento prévio destes grupos clínicos quanto ao nível de severidade indicado pelo MMSE (Freitas et al., 2012a; Freitas, Simões, Alves, Duro, & Santana, 2012; Freitas, Simões, Alves, Vicente, & Santana, 2012).

Uma análise mais pormenorizada identifica ainda diferenças estatisticamente significativas ao nível dos domínios cognitivos examinados pelo MoCA entre: (i) grupos controlo e os grupos clínicos, em todos os domínios cognitivos; (ii) DCL e DA, em todos os domínios cognitivos; e (iii) DA e DFT, no domínio da Memória e da Atenção, Concentração e Memória de trabalho, com pior desempenho dos pacientes com DA; não tendo sido encontradas diferenças estatisticamente significativas entre os pacientes com DA e DV (Freitas et al., 2012a; Freitas, Simões, Alves, Duro, & Santana, 2012; Freitas, Simões, Alves, Vicente, & Santana, 2012).

Para a análise preliminar da sensibilidade do MoCA ao declínio cognitivo global em acompanhamento longitudinal, um subgrupo de pacientes com DCL (n = 35) e com DA (n = 40) foram avaliados num segundo momento (176.81 ± 67.09 dias; min.= 63; max.= 340). Foram observadas diferenças estatisticamente significativas nos resultados totais no MoCA entre os dois momentos de avaliação, bem como diferenças ao nível dos domínios cognitivos. Os resultados evidenciaram a sensibilidade do MoCA ao declínio cognitivo progressivo num curto espaço de tempo, bem como a sua potencialidade na identificação de perfis de deterioração cognitiva no curso da doença. Uma análise equivalente com o MMSE revelou uma menor sensibilidade desta prova ao declínio cognitivo progressivo (Freitas et al., 2010; Freitas et al., 2012a).

4. Procedimentos de aplicação e correção

O MoCA é constituído por um protocolo de uma página, cujo tempo de aplicação é de aproximadamente 10 a 15 minutos, e inclui um manual (Simões et al., 2008) onde são explicitadas as instruções para a administração dos itens e definido, de modo objetivo, o respetivo sistema de cotação.

5. Interpretação dos resultados

Dimensões e sua interpretação
O MoCA permite obter uma pontuação total máxima de 30 (pontos). Pontuações mais elevadas indicam melhores desempenhos, logo melhor estado cognitivo global. Os estudos apresentados sustentam o recurso a pontuações específicas para cada um dos seis domínios cognitivos subjacentes, onde, do mesmo modo, as pontuações mais elevadas correspondem a melhores desempenhos.

Diferenças individuais
A influência de diversas variáveis sociodemográficas (idade, género, escolaridade, estado civil, situação profissional, região geográfica, localização geográfica e área de residência) e de variáveis de saúde (queixas de memória do participante, queixas de memória avaliadas por um informador, sintomatologia depressiva e história familiar de demência) sobre o desempenho dos indivíduos no MoCA foi analisada com recurso à amostra normativa ($n = 650$) (Freitas, Simões, Alves, & Santana, 2012b). Os resultados indicaram que, após o controlo da influência das covariáveis, apenas as variáveis idade ($F(2, 646) = 34.098, p < .001, \eta p^2 = .095$), escolaridade ($F(3, 645) = 117.459, p < .001, \eta p^2 = .353$) e região geográfica ($F(4, 643) = 4.972, p = .030, \eta p^2 = .030$) contribuíram significativamente para a explicação da variância nos resultados no MoCA, com um reduzido *effect size* da região geográfica. Os resultados no MoCA apresentaram correlações estatisticamente significativas com a idade ($r = -.522, p < .01$) e escolaridade ($r = .652, p < .01$). Os resultados da regressão linear múltipla (método *enter*) implementada revelam que ambas as variáveis contribuem significativamente para a predição dos resultados no MoCA ($F(2, 647) = 317.016, p < .001$; Escolaridade: $\beta = .524, t = 16.871, p < .001$; Idade: $\beta = -.293, t = -9.426, p < .001$). Em conjunto, idade e escolaridade explicam 49% da variância dos resultados no MoCA, um efeito considerado significativamente elevado (Cohen, 1988; Pallant, 2007), sendo que idades mais avançadas e níveis de escolaridade mais baixos aumentam a probabilidade de piores desempenhos (Freitas et al., 2012b).

No que respeita à influência das variáveis de saúde no desempenho no MoCA, os nossos resultados sugerem que não existe uma associação significativa entre a (in)existência de história familiar de demência e as queixas de memória avaliadas por um informador próximo com os resultados no MoCA obtidos por indivíduos cognitivamente saudáveis. No entanto, as queixas subjetivas de memória percecionadas pelo próprio participante e o nível de sintomatologia depressiva em indivíduos sem diagnóstico de Depressão apresentaram uma correlação significativa e negativa com a pontuação obtida no MoCA. Contudo, atendendo aos resultados da regressão linear múltipla realizada, apenas as queixas de memória avaliadas pelo próprio participante demonstraram uma reduzida contribuição (9%) para a explicação da variância dos resultados no MoCA (Freitas et al., 2012b).

Normas, critérios e parâmetros
Dada a forte influência da idade e da escolaridade no desempenho no MoCA, estas variáveis emergiram como os critérios indispensáveis para o estabelecimento dos dados normativos do MoCA para a população portuguesa (Freitas et al., 2011). Deste modo, os dados normativos foram determinados e estratificados de acordo com as propriedades distribucionais de cada variável, sendo expressos em médias ± desvio padrão (DP); podendo ser as pontuações abaixo de 1 DP, 1.5 DP e 2 DP consideradas como ponto de corte para a presença de défice cognitivo (Tabela V).

Tabela V. Dados normativos do MoCA para a população portuguesa

	Escolaridade (anos)				
Idade	1 a 4	5 a 9	10 a 12	>12	Qualquer Escolaridade
(n)	(29)	(66)	(59)	(60)	(214)
25-49	23.55 ± 2.56	26.42 ± 2.18	27.39 ± 1.86	28.83 ± 1.38	26.98 ± 2.55
*DP	21 - 20 - 18	24 - 23 - 22	26 - 25 - 24	28 - 27 - 26	24 - 23 - 22
(n)	(91)	(59)	(33)	(35)	(218)
50-64	21.78 ± 2.86	25.58 ± 2.25	26.61 ± 2.28	27.51 ± 2.13	24.46 ± 3.43
*DP	19 - 18 - 16	23 - 22 - 21	24 - 23 - 22	25 - 24 - 23	21 - 19 - 18
(n)	(136)	(45)	(20)	(17)	(218)
≥ 65	21.27 ± 3.37	24.60 ± 2.87	25.11 ± 1.94	26.35 ± 1.87	22.71 ± 3.60
*DP	18 - 16 - 15	22 - 20 - 19	23 - 22 - 21	25 - 24 - 23	19 - 17 - 16
(n) Qualquer Idade *DP	(256) 21.71 ± 3.18 19 - 17 - 15	(170) 25.65 ± 2.50 23 - 22 - 21	(112) 26.77 ± 2.15 25 - 24 - 23	(112) 28.04 ± 1.94 26 - 25 - 24	(650) 24.70 ± 3.67 21 - 19 - 17

* Nota: Pontuações no MoCA abaixo de 1DP, 1.5DP e 2DP, respetivamente.

Pontos de corte em grupos clínicos

A precisão diagnóstica do MoCA para discriminar os pacientes com DCL, DA, DFT e DV dos indivíduos cognitivamente saudáveis (cada grupo clínico foi emparelhado quanto ao género, idade e escolaridade com um grupo controlo de igual dimensão, extraído da amostra normativa) foi investigada através da análise das curvas ROC (*receiver operating characteristics*). O MoCA revelou uma elevada capacidade discriminativa dos pacientes com DCL, apresentando uma *area under curve* (AUC) de .856 (IC 95% = .796 - .904), enquanto que para os pacientes com DA a capacidade discriminativa do MoCA foi excelente, com uma AUC correspondente de .980 (IC 95% = .947 - .995) (Freitas et al., 2012a). De igual modo, a capacidade discriminativa do MoCA revelou-se excelente para os pacientes com DFTvc (AUC = .934; IC 95% = .866 - .974) e com DV (AUC = .950; IC 95% = .868 - .988) (Freitas, Simões, Alves, Duro, & Santana, 2012; Freitas, Simões, Alves, Vicente, & Santana, 2012). Os pontos de corte ótimos para a máxima precisão (Younden index) e os respetivos valores de sensibilidade, especificidade, valor preditivo positivo (VPP), valor preditivo negativo (VPN) e precisão classificatória foram calculados para todos os grupos clínicos e são descritos na Tabela VI.

Tabela VI. Pontos de corte e precisão diagnóstica do MoCA para os grupos clínicos

Grupo	Ponto de Corte	AUC	Sensibilidade	Especificidade	PPV	NPV	Precisão Classificatória
DCL[1]	< 22	.856	81	77	78	80	80
DA[1]	< 17	.980	88	98	98	89	93
DFT[2]	< 17	.934	78	98	98	82	88
DV[3]	< 17	.950	77	97	96	81	87

Nota: Os pontos de corte indicam o valor mínimo da pontuação total no Moca para a ausência de sinal. Os valores de sensibilidade, especificidade, VPP (valor preditivo positivo), VPN (valor preditivo negativo) e precisão classificatória são expressos em percentagem.
[1] Freitas et al., 2012a; [2] Freitas, Simões, Alves, Duro, & Santana, 2012; [3] Freitas, Simões, Alves, Vicente, & Santana, 2012.

Os estudos de validação clínica comprovam a capacidade discriminativa e a elevada precisão diagnóstica dos resultados do MoCA, legitimando a sua utilização enquanto teste de rastreio cognitivo breve, quer em contexto de cuidados primários de saúde, quer ao nível das consultas especializadas de declínio cognitivo e demência, considerando a diversidade das patologias mais específicas estudadas.

6. Avaliação crítica

Vantagens e potencialidades
De entre as principais vantagens deste plano de estudos, salientamos o recurso a uma amostra representativa da população portuguesa, estratificada de acordo com as principais variáveis sociodemográficas, e com uma distribuição real muito próxima da distribuição da população portuguesa, para a realização do estudo normativo.

Relativamente aos estudos de validação clínica parece-nos importante salientar que foram desenvolvidos num centro de excelência do nosso país (Serviço de Neurologia dos Hospitais da Universidade de Coimbra), com acesso a meios de diagnóstico sofisticados, o que permite assegurar uma elevada acuidade de diagnóstico. Por outro lado, na análise dos resultados foram considerados grupos controlo emparelhados quanto ao género, idade e escolaridade com os diversos grupos clínicos estudados, sendo que os grupos clínicos entre si também foram emparelhados quanto aos mesmos critérios e, adicionalmente, quanto à pontuação no MMSE (com vista a aproximar os grupos quanto ao nível de severidade), seguindo-se rigorosamente esta metodologia em todos os estudos realizados.

O tamanho das amostras foi igualmente alvo de atenção, procurando-se assegurar uma maior representatividade, sem prejuízo para o rigor dos critérios de inclusão e exclusão adotados. Neste sentido, os participantes cognitivamente saudáveis que não cumpriam integralmente todos os critérios de inclusão no estudo e os pacientes sem diagnóstico bem estabelecido, em situação clínica de significativa comorbilidade ou com elevada severidade dos défices cognitivos, foram sempre excluídos.

A homogeneidade dos grupos clínicos investigados com o MoCA constitui uma vantagem adicional. Em amostras clínicas heterogéneas, as análises e conclusões extraídas podem facilmente ser enviesadas. Ainda que tenha tido implicações ao nível do tamanho (mais reduzido) dos grupos clínicos, optámos por incluir apenas o subtipo amnésico no grupo de pacientes com DCL, a variante comportamental no grupo de pacientes com DFT, e pacientes com DV 'pura'. A homogeneidade foi ainda extensível à equivalência no tamanho dos grupos intra-estudo, reduzindo assim possíveis enviesamentos resultantes de diferentes tamanhos dos grupos nas análises estatísticas.

Importa ainda salientar a reduzida variabilidade entre avaliadores dos resultados apresentados. Uma vez que todos os participantes cognitivamente saudáveis foram avaliados por apenas duas psicólogas e que os pacientes foram maioritariamente avaliados por uma destas psicólogas, foi possível maximizar a estandardização dos procedimentos inerentes ao processo de avaliação.

Limitações

Os vários estudos realizados com o MoCA apresentam algumas limitações. A primeira limitação, ainda que derive de uma premissa conceptual inerente ao instrumento, é a exclusão dos indivíduos iletrados. Para além da comprovada influência da escolaridade no desempenho no MoCA, alguns dos seus itens são objetivamente inadequados para avaliar indivíduos analfabetos. A administração da prova a estes sujeitos conduziria a que alguns itens fossem sistematicamente pontuados com zero e, nessa medida, a um significativo "efeito chão" com implicações ao nível da sensibilidade do teste ao défice cognitivo. A avaliação dos indivíduos iletrados requer uma significativa adaptação das tarefas a este contexto ou, idealmente, instrumentos especificamente desenvolvidos para este fim.

De registar também que na amostra de indivíduos cognitivamente saudáveis, o subgrupo mais jovem apresenta uma escolaridade média significativamente superior ao subgrupo mais idoso, dificultando assim a tarefa de equiparar todas as faixas etárias consideradas na estratificação quanto ao nível de escolaridade. Esta dificuldade reflete o perfil demográfico real do nosso país, onde apenas nas últimas décadas se instituiu o aumento da escolaridade mínima obrigatória ao nível secundário. Esta medida tem já um impacto no aumento da escolaridade média da camada mais jovem, continuando, contudo, a população idosa portuguesa a caraterizar-se por um nível de escolaridade substantivamente muito baixo.

Outra limitação remete para a classificação e operacionalização dos participantes da comunidade "como cognitivamente saudáveis", sem acesso a avaliação clínica e/ou meios complementares de diagnóstico, e exclusivamente com base na recolha de informações e de avaliação neuropsicológica. Mesmo assim, é de salientar que procurámos utilizar critérios de inclusão e exclusão exigentes (corroborados com base em diferentes dados na entrevista clínica e na avaliação neuropsicológica realizadas) que assegurassem, dentro do possível, a "normalidade" do estado cognitivo dos participantes. Adicionalmente, para os participantes com idades mais avançadas procuramos obter informação confirmatória junto dos respetivos clínicos gerais e/ou de outros informadores próximos. Reconhecemos que uma consulta de neurologia e a realização de exames diagnósticos complementares teriam constituído importantes contributos. Contudo, o tamanho da amostra, a distribuição geográfica desta e o próprio âmbito de financiamento deste projeto impossibilitaram essa implementação.

No que respeita à análise da influência das variáveis de saúde no desempenho no MoCA, nomeadamente quanto à sintomatologia depressiva e às queixas subjetivas de memória, consideramos que os resultados devem ser interpretados com cautela (exclusivamente para indivíduos cognitivamente saudáveis sem diagnóstico de Depressão) e que esta análise carece de melhor operacionalização num estudo futuro. A inclusão de instrumentos de avaliação mais compreensivos e de grupos clínicos com psicopatologia, nomeadamente com diagnóstico de Depressão, permitirá uma análise mais precisa e conclusiva da influência destas variáveis no desempenho em provas cognitivas como o MoCA.

Quanto aos estudos de validação clínica, o critério de homogeneidade adotado, que nos parece fundamental para o rigor das conclusões extraídas, introduz algumas restrições à generalização dos seus resultados. Referimos a título exemplificativo o estudo de validação para o DCL, no qual apenas foram incluídos pacientes com DCL subtipo amnésico, pelo que a generalização dos resultados para o DCL em geral deve ser cautelosa. A mesma crítica pode ser apontada à impossibilidade de generalização dos resultados obtidos com o grupo clínico de DFTvc para as demais variantes da DFT.

Ainda que os resultados da análise preliminar do estudo longitudinal com pacientes com DCL e DA sejam promissores, esta investigação requer continuidade e necessidade de mais momentos de avaliação e de amostras mais robustas.

Apesar de constituir testemunho da novidade e atualidade do nosso programa de investigação com o MoCA, a inexistência de estudos nacionais ou internacionais similares impossibilitou a comparação de alguns dos nossos resultados [p. ex., no estudo referente à influência das variáveis sociodemográficas e de saúde no desempenho no MoCA (Freitas et al., 2012b), no estudo de validação de constructo da prova (Freitas, Simões, Marôco et al., 2012), na análise do acordo entre avaliadores (Freitas et al., 2012a), no estudo de validação clínica do MoCA para pacientes com DFTvc (Freitas, Simões, Alves, Duro, & Santana, 2012), no estudo de validação clínica do MoCA para pacientes com DV (Freitas, Simões, Alves, Vicente, & Santana, 2012), e no estabelecimento de dados normativos com base numa amostra estratificada e representativa (Freitas et al., 2011)].

Desenvolvimento e estudos futuros
Estão planeados vários outros estudos, alguns dos quais se encontram já em fase avançada de concretização, nomeadamente: (i) a continuação do estudo longitudinal (DCL e DA); (ii) a continuidade da avaliação com grupos específicos de psicopatologia; (iii) o estudo de adaptação e validação das duas versões

alternativas do MoCA para a população portuguesa; (iv) o estudo de correlação do MoCA com biomarcadores (DCL e DA); (v) os estudos no âmbito da validade concorrente, nomeadamente com o Teste do Desenho do Relógio, a *Alzheimer's Disease Assessment Scale*, o *Addenbrooke's Cognitive Examination* e com a Escala de Inteligência de Wechsler para Adultos (WAIS-III); (vi) Análise dos itens com recurso à Teoria de Resposta ao Item (TRI).

Outros estudos realizados em Portugal
Desde a disponibilização da versão portuguesa final do MoCA em 2011, a prova tem sido amplamente utilizada em diversos contextos clínicos e alvo de diversos estudos (ainda em curso) em populações clínicas distintas das apresentadas neste trabalho, nomeadamente em: pacientes com acidentes vasculares cerebrais, esclerose múltipla, Huntington, HIV, em pacientes em recuperação anestésica, em população oncológica e em população toxicodependente.

7. Bibliografia
Aggarwal, A., & Kean, E. (2010). Comparison of the Folstein Mini Mental State Examination (MMSE) to the Montreal Cognitive Assessment (MoCA) as a cognitive screening tool in an inpatient rehabilitation setting. *Neuroscience & Medicine, 1*, 39-42.
Alves, L., Simões, M. R., & Martins, C. (2009). *Teste de Leitura de Palavras Irregulares (TeLPI)*. Coimbra: Serviço de Avaliação Psicológica da Faculdade de Psicologia e de Ciências da Educação da Universidade de Coimbra.
American Psychiatric Association (2002). *DSM-IV-TR: Diagnostic and Statistical Manual of Mental Disorders, 4ª edição, texto revisto* (J. N. Almeida, Trad). Lisboa: Climepsi Editores. (Original publicado em 2000).
Arnold, J. M., Howlett, J. G., Dorian, P., Ducharme, A., Giannetti, N., Haddad, H., ... White, M. (2007). Canadian Cardiovascular Society Consensus Conference recommendations on heart failure update 2007: Prevention, management during intercurrent illness or acute decompensation, and use of biomarkers. *Canadian Journal of Cardiology, 23*(1), 21-45.
Barreto, J., Leuschner, A., Santos, F., & Sobral, M. (2008). Escala de Depressão Geriátrica. In Grupo de Estudos de Envelhecimento Cerebral e Demências (Ed.), *Escalas e testes na demência* (pp. 69-72). Lisboa: GEECD.
Chertkow, H., Nasreddine, Z., Joanette, Y., Drolet, V., Kirk, J., Massoud, F., ... Bergman, H. (2007). Mild cognitive impairment and cognitive impairment, no dementia: Part A, concept and diagnosis. *Alzheimer's & Dementia, 3*, 266-282.
Cohen, J. (1988). *Statistical power analysis for the behavioural sciences* (2nd ed.). Hillsdale: Lawrence *Erlbaum* Associates.
Comas-Herrera, A., Northey, S., Wittenberg, R., Knapp, M., Bhattacharyya, S., & Burns, A. (2011). Future costs of dementia-related long-term care: Exploring future scena-

rios. *International Psychogeriatrics, 23*(1), 20-30.

Copersino, M. L., Fals-Stewart, W., Fitzmaurice, G., Schretlen, D. J., Sokoloff, J., & Weiss, R. D. (2009). Rapid cognitive screening of patients with substance use disorders. *Experimental and Clinical Psychopharmacology, 17*(5), 337-344.

Cullen, B., O'Neill, B., Evans, J. J., Coen, R. F., & Lawlor, B. A. (2007). A review of screening tests for cognitive impairment. *Journal of Neurology, Neurosurgery & Psychiatry, 78*, 790-799.

Duro, D. (2008). *Montreal Cognitive Assessment (MoCA): Caraterísticas psicométricas e capacidade diagnóstica num contexto de consulta de memória*. Dissertação de Mestrado não publicada. Faculdade de Psicologia e Ciências da Educação. Universidade de Coimbra.

Duro, D., Simões, M. R., Ponciano, E. & Santana, I. (2009). Validation studies of the Portuguese experimental version of the Montreal Cognitive Assessment (MoCA): Confirmatory fator analysis. *Journal of Neurology, 257*(5), 728-734.

Ferri, C. P., Prince, M., Brayne, C., Brodaty, H., Fratiglioni, L., Ganguli, M., ... Alzheimer's Disease International. (2005). Global prevalence of dementia: A Delphi consensus study. *Lancet, 366*(9503), 2112-2117.

Folstein, M., Folstein, S., & McHugh, P. (1975). Mini-Mental State: A practical method for grading the cognitive state of patients for the clinician. *Journal of Psychiatric Research, 12*(3), 189-198.

Fornell, C., & Larcker, D. F. (1981). Evaluating SEM with unobserved variables and measurement error. *Journal of Marketing Research, 18*, 39-50.

Freitas, S. (2011). *Envelhecimento e défice cognitivo: Estudos de adaptação, validação e normalização do Montreal Cognitive Assessment*. (Dissertação de Doutoramento não publicada). Faculdade de Psicologia e de Ciências da Educação da Universidade de Coimbra, Coimbra.

Freitas, S., Santana, I., & Simões, M. R. (2010). The sensitivity of the Montreal Cognitive Assessment (MoCA) and Mini-Mental State Examination (MMSE) to cognitive decline: A longitudinal study. *Alzheimer's & Dementia, 6*(4), S353-S354 [Abstract].

Freitas, S., Simões, M. R., Alves, L., Duro, D., & Santana, I. (2012). Montreal Cognitive Assessment (MoCA): Validation study for Frontotemporal Dementia. *Journal of Geriatric Psychiatry and Neurology*, doi: 10.1177/0891988712455235.

Freitas, S., Simões, M. R., Alves, L., & Santana, I. (2011). Montreal Cognitive Assessment (MoCA): Normative study for the Portuguese population. *Journal of Clinical and Experimental Neuropsychology, 33*(9), 989-996. doi:10.1080/13803395.2011.589374

Freitas, S., Simões, M. R., Alves, L., & Santana, I. (2012a). Montreal Cognitive Assessment (MoCA): Validation study for Mild Cognitive Impairment and Alzheimer's disease. *Alzheimer Disease and Associated Disorders*, doi: 10.1097/WAD.0b013e3182420bfe

Freitas, S., Simões, M. R., Alves, L., & Santana, I. (2012b). Montreal Cognitive Assessment (MoCA): Influence of sociodemographic and health variables. *Archives of Clinical Neuropsychology, 27*, 165-175. doi:10.1093/arclin/acr116.

Freitas, S., Simões, M. R., Alves, L., Vicente, M., & Santana, I. (2012). Montreal Cognitive Assessment (MoCA): Validation study for Vascular Dementia. *Journal of International Neuropsychology Society*, doi:10.1017/S135561771200077X.

Freitas, S., Simões, M. R., Marôco, J., Alves, L., & Santana, I. (2012). Construct validity of the Montreal Cognitive Assessment (MoCA). *Journal of International Neuropsychology*

Society, 18, 242-250. doi:10.1017/S1355617711001573
Freitas, S., Simões, M. R., Martins, C., Vilar, M., & Santana, I. (2010). Estudos de adaptação do Montreal Cognitive Assessment (MoCA) para a população portuguesa. *Avaliação Psicológica, 9*(3), 345-357.
Freitas, S., Simões, M. & Santana, I. (2008, Junho). *"Montreal Cognitive Assessment (MoCA): Estudo de validação numa amostra da população normal"*. Poster apresentado no "XIII Congresso Multidisciplinar - Psicologia e Educação: Tendências Actuais", Coimbra, Portugal.
Gagnon, J. F., Postuma, R. B., Joncas, S., Desjardins, C., & Latreille, V. (2010). The Montreal Cognitive Assessment: A screening tool for mild cognitive impairment in REM sleep behavior disorder. *Movement Disorders, 25*(7), 936-940.
Garcia, C. (1984). *A Doença de Alzheimer: Problemas do diagnóstico clínico*. (Dissertação de Doutoramento não publicada). Faculdade de Medicina da Universidade de Lisboa, Lisboa.
Garret, C., Santos, F., Tracana, I., Barreto, J., Sobral, M., & Fonseca, R. (2008). Avaliação Clínica da Demência. In Grupo de Estudos de Envelhecimento Cerebral e Demências (Ed.), *Escalas e testes na demência* (pp. 17-32). Lisboa: GEECD.
Gauthier, S., Patterson, C., Gordon, M., Soucy, J., Schubert, F., & Leuzy, A. (2011). Commentary on "Recommendations from the National Institute on Aging-Alzheimer's Association workgroups on diagnostic guidelines for Alzheimer's disease": A Canadian perspective. *Alzheimer's & Dementia, 7*, 330-332.
Gauthier, S., Reisberg, B., Zaudig, M., Petersen, R. C., Ritchie, K., Broich, K., ... Winblad, B. (2006). Mild cognitive impairment. *Lancet, 367*(9518), 1262-1270.
Ginó, S., Mendes, T., Ribeiro, F., Mendonça, A., Guerreiro, M., & Garcia, C. (2008). Escala de Queixas de Memória. In Grupo de Estudos de Envelhecimento Cerebral e Demências (Ed.), *Escalas e testes na demência* (pp. 117-120). Lisboa: GEECD.
Guerreiro, M. (1998). *Contributo da neuropsicologia para o estudo das Demências*. (Dissertação de Doutoramento não publicada). Faculdade de Medicina da Universidade de Lisboa, Lisboa.
Guerreiro, M., Fonseca, S., Barreto, J. & Garcia, C. (2008). Escala de avaliação da Doença de Alzheimer. In Grupo de Estudos de Envelhecimento Cerebral e Demências (Ed.), *Escalas e testes na demência* (pp. 42-68). Lisboa: GEECD.
Hachinski, V., Iadecola, C., Petersen, R. C., Breteler, M. M., Nyenhuis, D. L., Black, S. E., ... Leblanc, G. G. (2006). National Institute of Neurological Disorders and Stroke – Canadian Stroke Network Vascular Cognitive Impairment Harmonization Standards. *Stroke, 37*, 2220-2241.
Hambleton, R. K. (2005). Issues, designs and technical guidelines for adapting tests into multiple languages and cultures. In R. K. Hambleton, P. F. Merenda, & C. D. Spielberger (Eds.), *Adapting educational and psychological tests for cross-cultural assessment* (pp. 3-38). New Jersey: Lawrence Erlbaum Associates.
Herdman, M., Fox-Rushby, J., & Badia, X. (1998). A model of equivalence in the cultural adaptation of HRQoL instruments: The universalist approach. *Quality of Life Research, 7*, 323-35.
Hoops, S. Nazem, S., Siderowf, A. D., Duda, J. E., Xie, S. X., Stem, M. B., & Weintraub, D.

(2009). Validity of the MoCA and MMSE in the detection of MCI and dementia in Parkinson disease. *Neurology, 73*(21), 1738-1745.

Hughes, C. P., Berg, L., Danziger, W. L., Coben, L. A., & Martin, R. L. (1982). A new clinical scale for the staging of dementia. *The British Journal of Psychiatry, 140*, 566-572.

International Test Commission. (2001). *International Test Commission guidelines for test adaptation*. London: Autor. Retirado de http://www.intestcom.org

Instituto Nacional de Estatística (INE). (2010). *Portal de Estatísticas Oficiais*. Retirado de http://www.ine.pt

Ismail, Z., Rajji, T. K., & Shulman, K. I. (2010). Brief cognitive screening instruments: An update. *International Journal of Geriatric Psychiatry, 25*(2), 111-120.

Ismail, Z., & Shulman, K. (2006). Avaliação cognitiva breve para a demência. In H. Firmino (Ed.), *Psicogeriatria* (pp. 513-530). Coimbra: Psiquiatria Clínica.

Koski, L., Brouillette, M.-J., Lalonde, R., Hello, B., Wong, E., Tsuchida, A., & Fellows, L. K. (2011). Computorized testing augments pencil-and-paper tasks in measuring HIV--associated mild cognitive impairment. *HIV Medicine, 12*, 472-480.

Koski, L., Xie, H., & Finch, L. (2009). Measuring cognition in a geriatric outpatients clinic: Rash analysis of the Montreal Cognitive Assessment. *Journal of Geriatric Psychiatry and Neurology, 22*(3), 151-160.

Lerch, M., Decker-Maruska, M., & Fleck, S. (2010). Could the Montreal Cognitive Assessment (MoCA) be the new "gold standard" in cognitive evaluation in geriatric patients: A clinical comparison. *The Journal of the Alzheimer's Association, 6*(4), S494.

Lonie, J. A., Tierney, K. M., & Ebmeier, P. (2009). Screening for mild cognitive impairment: A systematic review. *International Journal of Geriatric Psychiatry, 24*, 902-915.

Luck, T., Luppa, M., Briel, S., & Riedel-Heller, S. G. (2010). Incidence of Mild Cognitive Impairment: A systematic review. *Dementia and Geriatric Cognitive Disorders, 29*(2), 164-175.

Martins, M. (2007). *Montreal Cognitive Assessment (MoCA): Estudos de validação em grupos com Défice Cognitivo Ligeiro e Demêmcia*. Dissertação de Mestrado não publicada. Faculdade de Psicologia e Ciências da Educação, Universidade de Coimbra.

McKhann, G., Drachman, D., Folstein, M., Katzman, R., Price, D., & Stadlan, E. M. (1984). Clinical diagnosis of Alzheimer's disease: Report of the NINCDS-ADRDA Work Group under the auspices of the Department of Health and Human Services Task Force on Alzheimer's disease. *Neurology, 34*, 939–944.

Nasreddine, Z., Phillips, N. A., Bédirian, V., Charbonneau, S., Whitehead, V., Collin, I., ... Chertkow, H. (2005). The Montreal Cognitive Assessment, MoCA: A brief screening tool for Mild Cognitive Impairment. *American Geriatrics Society, 53*(4), 695-699.

Naugle, R. I., & Kawczak, K. (1989). Limitations of the Mini-Mental State Examination. Cleveland Clinic Journal of Medicine, 56, 277-281.

Neary, D., Snowden, J. S., Gustafson, L., Passant, U., Stuss, D., Black, S., ... Benson, D. F. (1998). Frontotemporal lobar degeneration: A consensus on clinical diagnostic criteria. *Neurology, 51*, 1546–1554.

Olson, R., Tyldesley, S., Carolan, H., Parkinson, M., Chhanabhai, T., & McKenzie, M. (2010). Prospective comparison of the prognostic utility of the Mini Mental State Examination and the Montreal Cognitive Assessment in patients with brain metastases.

Support Care Cancer, 19(11), 1849-1855.

Pallant, J. (2007). *SPSS Survival Manual: A step by step guide to data analysis using SPSS for Windows* (3rd ed.). New York: McGraw-Hill.

Petersen, R. C. (2004). Mild Cognitive Impairment as a diagnostic entity. *Journal of Internal Medicine, 256*(3), 183-194.

Petersen, R. C. (2007). Mild cognitive impairment. *Continuum Lifelong Learning in Neurology, 13* (2), 15–38.

Rahman, T. T., & Gaafary, M. M. (2009). Montreal Cognitive Assessment Arabic version: Reliability and validity prevalence of mild cognitive impairment among elderly attending geriatric clubs in Cairo. *Geriatrics & Gerontology International, 9*, 54-61.

Román, G. C., Tatemichi, T., Erkinjuntti, T., Cummings, J. L., Masdeu, J. C., Garcia, J. H., ... Scheinberg, P. (1993). Vascular dementia: Diagnostic criteria for research studies: report of the NINDS-AIREN International Workshop. *Neurology, 43*, 250–260.

Rosen, W. G., Mohs, R. C., & Davis, K .L. (1984). A new rating scale for Alzheimer's Disease. *American Journal of Psychiatry, 141*, 1356-1364.

Schmand, B., Jonker, C., Hooijer, C., & Lindeboom, J. (1996). Subjective memory complaints may announce dementia. *Neurology, 46*(1), 121-125.

Seshadri, S., Wolf, P. A., Beiser, A., Au, R., McNulty, K., White, R., & D'Agostino, R. B. (1997). Lifetime risk of dementia and Alzheimer's Disease: The impact of mortality on risk estimates in the Framingham study. *Neurology, 49*(6), 1498-504.

Simões, M. R., Freitas, S., Santana, I., Firmino, H., Martins, C., Nasreddine, Z., & Vilar, M. (2008). *Montreal Cognitive Assessment (MoCA): Versão final portuguesa*. Coimbra: Serviço de Avaliação Psicológica, Faculdade de Psicologia e de Ciências da Educação da Universidade de Coimbra.

Videnovic, A., Bernard, B., Fan, W., Jaglin, J., Leurgans, S., & Shannon, K. M. (2010). The Montreal Cognitive Assessment as a screening tool for cognitive dysfunction in Huntington's disease. *Movement Disorders, 25*(3), 401-404.

Vijver, F., & Poortinga, Y. H. (2005). Conceptual and methodological issues in adapting tests. In R. K. Hambleton, P. F. Merenda, & C. D. Spielberger (Eds.), *Adapting educational and psychological tests for cross-cultural assessment* (pp. 39-64). New Jersey: Lawrence Erlbaum Associates.

Wind, A. W., Schellevis, F. G., van Staveren, G., Scholten, R. P., Jonker, C., & van Eijk, J. T. (1997). Limitations of the Mini-Mental State Examination in diagnosing dementia in general practice. *International Journal of Geriatric Psychiatry, 12*, 101-108.

Wittich, W., Phillips, N., Nasreddine, Z., & Chertkow, H. (2010). Sensitivity and specificity of the Montreal Cognitive Assessment modified for individuals who are visually impaired. *Journal of Visual Impairment & Blindness, 104*(6), 360-368.

Yesavage, J. A., Brink, T. L., Rose, T. L., Lum, O., Huang, V., Adey, M., & Leirer, V.O. (1983). Development and validation of a geriatric depression screening scale: A preliminary report. *Journal of Psychiatric Research, 17*(1), 37-49.

Zhao, S., Liu, G., Shen, Y., & Zhao, Y. (2011). Reasonable neuropsychological battery to identify mild cognitive impairment. *Medical Hypotheses, 76*, 50-53.

8. Material

O MoCA é composto por uma folha de teste e por um manual de instruções de administração e cotação das tarefas.

9. Edição e distribuição

A versão final portuguesa do MoCA (Simões et al., 2008) pode ser disponibilizada mediante solicitação aos autores.

10. Contacto dos autores

Sandra Freitas. Faculdade de Psicologia e de Ciências da Educação da Universidade de Coimbra. Rua do Colégio Novo, Apartado 6153, 3001-802 Coimbra. [endereço eletrónico: sandrafreitas0209@mail.com]

Mário R. Simões. Faculdade de Psicologia e de Ciências da Educação da Universidade de Coimbra. Rua do Colégio Novo, Apartado 6153, 3001-802 Coimbra. [endereço eletrónico: simoesmr@fpce.uc.pt]

Isabel Santana. Serviço de Neurologia dos Hospitais da Universidade de Coimbra. Praceta Prof. Mota Pinto, 3000-075 Coimbra. [endereço eletrónico: isabeljsantana@gmail.com].